광개토왕비의 탐색

기획연구 65

EXPLORING THE GWANGGAETO STELE

광개토왕비의 탐색

박진석 · 쉬젠신 · 경톄화 · 이노우에 나오키 · 정호섭 · 여호규 · 조법종 · 김현숙 지음

동북아역사재단
NORTHEAST ASIAN HISTORY FOUNDATION

발간사

광개토왕은 고구려를 고구려인 스스로 자랑스럽게 여길 수 있는 나라로 만든 군주입니다. 그래서 아들 장수왕은 부왕에게 '국강상광개토경평안호태왕(國岡上廣開土境平安好太王)'이라는 시호를 올리고, 부왕의 위대한 업적을 기리고자 거대한 비를 세우고 훈적을 새겨 후세에 전하고자 했습니다. 그렇게 세워진 비는 고구려 당대를 넘어 오랫동안 제자리를 지켜왔고, 마침내 오늘 우리 시대에까지 전해지게 되었습니다. 오늘날 우리가 광개토왕의 역사적 자취를 기억하게 되는 자료는 『삼국사기』 등 문헌도 있지만, 무엇보다 귀중한 것은 고구려인이 스스로 남긴 '광개토왕비' 입니다.

2014년은 광개토왕비가 세워진 지 1600주년이 되는 해였습니다. 마침 작년은 9월이 윤달로 비가 건립된 날(음력 9월 29일)이 10월 22일과 11월 21일로 겹치게 되어 재단은 두 차례의 학술회의를 기획하고 추진하였습니다.

먼저 10월 20일부터 22일까지는 광개토왕비가 서 있는 중국 지안[集安]에서 남·북한, 중국, 일본의 학자들이 모여 광개토왕비 건립 1600주년을 기념하는 국제학술회의를 중국사회과학원과 공동으로 진행하였습니다. 그리고 이어 11월 19일부터 21일까지 서울에서 한국고대사학회, 고구려발해학회와 공동으로 국제학술회의를 개최하고 성황리에 마쳤습니다.

여기에 수록된 내용은 서울에서 개최한 학술회의 발표문의 일부를 단행본으로 묶은 것입니다. 비문의 판독을 둘러싼 핵심인 탁본 문제를 비롯하여 비가 갖고 있는 국제적 위상과 성격을 동아시아 세계 속에서 조망하고자 했습니다. 그동안 광개토왕비에 대해 수많은 연구가 이루어졌고, 또한 비문의 해석을 둘러싸고 국제적인 논란도 계속되어 왔습니다. 아직 우리가 광개토왕과 그의 시대에 대해 밝히지 못한 역사적 사실이 적지 않습니다만, 앞으로도 광개토왕비는 우리를 광개토왕의 시대로 이끄는 가장 중요한 열쇠가 될 것입니다.

뜻 깊은 해에 광개토왕비에 대한 귀중한 논문을 발표해 주신 여러 선생님들과 두 차례의 의미 있는 학술회의에 참여해주신 국내외 기관 및 관계자 여러분께 감사드립니다.

2015년 9월

동북아역사재단 이사장 김호섭

차례

광개토왕비와 문헌사료 | 이노우에 나오키

근대 일본의 광개토왕비 해석과 고구려 왕계 소고

광개토왕비와 지안고구려비 비교 연구 | 정호섭

학술 연구 과정에서 느낀 몇 가지 소감

호태왕비 연구를 중심으로

박진석(朴眞奭)

고구려사/중국 옌볜대학[延邊大學] 역사학부 전 교수
『호태왕비와 고대조일관계연구』(1993, 옌볜대학출판사), 『高句麗 好太王碑 研究』(1996, 아세아문화사), 『好太王碑拓本研究』(2001, 黑龍江朝鮮民族出版社), 『高句麗歷史諸問題』(2011, 경인문화사).

박진석 | 옌볜대학

학술 연구 과정에서 느낀 몇 가지 소감

호태왕비 연구를 중심으로

I. 머리말

필자가 학술 연구를 '정식'으로 시작한 것은 1957년 봄 동진국(東眞國, 동하국(東夏國))의 남경에 관한 몇 가지 문제를 연구하기 시작한 때부터였다. 그때부터 오늘에 이르기까지 어느덧 60년 가까운 시간이 흘렀다.

호태왕비(好太王碑)를 연구하기 시작한 것은 대체로 1970년대 말 중국에서 '개혁개방(改革開放)'을 실시한 직후부터였다. 그때부터 30여 년이 지나갔다. 그동안 필자는 열심히 학술 연구를 진행했으며 일정한 성과도 거두었다. 호태왕비 연구를 포함한 각종 논문 80여 편을 국내외 여러 학술지에 발표했고 책도 재판 및 번역본을 포함해 20여 권을 국내외에서 출판했으며 일대일 학술 토론도 여러 번 진행하였다.

장기간에 걸친 학술 연구 과정에서 일부 '소득'도 있었지만 '교훈'이 되는 아쉬움도 있었다. 나는 이러한 '소득'과 '교훈'을 한데 묶어 '학술 연구 과정에서 느낀 몇 가지 소감'이란 제목으로 독자 여러분께 몇 가지 말씀드리려 한다.

II. 학술 토론에서 얻은 소감

그동안 필자는 학술 토론을 비교적 많이 진행한 편이다. 토론에 참가한 학자들과 3편 이상의 논문을 주고받은 사례가 모두 4차례나 되는데 순서대로 그 상황을 적으면 다음과 같다.

① 1981~1984년 사이(첫 논문과 마지막 논문이 발표된 연대에 따른 것이다. 아래에 따로 설명하지 않는다) 베이징[北京]의 경애(景愛) 씨와 더불어 동하국(東夏國) 남경(南京)의 성질(수도여부 문제)과 구조 문제를 주제로 한 학술 토론, ② 1985~2005년 사이 옌볜대학의 방학봉(方學鳳), 이종훈(李宗勳) 교수와 고구려 책성(柵城)의 위치 문제에 대한 토론, ③ 1986~1996년 사이 일본인 학자 후루타 다케히코[古田武彦]와 조선반도(朝鮮半島, 한반도(韓半島)) 내의 왜지설(倭地說)을 주제로 한 토론, ④ 2005~2011년 사이에 한국의 정구복(鄭求福)과 고구려의 국호 문제를 놓고 토론을 진행했다.

필자가 이와 같은 학술 토론을 진행하는 과정에서 느낀 소감은 대체로 다음과 같다.

첫째, 수업과 학술 연구 및 학술 토론은 서로 밀접히 연계되어 있다. 수업의 수요에 따라 학술 연구가 진행되며 학술 연구에서 얻은 성과는 수업의 질을 높이는 데 큰 도움을 준다는 것을 실천 속에서 느끼게 되었다. 예를 들면 1986년 출판한 『조선간사(朝鮮簡史)』(옌볜교육출판사)는 옌볜대학 조선문제연구소 소속의 교수 몇 명이 중심이 되어 편찬한 것인데 출판 직후 '지린성 사회과학 우수 성과상(吉林省社會科學優秀成果狀)'을 수상했다. 그리고 세상에 나오자마자 옌볜대학 역사학부에서 조선(한국)역사 교재로 선택되었다. 그 후 10여 년이 지난 1997년에는 역사 수업과 연구 수요를 만족시키기 위해 수정·증보하여 재판했으며 다시 10년이 지난 2007년에는 3판까지 나오게 되었다. 이것은 대학교에서 수업과 학술 연구가 얼마나 밀접히 연계되어 있는가를 보여주는 생동한 실례이다.

한편 학술 연구와 학술 토론도 매우 밀접히 연계되어 있다. 사실상 학술 연구가 일정한 수준에 이르렀을 때 비로소 그에 대한 학술 토론이 전개된다. 이러한 학술 토론은 학술 연구의 수준을 한층 더 끌어올리는 데 적극적인 작용을 한다. 예를 들면 필자가 방학봉, 이종훈 교수와 고구려 책성의 위치 문제를 주제로 진행한 학술 토론 초기에는 『신당서(新唐書)』 「발해전(渤海傳)」에 대해 크게 주목하지 못하였다. 그러나 후기에 이르러 우리들의 토론은 거의 『신당서』 「발해전」에 수록된 '濊貊故地爲東京, 曰龍原府, 亦曰柵城府'에 집중되었다. 북옥저(北沃沮)의 활동영역과 고구려 책성의 위치관계를 설명하는 데에도 처음에는 부차적인 위치에서 간단한 정황 소개에 그쳤으나 후기에는 문제의 중심에 올려놓고 다루게 되었다.

만약 우리들 사이에 장기간에 걸쳐 치열한 학술 토론이 진행되지 않았더라면 상술한 바와 같은 학술 연구 방면에서의 진전은 나타나지 않았을 것이다.

둘째, 돌이켜보건대 학술 토론은 우리들의 은사가 물려준 가장 좋은 선물이라는 생각이 든다.

대학교 1학년 때 오봉협(吳鳳協) 교수를 따라 둔화[敦化] 류딩산[六頂山]에 가서 정혜공주묘비(貞惠公主墓碑)가 출토된 발해 유적지를 정리하던 일, 귀교 후 오 교수가 오랜 시일에 걸쳐 『돈화고적고(敦化古跡考)』란 조사보고서를 작성하던 과정 등은 젊은 필자로 하여금 처음으로 학술 연구에 대한 욕구를 싹트게 하였다. 최문호(崔文鎬) 교수가 쓴 『기자조선(箕子朝鮮)』에 관한 논문 초고를 본 기억은 지금까지도 머릿속에 남아 있다. 학술 토론회의에서 일부 교수가 한글의 '하도기원설'이나 '옌벤[延邊] 거북화석(化石)에 관한 문제'를 놓고 열띤 공방전을 벌이던 모습도 매우 인상적이었다.

이미 앞에서 말한 바와 같이 필자는 학술 토론을 비교적 많이 진행한 사람 중 하나임을 자랑스럽게 생각한다. 그러나 이것은 결코 우연히 이루어진 것이 아니라 우리들의 은사들이 만든 학술 토론의 빛나는 전통이 후대에 계승 발전되어 온 것임에 틀림없다.

필자는 학술 토론의 전통이 우리 세대에서 끝나지 않고 반드시 후대로 이어져 더욱더 큰 규모로 발전할 것을 희망한다. 거기에 나도 작은 힘이나마 보탤 생각이다. 그 관건은 사회적 차원에서 자유롭게 연구하는 풍토 조성 여부에 있다고 생각된다. 보다 성숙되고 개방적이고 유연한 학문 풍토 속에서 학술이 존중되고 교원이 존경 받는 분위기가 형성될 때, 학술 토론회도 더 활성화될 것이며 따라서 학술 연구의 수준도 더욱 높아질 것이라고 확신한다.

셋째, 한 가지 사실을 간단히 보충하려 한다. 학술 토론 초기에는 쌍방이 하나의 학술 문제를 에워싸고 서로 '경쟁자' 관계라는 점만 강조하는 정서가 있었다. 그러나 학술 토론이 심도 있게 전개됨에 따라 '문제'를 제기하고 그 문제에 대해 재학습하며 제기된 문제의 '진면모'에 점차 가까워지는 과정을 통하여 토론자들은 하나의 학술 문제에 대한 강력한 '경쟁자'이면서 동시에 가장 좋은 '동반자'라는 것을 알게 되었다. 다만 필자가 진행한 학술 토론에서는 논문 교환 외에 다른 방법으로 '소통'하지 못한 것에 아쉬움이 남는다.

III. 학술 연구와 자료의 관계

1. 자료는 기초이며 모든 것은 자료에 의하여 결정해야 한다

사람들은 흔히 이론과 실제를 결부시켜야 한다고 말한다. 이론은 결코 까닭

없이 나오는 것이 아니라 실제에서 나오는 것이다. 여기서 말하는 실제는 곧 자료를 가리킨다. 이런 경우에 모든 것은 자료에 의거하여 결정되어야 한다는 견해가 옳다는 것을 증명해준다.

예를 들면 100여 년 전에 여러 나라 학술계에서 태왕릉(太王陵)은 곧 호태왕(好太王)의 능묘에 해당한다고 인정하는 견해가 절대적으로 우세했다. 그것은 당시 태왕릉에서 발견된 벽돌에 '願太王陵安如山固如岳'이라는 글자가 새겨져 있었기 때문이다.

그 후 호태왕릉에 대한 학술계의 견해는 크게 두 가지 견해, 즉 태왕릉(太王陵)설과 장군총(將軍塚)설로 나뉘었다. 그 주요 원인은 모두루묘지(牟頭婁墓誌, 염모묘지(冉牟墓誌)라고도 한다)와 중원고구려비 등이 잇달아 발견되면서 '태왕(太王)'으로 불리는 왕이 더 있을 수 있다고 생각했기 때문이다.

필자는 1994년에 쓴 『호태왕릉고』에서 주로 모두루묘지를 근거로 하여 태왕릉의 묘주는 호태왕이 아니라 고국원왕(故國原王)일 가능성이 많다는 견해를 밝혔다. 그러나 2004년에 『태왕릉묘주신고(太王陵墓主新考)』를 출간하면서 이전의 견해를 바꿔, 태왕릉의 묘주는 고국원왕이 아니라 미천왕(美川王)일 가능성이 더 많다고 하였다. 그것은 당시 태왕릉에서 발견된 '동령(銅鈴)'에 '辛卯年, 好大(太)王' 등의 글자가 나란히 쓰여 있었기 때문이었다. 호태왕은 신묘년(辛卯年)에 사망한 것이 아니라 왕위를 계승하였기 때문에 양자는 연계되지 않으며 고국원왕의 사망연대도 신묘년과 관련이 없기 때문에 배제하였다. 그런데 미천왕의 사망연대는 간지로 신묘년에 해당하며 또 미천왕은 '호양왕(好壤王)'이라고도 불렸는데 이것은 '동령'에 새겨진 '호태왕'과 연계시킬 수 있다는 것이다.

그러나 모든 경우에 자료가 바뀐다고 곧 그에 대한 견해가 바뀌는 것은 아니다. 도리어 그와 반대로 같은 자료에 대해 다른 견해가 제기되는 현상이 많다. 예를 들면 호태왕릉에 대한 자료가 이미 많이 바뀐 정황에서도 여전히 초기의 '태왕릉설'을 주장한 학자가 더 많은 것은 이런 견해가 옳다는 것을 증명해준다. 그 밖에 『후한서(后漢書)』「고구려전(高句麗傳)」에 대해 일부 학자들은 『고구려전(高句麗傳)』과 『구려전(句麗傳)』으로 나뉘어 있다고 보면서 이것을 이른바 '두 개의 고구려설'의 중요한 증거로 삼고 있다. 그러나 다른 일부 사람들은 '구려(句麗)'는 '고구려(高句麗)'의 약칭에 불과하다고 인정하면서 이른바 '두 개의 고구려설'을 부정하고 있다.

호태왕비문(好太王碑文) 제2면에는 신라(新羅) 사신이 호태왕에게 알린 말 가운데 '倭人滿其國境'이라고 쓴 어구가 나온다. 이에 대해 일부 학자들은 '倭人滿(倭)國境'으로 분석하면서 이것은 고대 한반도 내에 '왜지(倭地)'가 있었다는 것을 증명해준다고 주장하였다. 그러나 다른 일부 사람들은 이것을 '倭人滿(新羅)國境'으로 이해하면서 고대 한반도 내에 왜지가 있었다고 인정하는 견해를 전면 부정하고 있다.

상술한 사실은 같은 자료에 대해 완전히 상반되는 두 가지 견해가 나올 수 있다는 것을 보여준다. 따라서 이것은 우리들에게 자료는 기초이며 모든 것은 자료에 의하여 결정해야 하지만 또 자료를 어떻게 분석할 것인가에 대해서 전력을 다해 연구해야 한다는 것을 가르쳐주고 있다.

2. 자료 수집은 객관적이며 전면적이어야 한다

이미 앞에서 필자는 학술 연구에서 자료는 기초이며 모든 것은 자료에 의해 결정해야 하지만 또 자료를 어떻게 분석할 것인가에 대해서 전력을 다해야 한다고 하였다. 만약 이런 판단이 틀리지 않는다면 우리는 마땅히 자료를 중시해야 하며 자료의 장악을 첫자리에 놓고 진행해야 할 것이다. 이와 관련하여 필자는 의미있는 경험을 하였다.

필자는 2000년에 서울에서 열린 국제학술토론회에 참가하여 「중원고구려비(中原高句麗碑)의 건립연대 고증」이란 논문을 발표한 바 있다. 거기서 필자는 주로 『위서(魏書)』, 『송서(宋書)』, 『남제서(南齊書)』 등 남북조 시기의 중국 고서를 종합분석한 데 기초해 고구려가 국호를 고려(高麗)로 개칭한 것은 대체로 '송말제초(宋末 齊初), 즉 463년(장수왕(長壽王) 51) 이후부터 제(齊)왕조가 건립된 479년 전후 시기 사이에 해당한다'는 견해를 제기하였다. 이 견해는 그 후 2005년에 쓴 졸작 『고구려국호고(高句麗國號考)』에도 그대로 반영하였다. 그런데 이 해에 역시 서울에서 열린 국제학술토론회의 토론에서 필자가 제기한 국호 개칭연대가 지나치게 늦을 수 있다는 의견이 제기되었다. 이를 계기로 필자는 이 문제를 다시 학습했는데 그 중점은 자료의 조사 범위를 확대하는 데 두었다. 마침내 『일본서기(日本書記)』 「응신천황(應神天皇)」 28년조에서 그 해답을 찾을 수 있었다. 응신천황 28년은 417년으로 장수왕 즉위 5년에 해당한다. 바로 이 해에 장수왕은 일본에 보내는 외교문서에 자기를 '고구려 왕(高句麗王)'이 아니라 '고려 왕(高麗王)'이라고 불렀다. 한 나라의 최고통치자인 국왕이 외국에 보내는 공식 외교문서에 자신을 '고려 왕(王)'이라고 불렀다는 데 중요한 의의가 있다.

이런 정황에서 필자는 고구려가 국호를 '고려'로 개칭한 연대에 대한 과거의 견해인 '송말제초(宋末 齊初), 즉 463년(장수왕 51) 이후부터 479년 전후 사이'를 버리고 '장수왕 즉위 5년(417) 이전까지로 거슬러 올라갈 가능성이 있다'는 새로운 견해를 제기함으로써 고구려의 국호 개칭 연대를 이전보다 50년 이상 올려 잡을 수 있었다. 그보다 더 중요한 것은 역사의 실제에 그만큼 더 가까워졌다는 사실일 것이다.

상술한 사실은 이미 수집한 자료에 대해서도 서둘러 결론을 내릴 것이 아니라 도리어 그것을 오래두고 반복적으로 사고해야 하며 또 실천 가운데서 그것을 부단히 수정함으로써 사물의 진면모를 바르게 천명하기 위해 모든 힘을 다해야 한다는 것을 보여준다.

3. 선입관을 갖고 먼저 결론을 내리지 말아야 한다

선입관이 있으면 곧 객관적으로 존재하는 사물의 진상을 제대로 파악하지 못하며 가장 가까운 곳에 있는 사물도 보지 못하는 경우가 있을 수 있다.

필자는 2011년에 한국에서 출판한 『고구려역사제문제(高句麗歷史諸問題)』 제2장 제3절에서 일부 학자들이 인용하였던 청왕조(淸王朝) 때의 유명한 학자 정겸(丁謙)의 말(丁謙曰: 伯固次子伊夷模, 東藩紀要云: 名男武, 稱故國川王……)을 재인용하면서 다음과 같이 쓴 바 있다.

> 필자는 『동번기요(東藩紀要)』의 구체적인 출판연대를 알지 못한다. 그러나 이 책은 12세기 중엽 김부식이 『삼국사기(三國史記)』를 출판하던 때보다 더 이른 시기에 출판한 것으로서 김부식이 『삼국사기』를 쓸 때 참고한 조선(한국) 측 고서였을 것은 틀림없다.……

필자는 또 '김부식은 『삼국사기』 고국천왕(故國川王) 1년조를 쓸 때 이이모(伊夷模)의 신분에 관한 『동번기요』의 잘못된 견해를 무비판적으로 받아들였다'고 썼다. 그런데 나중에야 『동번기요』가 『삼국사기』보다 더 이른 시기에 출판된 한국(조선) 측 고서가 아니라 청나라 학자 설배용(薛培榕)이 1882년(광서(光緖) 8년)에 쓴 책이라는 것을 알고 크게 놀라지 않을 수 없었다.

이것은 『동번기요』라는 '서명'에 대한 일종의 '선입관'에서 초래된 오류였을 가능성이 많다고 생각한다. 특히 이 잘못된 기록이 책 여러 곳에 나타난 것은 다시 만회할 수 없는 엄중한 오류라고 절감한다. 삼가 이 기회를 빌려 출판사와 여러 독자들에게 사과를 드리는 바다.

20여 년 전 필자는 일본인 학자 후루타 선생과 더불어 이른바 한반도 내의 왜지설(倭地說)을 주제로 학술 토론을 했었다. 그때 필자는 『삼국지(三國志)』「한전(韓傳)」의 '韓, ……南與倭接'은 결코 한반도 내에 왜지가 있다는 것을 증명해주지 못한다고 주장하면서 마한(馬韓) 50여 개 소국의 위치를 고증한 바 있는 현대 일부 학자들의 연구 성과를 함께 인용한 일이 있다. 이것은 학술 연구를 진행하는 과정에서 당연히 있을 수 있는 정당한 방법이었다.

그럼에도 후루타 선생은 이에 대해 20세기 한 학자의 견해를 빌려 3세기 동시대의 사료(『삼국지』를 가리킨다)의 의의와 실질을 없애버렸다고 하면서 필자의 판단 기준과 방법은 부당하며 거꾸로 서 있다고 엄하게 지적했다. 그는 또 다음과 같이 말했다.

> 이와 같은 방법은 가령 한반도(조선반도) 내 사람들에게서는 갈채를 받았다고 하더라도 세계의 이성 있는 사람들에게서는 도저히 긍정적인 승인을 얻을 수 없을 것이다.

이러한 후루타 선생의 견해는 필자에 대한 선입관에서 비롯되었다고 생각한다. 이에 대해 필자는 다음과 같이 대답했다.

> 필자는 후루타 선생이 이와 같이 말하는 데 대해 놀라움을 금할 수 없다. ……가령 우리들의 학술 토론이 고대 한일관계의 진면모를 해명하는 데 약간이라도 도움이 될 때 그것은 한반도 내 사람들에게서 박수갈채를 받을 뿐

만 아니라 이 문제에 관심 있는 일본인을 포함한 세계 절대다수 사람들에게 환영을 받으리라고 필자는 확신한다.

필자의 이런 관점은 지금도 변함없다. 만약 오늘 한국에서 열린 호태왕비 건립 1600주년 기념 국제학술토론회가 호태왕비의 진면모를 아는 데 약간이라도 도움을 줄 수 있다면 호태왕비에 관심 있는 세계 여러 나라 사람들에게 환영받을 것을 추호도 의심하지 않는다.

4. 자료는 반드시 비판적으로 흡수해야 한다

모든 자료는 예외 없이 일정한 역사 시기에 사람들에 의해 만들어진다. 이로 인해 모든 자료는 해당 역사 시기의 영향을 받게 되며 제한성을 피하기도 어렵다. 특히 일부 학자들이 주관적인 의도에 따라 자료를 왜곡하는 일까지 존재한다. 그런데 우리가 자료를 연구하는 목적은 대체로 해당 역사 시기의 진상을 해명하고 발전 규율을 밝힘으로써 오늘의 교훈으로 삼고 미래를 경계하려는 데 있다고 할 수 있다.

그러므로 우리는 모든 자료를 반드시 비판적으로 흡수해야 한다. 한 가지 예를 들어 설명하기로 한다.

호태왕비문 제1면에는 이른바 신묘년 기사(辛卯年記事, 32자)가 쓰여 있다. 그 기사 내용은 100여 년 전이나 지금이나 동일하다고 보아야 할 것이다. 그러나 그 해석에는 헤아릴 수 없이 많은 다른 견해가 제기되고 있다. 특히 100여 년 전에 이미 일본군 참모본부에 근무하던 요코이 다다나오[橫井忠直]는 신묘년 기사의 진상을 완전히 바꿔놓았다.

① 호태왕비문의 문장 구조에 따르면 이른바 신묘년 기사는 호태왕의 '훈

적' 가운데 일부분이다. 그런데 이것이 요코이에 의해 호태왕의 '실패'의 기록으로 바뀌었다.

② 신묘년 기사는 고구려가 조선반도에 진출하기 위해 치른 여러 차례의 전쟁 기사(본문)에 대한 일종의 '서론'이라고 할 수 있다. 이것이 요코이에 의해 호태왕비문 가운데서 크게 '왜(倭)'와 관계되는 부분으로 바뀌었으며 실제로 왜를 신묘년 기사의 주도자로 바꿔놓았다.

③ 신묘년 기사는 주로 고구려와 백제, 신라 관계의 변화 과정을 서술한 것이었다. 고구려의 남진(南進)을 저해하는 주요 세력은 백제였으며 고구려 남진의 주공격 목표도 백제였다. 왜도 고구려의 남진을 저해했으나 백제에 훨씬 미치지 못하였다. 비문에 따르면 고구려와 왜는 크게 두 번 싸웠으나 매번 고구려의 일방적인 승리로 끝났으며 왜는 매번 실패하면서 쫓기는 신세를 면하지 못했다. 그러나 이것은 요코이에 의해 왜와 백제, 신라의 관계로 바뀌었으며 왜가 신묘년에 바다를 건너와서 백제와 신라를 격파하여 저들(왜)의 '신민(臣民)'으로 삼은 것으로 바뀌었다.

이른바 신묘년 기사에 대한 요코이의 해석은 신묘년 기사를 포함한 호태왕비문 전체에 대한 엄중한 왜곡이었으며 당시 일본 군국주의가 한반도와 중국대륙에 대한 침략정책을 추진하는 데 있어서 역사적으로 이론적 무기를 제공해준 것이었다.

이런 견지에서 이른바 신묘년 기사에 대한 요코이의 해석에 대해서는 어떻게 흡수하는가의 문제를 제기하는 것이 아니라 철저한 분석과 비판을 통해 그의 영향을 씻어내야 하는 것이다.

IV. 맺음말

이미 위에서 필자는 수십 년 동안 호태왕비 연구를 중심으로 한 학술 연구 과정에서 느낀 소감을 크게 두 가지로 나눠 제기하였다. 그런데 학술 연구의 전 과정을 돌이켜보면 한 가지 소감을 더 보충하는 것이 좋겠다는 생각이 든다. 그 소감을 간단히 서술함으로써 맺음말을 대신하고자 한다.

'要有目標, 堅定不移, 長期堅持, 必有結果' '목표가 있어야 하고 견정불이(堅定不移)하며 장기적으로 견지하면 반드시 결과가 있다.'는 뜻이다.

이 네 가지는 이미 오래전부터 필자의 학술 연구와 신체 단련에 있어서의 좌우명이다. 그것은 서로 밀접히 연계되어 있으며 어느 한 가지도 없어서는 안 될 것이다. 그러나 실천은 필자로 하여금 세 번째 '장기적으로 견지한다'는 부분에 더 많은 관심을 돌리게 하고 있다. 몇 가지 예를 들어 그 이유를 설명하기로 한다.

① 필자는 1959년 4월에 옌볜대학 건교 10주년을 기념하는 전교 학술 토론회의에 참가하여 「동진국의 남경에 관한 몇 개 문제 연구」라는 제목의 논문을 발표했다. 그 후 1995년에 마침내 『동하사연구(東夏史硏究)』라는 책을 출판할 수 있었다. 첫 논문을 발표하고서 책이 나오기까지 36년이란 시간이 흘러갔다.

② 필자는 1981년에 처음으로 「신묘년 기사를 시론(試論)함」이란 논문을 『조선사연구(朝鮮史硏究)』 제3호에 발표하였다. 그 후 1996년에는 한국에서 「신묘년 기사 재론(辛卯年記事再論)」을 발표했으며 2013~2014년 사이에는 「이른바 신묘년 기사에 대한 재검토」를 써서 중국과 한국에서 차례로 발표하였다. 같은 종류의 논문에 대해 3번이나 반복해 쓰는 사이에 30여 년의 시간이 흘렀다.

이상은 필자가 장기간의 학술 연구 과정에서 직접 경험한 몇 가지 실례에 불과하다. 책 한 권을 출판하기 위해 그리고 똑같은 종류의 논문을 에워싸고

30여 년이란 시간을 소비하는 과정에는 곤란한 상황들이 많았던 것이 사실이다. 그러나 그런 곤란한 상황에 흔들리거나 포기하지 않았기 때문에 오늘 이 자리에서 비록 미숙하나마 장기간의 학술 연구 과정에서 느낀 소감을 여러분께 말씀드릴 수 있지 않았을까 생각해본다. 특히 밤낮을 가리지 않고 학술 연구를 위해 노력하고 있는 모든 젊은 세대들과 이 미숙한 소감을 함께 나누고 싶은 생각으로 가득 차 있다. 필자는 여러분께서 학술 연구를 진행하는 과정에서 아무리 어려운 상황에 부닥치더라도 흔들리거나 포기하지 말며 장기적으로 끝까지 견지할 것을 희망하면서 이만 마친다.

호태왕비 발견과 초기 탁본 제작에 관한 새로운 자료

이초경의 『요좌일기』를 중심으로

Ⅰ. 호태왕비 발견과 초기 묵본 제작

Ⅱ. 베이징에서 발견된 이른바 1881년본 묵본 및 그 의문점

Ⅲ. 이초경의 『요좌일기』 발견과 초보적 연구

쉬젠신[徐建新]

일본사/중국사회과학원 세계사연구소[中國社會科學院 世界曆史所] 연구원

『古代王权与专制主义』(共著, 1993, 中国社会科学出版社), 『古代民主与共和制度』(共著, 1998, 中国社会科学出版社), 『古代国家的等级制度(主编)』(2003, 中国社会科学出版社), 『好太王碑拓本の研究』(2006, 日本, 東京堂).

쉬젠신 | 중국사회과학원

호태왕비 발견과 초기 탁본 제작에 관한 새로운 자료

이초경의『요좌일기』를 중심으로

I. 호태왕비 발견과 초기 묵본 제작

호태왕비는 청말(淸末)에 발견되었는데, 최초 발견자는 아마 당시 황무지를 개간하던 변방의 농민이었을 것이다. 물론 호태왕비의 연구사적인 측면에서 봤을 때, 최초 발견자는 당시 이 지역을 관리하던 지방관과 문인들이었다고 할 수 있다.

호태왕비 발견과 관련해서 앞서 박시형(朴時亨), 이진희(李進熙), 왕젠췬[王健群], 다케다 유키오[武田幸男] 등 학자들이 자세히 연구·분석한 바 있다. 최근 들어, 경리[耿黎]가 호태왕비 발견 시점에 대한 여러 학설들을 다시 정리하기도 했다.[1] 호태왕비 발견 시점과 관련해 동치말년설(同治末年說), 광서초년설(光緒初年說), 광서원년설(光緒元年說, 1875), 광서2년설(光緒二年說, 1876), 광서3년설(光緒三年說, 1877), 광서6년설(光緒六年說, 1880) 등 서로 다른 견해가 제시되어 왔다. 이들 중

1 耿黎(2014),「好太王碑發現時間及相關問題硏究」,『通化師範學院學報』(人文社會科學版) 第5期.

동치말년에 발견되었다는 주장은 이미 학계에서 거의 부정되었고, 대부분 광서3년설 혹은 광서6년설을 취하고 있다. 경리의 연구에서는 이 두 학설을 취합하여 발견 시점을 광서 3년으로, 그리고 최초 탁본 제작연대를 광서 6년으로 보았다.

광서3년설에서는 왕지수(王志修)의 관련 언급을 주요 근거자료로 삼고 있다. 왕지수는 『고구려영락호태왕비가(高句麗永樂太王古碑歌)』에서 "我皇馭宇之三載, 枉席黎首開邊疆. 奇文自有鬼神護, 逢時不敢名山藏"이라는 시구를 남겼다.[2] 여기서 '我皇馭宇之三載'란 곧 광서 3년(1877)을 가리킨다.

광서6년설의 경우, 주로 청말 금석문학자 엽창치(葉昌熾)의 기록을 근거로 삼고 있다. 엽창치가 저술한 『어석(語石)』에서는 "고구려 호태왕비는 봉천 회인현 동쪽 390리 통구구(通溝口)에 있으며 높이가 3장(丈)이 넘는다. 비문이 4면에 환각(環刻)되어 있는데, 대개 평백제비(平百濟碑)와 비슷하다. 광서 6년, 변방의 백성들이 산을 깎고 나무를 베다가 처음으로 얻었다(발견하였다). 궁벽한 변방이라 종이와 먹이 없었으므로 사인(士人, 현지인)들이 경척(徑尺, 한 치 크기)의 피지(皮紙)에 그을음(매즙(煤汁))을 빻아 탁본하였다(高句麗好太王碑, 在奉天懷仁縣東三百九十裏通溝口子, 高三丈餘. 其碑文四面環刻, 略如平百濟碑. 光緒六年(1880), 邊民斬山刊木始得之. 窮邊無紙墨, 土人以徑尺皮紙, 搗煤煙拓之)"[3]라고 전한다.

호태왕비의 발견자와 관련해서, 앞선 연구들은 주로 동북 지역 관리를 지낸 담국환(談國桓)의 기술을 따르는 경우가 많았다. 담국환은 관련 기록 2편을 남겼는데, 한 편은 저명한 동북사(東北史) 학자인 김육불(金毓黻)에게 보낸 편지

---

2 王志修, 『高句麗永樂好太王碑歌考』 一卷, 奉天軍糧署光緒二十一年(1895)刻本. 이진희의 『廣開土王陵碑的研究』(日本吉川弘文館, 1972)에 첨부되어 있는 〈資料篇〉 1의 영인본 참조.

3 葉昌熾(1990), 『語石·奉天一則』, 蘇州振新書社.

(「담국환수찰(談國桓手札)」로 약칭)이고, 다른 한 편은 호태왕비 탁본에 붙인 발어(跋語)이다(「담국환발어(談國桓跋語)」로 약칭).

「담국환수찰」에서는 다음과 같이 전하고 있다.

> ① 근자에 고구려 호태왕비(탁본을)를 얻었는데, (상태가) 그런대로 나쁘지 않습니다. 광서 초엽에 탁본한 것으로 짐작됩니다. 이 비의 최초 역사에 대해 이 아우가 조금 알고 있어, 감히 주변사람들께 말씀드리니 참조하시기 바랍니다. 봉천 회인현을 설치할 당시 처음 (지현(知縣)으로) 물색된 인물은 장군 월(章君 樾)인데 (그의) 자는 유초(幼樵)입니다. 그 막하의 관월산이라는 자가 금석에 관심이 많아 공무 외 틈을 타 여러 들판을 두루 헤매고 다녔는데, 수풀이 우거진 황량한 곳에서 이 비석을 발견하였다고 합니다. 미친 듯이 기뻐하며 직접 몇몇 글자를 탁본하여 같은 취미를 가진 지인들에게 증정하였습니다. 이 아우도 어린 시절에 직접 보았는데, 글자가 자못 바르고 성교했습니다. 당시 비문 전체 탁본이 없었는데, 비석의 높이가 2장도 더 되고, 넓이는 6척 이상이어서 축대를 설치하지 않고서는 작업할 수 없으며, 바람이 불거나, 햇볕이 쪼이면 작업에 착수하기 더 어려울 수밖에 없기 때문입니다(近得高句麗好太王碑, 尚不悪, 當在光緖初葉時所拓. 此碑最初歷史, 弟有所知, 敢貢左右, 藉備參考. 奉天懐仁県設治之時, 首膺其選者為章君樾, 字幼樵. 幕中関君月山, 癖於金石, 公餘訪諸野, 獲此碑於荒煙蔓草中, 喜欲狂, 手拓數字, 分贈同好, 弟髫年猶及見之. 字頗精整. 當時並未有全拓本, 以碑高二丈餘, 寬六尺強, 非築層台不能從事, 而風日之下, 更不易措手也).[4]

4 金毓黻의 『遼東文獻征略』에 수록되어 있는 「談鐵隍國桓手札」.

그 외 「담국환발어」에서는 또 다음과 같이 전하고 있다.

> 장월의 자는 유초이며, 하남(河南) 광주(光州) 사람이다. 광서 11년 을유(乙酉)에 (이미 돌아가신) 가친께서 승덕(承德) 수읍(首邑)에 계시다가 경사(京師, 베이징)로 귀환하셨고, 장군(章君, 章樾)이 현의 사무를 대신하였다. 그 서계인 막료(서석(西席)) 관월산이 손수 탁본한 비문 몇 자를 증정하였다. 종이 한 장에 한 자씩 있었는데, 바로 이 비석이었다. 글자가 자못 완정(完整)했으며, 탁본 기술 역시 정교했다. 애석하게도 (당시) 나이가 어려 귀한 것인 줄도 모르고 함부로 버렸다. 당시 봉천(奉天) 독학사(督學使)로 있던 무명(茂名) 출신의 양용보(楊蓉甫) 선생이 가친께 좋은 먹과 종이를 가지고 가서 탁본해달라고 부탁했다. 처음에 선덕지(宣德紙)를 사용했으나 석치(石齒)가 너무 날카로워 고려지(高麗紙)로 바꾸어 사용해 선후로 몇 매를 탁본해낼 수 있었다. 정장본(精裝本) 두 매를 소장하였으나, 갑오(甲午)전쟁 때 금주(金州)의 관서(官署)에서 분실했다. 전날을 회상해보면 꿈만 같다. 장월이 회인현(懷仁縣)을 다스릴 때이므로 광서 8, 9년에 해당한다. 관월산이 곧 이 비석을 발견한 사람이다(樾字幼樵, 河南光州人. 光緒十一年, 歲在乙酉, 先君子宰承德県首邑, 晉引入都. 章君代理県事. 其書啓西席関君月山, 贈餘手拓碑字數枚, 每紙一字, 即此碑也. 字甚完整, 拓工亦精, 惜髫年不知寶貴, 隨手拋棄. 唯時奉天督學使者, 為茂名楊蓉甫先生, 屬先君子用良墨佳紙往拓. 初用宣德紙, 以石歯甚利, 改用高麗紙, 先後拓得數本, 乃精裝両本蔵之. 甲午之役, 失於金州署中. 回首前塵, 恍如夢寐. 按章君宰懐仁, 在光緒八九年. 関即発現此碑之人)[5]

5 王健群(1984), 『好太王碑研究』, 吉林人民出版社.

왕젠췬[王健群]의 고증에 따르면, 「담국환수찰」은 1909~1925년에 썼고, 「담국환발어」는 1929년에 쓴 것이라고 한다. 담국환이 남긴 수찰과 발어에서 보듯이, 호태왕비를 발견한 인물은 회인현의 하급 관리인 관월산이었다.

호태왕비 초기 탁본과 관련해서, 앞서 일본의 사카와 가게아키[酒匂景信] 탁본이 가장 이른 시기의 것으로 알려졌다. 지난 1980년대 이전까지 학계에서는 사카와 가게아키가 탁본을 취득해 귀국한 시점을 메이지[明治] 16년(1883) 10월로 알고 있었으나, 그 후 사에키 아리키요[佐伯有清], 다케다 유키오[武田幸男], 나가이 데츠오[永井哲雄], 코타니[小谷寿量] 등 일본학자들의 연구를 통해 그 시점이 메이지 17년(1884) 5월임이 밝혀졌다.

메이지 17년(1884) 6월 29일자 발행된 『도쿄요코하마마이니치신문[東京横浜每日新聞]』에서 이와 관련된 내용을 처음 일본 국내에 공개했다.[6]

사카와 가게아키가 일본으로 가져간 탁본은 엄밀히 말해 탁본이라고 하기 어렵고, 사실상 일종의 모탁본(摹拓本)이라고 할 수 있다. 먼저 쌍구(雙鉤)를 그리고 거기에 먹을 채워넣는 이러한 묵본(墨本)을 중국에서는 일반적으로 '쌍구전묵본(雙鉤填墨本)' 혹은 '향탁본(嚮拓本)'이라고 한다.

지난 1980년대 이전까지만 해도 동아시아 각국의 학자들은 주로 탁본 자료에 근거하여 호태왕비를 연구했다. 1980년대를 전후하여 중국학자 왕젠췬과 팡치둥[方起東]이 호태왕비에 대한 자세한 현장 조사를 진행했다. 왕젠췬의 석문(釋文) 연구에서는 적지 않은 비문을 새롭게 판독해냈으며, 지금도 여전히 연구사적으로 가장 중요한 석문 중의 하나로 손꼽히고 있다. 그럼에도 호태왕비는 발견 이후 지금에 이르기까지 100여 년 동안 자연 풍화 과정을 겪었을 뿐만 아니라, 석회 도포와 같은 인위적인 훼손도 있었다. 그러한 원인 때

6 佐伯有清(1995), 「広開土王碑文研究餘論」, 『古代東アジア金石文論考』, 吉川弘文館.

문에 일부 학자들은 다시 탁본에 눈길을 돌렸다. 그들은 석회를 발라 비문을 수정하기 이전, 다시 말해 100년 전 비석의 원래 모습을 담고 있는 탁본에 주목하였다. 그러한 탁본이 바로 이른바 원석탁본(原石拓本)이다.

오랜 기간에 걸쳐 원석탁본에 대한 학계의 인식은 그다지 명료하지 못했다. 지난 50년대 이래 미즈타니 데이치로[水穀悌二郎], 이진희(李進熙), 왕젠췬, 스에마츠 야스카즈[末松保和], 다케다 유키오, 가오밍스[高明士], 겅톄화[耿鐵華] 등 동아시아 학자들을 중심으로, 비석 발견연대, 이끼 소각연대, 석회 도포 및 비문 수정연대, 탁본 편년 등의 문제에 대한 자세한 연구와 논의가 진행되어왔다. 그러한 연구를 통해 호태왕비 탁본, 특히 원석탁본의 제작과 유전(流轉) 과정이 점점 더 자세히 드러나기 시작했다.

오늘날 학계에서는 호태왕비 탁본에 관한 더 많은 내용을 인지하고 있다. 호태왕비 탁본은 대체적으로 세 가지 유형으로 구분된다. 첫째는, '묵수곽전본(墨水廓填本)' 혹은 '쌍구전묵본(雙鉤填墨本)'으로 불리는 초기 모탁본(摹拓本)이다. 중국에서는 이 유형의 탁본을 전통적으로 '향탁본(嚮拓本)'이라고 부르기도 한다. 둘째는, 석회탁본 혹은 '회후본(灰後本)'으로 불리는 탁본이다. 이 유형의 탁본은 석회 혹은 진흙을 이용해 비면을 수정하여 제작한 것이다. 셋째는, 원석탁본, 즉 석회 도포가 이루어지기 이전에 제작된 탁본을 말한다. 이상 세 유형의 탁본 중, 원석탁본에 100년 전 비석의 원래 면모가 고스란히 담겨 있어 많은 연구자들의 관심을 받고 있다.

동아시아 각국의 고대 사료와 금석학 연구 분야에서 호태왕비와 같이 자세한 연구가 이루어진 경우는 지극히 드물다. 그렇기 때문에 호태왕비 연구 과정에서 고안된 여러 접근법들은 동아시아 각국의 여타 금석문 연구의 전범이 될 수도 있다. 이 또한 호태왕비 연구가 지니는 중요한 의미라고 할 수 있다.

II. 베이징에서 발견된 이른바 1881년본 묵본과 그 의문점

비록 지난 130여 년에 걸친 호태왕비 연구를 통해 대량의 연구 문헌이 축적되었다고는 하나, 비석 발견사와 초기 탁본 제작사(製作史)에 관한 일부 문제들은 여전히 미결로 남아 있다. 예를 들어, 비석 발견연대, 최초 탁본의 형태, 제작자 등등의 문제는 아직 완전히 밝혀진 바 없다.

그 외 호태왕비 발견사 사료 중, 왕지수의 저술은 1895년에 발행되었고, 엽창치의 저작은 1901년에 완성되어 1909년에 간행되었으며, 담국환의 수찰과 발어는 각각 1909년, 1929년에 쓰여졌다. 이들 저술은 10여 년 전 혹은 그보다 더 오래전에 발생한 사건에 대한 기억을 바탕으로 찬술된 것이다. 그렇다면 그보다 더 이른 시기의 언급은 없는 것일까? 만약에 그러한 자료가 존재한다면 위에서 제기한 여러 문제들을 일소할 수 있지는 않을까?

필자는 앞선 연구에서 위의 몇몇 저술보다 시기가 더 앞서는 자료의 존재를 확인한 바 있다. 예를 들어, 지난 1990년대 이후 발견된 왕소잠구장본(王少箴舊藏本), 중국국가도서관장본(中國國家圖書館藏本) 및 베이징대학본[北京大學本] 등은 석회 도포가 이루어지기에 앞서 제작된 초기 탁본들이다. 그 외에도 2003년에 발견된 이른바 1881년 묵본이 있다. 2003년 필자는 베이징 지역 조사 과정에서 아주 희귀한 묵본을 발견하였는데, 거기에 발문(跋文) 4편이 수록되어 있어, 청말 금석문학자들이 언급한 호태왕비 발견 초기에 제작된 묵본 중의 한 부임을 알 수 있었다.[7]

7 徐建新(2005), 「高句麗好太王碑早期墨本的新發現-對1884年潘祖蔭藏本的初步調查」, 『中國史硏究』 第1期.

앞선 시기, 연구자들은 청말의 금석문학자 엽창치가 남긴 일기(『연독려일기(緣督廬日記)』) 자료를 통해 그가 1884년에 비문을 고증했다는 사실만 인지하고 있었을 뿐, 그 구체적인 고증 내용에 대해서는 알지 못했다. 베이징에서 발견된 이 묵본에는 엽창치가 찬술한 1,300여 자에 달하는 장편의 발문이 수록되어 있다. 발문 내용을 통해 엽창치가 반조음(潘祖蔭)의 분부를 받고 비문에 대해 고증 작업에 착수했다는 사실을 알 수 있었다. 그가 고증 작업을 진행하고 발문을 작성한 구체적인 시점은 마땅히 1884년 7~8월 사이이다.

필자는 비교를 통해, 이 묵본이 일본의 사카와 가게아키가 취득한 판본과 동일한 '묵수곽전지본(墨水廓填之本)'이라는 점을 확인하였다. '묵수곽전지본'이라는 표현은 사실 청말 오대징(吳大澂)이 지은 『황화기정(皇華紀程)』[8]의 언급에서 비롯된 것이다. 이 묵본이 발견되면서 일찍이 1884년에 사코 가케노부가 묵본을 취득하기에 앞서 이미 이 유형의 묵본이 존재하고 있었다는 사실이 밝혀졌다.

그 외 엽창치의 발문에서 보이듯이, 당시 중국과 일본 학자들은 거의 동일한 연도, 동일한 시점, 즉 1884년 7~8월 사이에 탁본에 근거한 최초의 석문과 고증 작업을 진행했던 것 같다. 이는 호태왕비가 발견되고 4년이 경과한 시점이다.

이 묵본에 첨부되어 있는 발문에서 진본식(陳本植)과 이초경(李超瓊)이라는 호태왕비 연구사상 언급된 바 없는 두 인물이 새롭게 확인되었다. 묵본의 제작 연대를 판단하기 위해서는 이 두 인물의 실체에 대한 파악이 아주 중요하다.

진본식은 청 광서 연간에 봉천 장군(奉天將軍)이 파견한 지방 관리로서, 동변병비도(東邊兵備道) 도원(道員)을 지낸 바 있으며, 당시 동부 국경지대의 제반 업

8 吳大澂(1994), 『皇華紀程』, 上海書店出版社.

무를 총괄한 핵심 인물이기도 했다. 진본식의 행적은 사천(四川) 『합강현지(合江縣志)』와 중화민국 연간에 편찬된 『안동성(安東省)·안동현지(安東縣志)』에 소상히 수록되어 있다.

필자는 많은 공을 들여 이초경의 발문에 대한 고증 작업을 진행한 바 있는데, 이 발문에는 사실 그의 서명(署名)이 없기 때문이다. 연구 과정에서 발문에 보이는 '자고(子翶)', '척부(愓夫)', '석선(石船)', '아가문대소민산(我家門對少岷山)' 등 문구에 주목하게 되었으며, 최종 이초경이라는 인물을 확인할 수 있었다.

이초경은 1846년에 출생하여 1909년 향년 64세의 나이로 수저우[蘇州]에서 사망하였다. 그는 전후하여 율양현(溧陽縣), 원화현(元和縣), 양호현(陽湖縣), 강음현(江陰縣), 무석현(無錫縣), 오현(吳縣), 남휘현(南彙縣), 상해현(上海縣), 장주현(長洲縣)의 현령(縣令)을 역임하였는데, 청말 중국 강남 일대에서 유명한 지방 관료이지 문인으로 명성이 자자했다. 재임 기간 동안 업적이 뛰어나 조정에서 여러 차례 상을 내리기도 했다. 그는 학문에도 조예가 깊어 『석선거고금체시잉고(石船居古今體詩剩稿)』, 『석선거잉고(石船居剩稿)』 등의 저술을 남기기도 했다.

베이징에서 발견된 묵본에 수록되어 있는 이초경 발문의 내용은 다음과 같다.

| 제발 1(題跋之一) |

나는 이 비첩(碑帖, 탁본)을 요동(遼東, 요좌(遼左))에서 얻었는데, 계미(癸未, 1883)에 (그것을) 지니고 오현(吳縣)에 왔다. 그중 1부를 중강현(中江縣)의 이미생(李眉生, 이홍예(李鴻裔)) 어른께 증정했고, 아주 흡족해하셨다. 당시 오현의 반문근 공(潘文勤公, 반조음(潘祖蔭))께서 상을 당하셔 고향에 내려와 계셨고, 그 역시 (탁본을) 보고는 견이(甄異)하다고 여겼다. 그로 인해 다시 사람을 보내 묻기에 곧바로 답신을 드렸다. 고로 이 반문근 공께서 이 비첩 뒤

에 수백 자의 발문을 붙였으나, 갑오(甲午)년(1894)에 누군가가 잘라버려 달라졌다(此碑余得自遼左, 癸未攜之來吳. 以一帙轉贈中江眉生丈鴻裔, 極蒙賞愛. 時吳潘文勤公奉諱在籍, 見之亦甄異焉. 因複來索, 既應之矣. 故此帙後文勤跋數百言, 甲午乃爲人竊割以去, 異矣).

| 제발 2(題跋之二) |

이 비첩은 내가 광서 신사(辛巳, 1881)에 봉황성(鳳凰城)에 머무를 때 얻은 것이다. 비석은 회인현(懷仁縣)의 통화구(通溝口)에 있는데, 지금은 분방 순검(分防巡檢)이 거기에 머물고 있다. 동쪽에는 압록강이 있고, 서쪽의 동가강(佟佳江)은 통화(通化)를 거쳐 동남쪽으로 흘러, 회인현의 흑웅구(黑熊溝)를 경유하여 압록강에 합류한다. 물살이 세고 급하여 옛날에는 '비류수(沸流水)'라고 불리기도 했다. 무덤의 남쪽에 황폐해진 옛 성터가 있어, 둘레 길이가 수십 리에 달하는데, 현지인들은 '고려성(高麗城)'이라고 부른다. 이 성이 바로 『위지(魏志)』 기록의 이른바 '환도(丸都)'이다. 그 서남쪽에 있는 여러 산들은 거마(車馬)를 멈추지 않고서는 도저히 오를 수 없는데, 관구검(毌丘儉)이 "동쪽의 불내성(不耐城)에 명문을 새겼다"고 한 유적이 바로 여기다. 동치(同治) 이전에는 봉금 지역이었으나, 광서제(光緒帝)께서 건원(建元)하고 나서, 봉금을 풀고 개간을 윤허하여 회인현으로 만들었다. 관서를 창건하고 다스린 것은 모두 우리 고을 진해산(陳海珊, 진본식(陳本植)) 관찰사의 공로이니, 나는 그 막하에서 보좌한 바 있다. 지인인 장월이 회인현의 첫 현령으로 부임하였는데, 이 비석의 탁본을 얻어 (나에게) 증정하므로 (그것을) 지니고 오현에 가서 첩(帖)으로 표구하였다(是碑余以光緒辛巳客鳳凰城時得之. 碑在懷仁縣之通溝口, 今有分防巡檢駐焉. 東瀕鴨淥江, 西則佟佳水, 經通化, 東南流, 歷懷仁之黑熊溝, 至是與鴨綠合, 水勢迅急, 古所謂沸流水者也. 墓之南有廢城遺址, 周十數

里, 土人以高麗城呼之, 當即魏土(志)[9] 所謂丸都者. 其西南諸山, 非懸車東馬未易攀陟, 毌邱儉之東銘不耐乃其遺墟. 同治以前爲城廠邊門外封禁之地. 光緒建元後, 乃馳禁開墾爲懷仁縣境. 設官刱(通"創")治, 皆吾邑陳海珊觀察本植之功, 余佐幕其間. 友人祥苻章幼樵樾首任縣事, 既得此碑摹搨見貽, 故攜之吳中, 裝池爲帙也).[10]

위의 발문에 대한 검토를 통해 필자는 다음과 같은 몇 가지 사실을 알 수 있었다.

우선, 이초경은 원래 진본식 막하의 막료로 있었는데, 1881년에 호태왕비가 위치해 있는 회인현의 현령 장월에게 호태왕비 묵본 2부(혹 2부 이상)를 얻었다. 1883년에 그는 묵본을 소주(蘇州)로 가져가 표구하여 강소안찰사(江蘇按察使)를 지낸 이홍예(李鴻裔, 1831~1885)와 공부상서(工部尚書)를 지낸 반조음(潘祖蔭, 1830~1890)에게 증정하였다. 베이징에서 발견된 묵본이 바로 이초경이 소주로 가져간 묵본 중 한 부이다. 필자는 베이징에서 발견된 이 1881년 구장본(舊藏本)이 곧 반조음이 소장했던 것일 가능성이 많다고 본다. 1881년 묵본과 1884년 사카와 가게아키가 일본으로 가져간 묵본의 비교를 통해 주내본(酒勾本)의 성격과 제작 방법에 대해 추정해볼 수 있다.

그럼에도 연구자들 사이에서 이 묵본에 대한 의문이 제기되기도 했다. 예를 들어, 이초경이 소주로 가져간 묵본이 어떤 경로를 통해 유전(流轉)된 것인지, 그리고 이 1881년 묵본이 반조음이 소장했던 것인지, 아니면 이초경이 소장하고 있었는지, 또 묵본에 붙인 엽창치의 발문은 어떤 인물의 필적인지 등

9 원문에서는 '土'라고 했으나 오자이므로, 이에 '志'로 수정했다.
10 徐建新(2005), 「高句麗好太王碑早期墨本的新發現-對1884年潘祖蔭藏本的初步調查」, 『中國史研究』 第1期.

등 문제가 있다. 2009년에 다케다 유키오 선생이 펴낸 『광개토왕비탁본연구(廣開土王碑拓本的硏究)』(吉川弘文館)에서도 비슷한 질의를 던진 바 있다. 이러한 문제의 해답을 찾기 위해 필자는 이초경 관련 자료에 대한 진일보한 연구에 착수하였다.

근년의 조사를 통해 필자는 이초경의 후손이 베이징에 거주하고 있다는 사실을 확인할 수 있었고, 얼마 전에 직접 방문하였다. 이초경의 후손은 그가 남긴 일부 척독신찰(尺牘信札)을 보여주었고, 필자는 1881년 묵본에 붙여진 이초경 발문 필적과의 비교를 통해 서예풍격이 완전히 일치한다는 점을 확인할 수 있었다. 즉 이 두 필체는 동일인이 남긴 것임이 틀림없었다.

이들 자료는 1881년 묵본에 있는 이초경 발문이 진본임을 입증해주고 있다. 필자는 또 조사 과정에서 이초경이 1881~1883년 사이에 남긴 『요좌일기(遼左日記)』를 발견할 수 있었다.

III. 이초경의 『요좌일기』 발견과 초보적 연구

『요좌일기(遼左日記)』는 이초경이 평생에 걸쳐 남긴 일기의 일부이다. 현전하는 이초경 일기는 총 43책(冊)인데, 광서 7년(1881) 4월 6일부터 선통 원년(宣統 元年)(1909) 윤(閏) 2월 11일까지, 28년이라는 긴 시간에 걸쳐 작성되었다. 이초경 일기 제1책이 바로 『요좌일기』이다. 이 일기에는 호태왕비 발견사와 초기 탁본 작업에 관한 일들이 기술되어 있는데, 그동안 학계에 알려지지 않은 내용이 많다.

현재 『요좌일기』 저본은 선장본(線裝本) 형태로 전해지고 있으며, 원래 세 책으로 나뉘어 있던 것인데 한 책으로 묶었다. 책 표지에는 우피지(牛皮紙)가 사

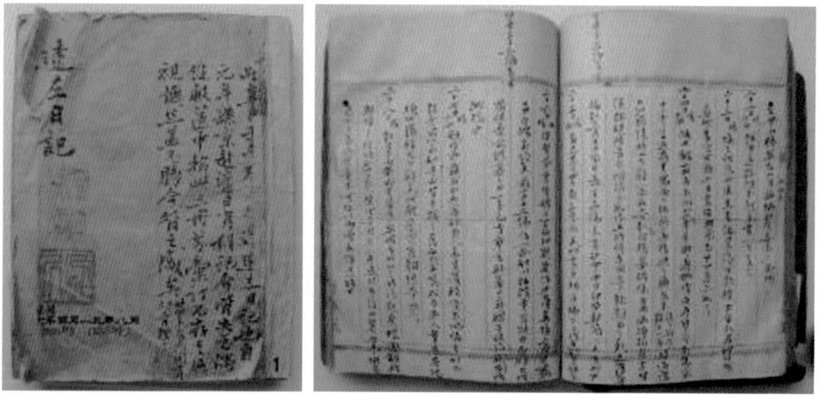

〈그림 1〉『요좌일기(遼左日記)』 표지와 1881년 4월 24일자 본문 부분

용되었고, 본문 부분은 가피죽지(加皮竹紙)이다. 지면에 분홍색 격자가 그어져 있고, 한 페이지 당 10행으로 되어 있으며, 서체는 행서(行書) 혹은 초서체(草書體)이다.

표지 좌측에 '遼左日記'라는 제목이 쓰여져 있고, 그 아래에 검인(鈐印) 3개가 찍혀 있는데, 그중에는 이초경의 별호인 '석선거(石船居)'라는 글자가 새겨진 도장도 있다. 표지 우측에는 이초경이 17년 뒤에 추가한 제기(題記)가 있는데, 그 내용은 다음과 같다.

> 此辛巳, 壬午, 癸未往返遼左日記也. 自元年繇(由)京赴沈, 日有程記. 今皆失之. 偶従敝篋中拾此三册, 遂彙訂而存之. 展視憮然, 蓋不勝今昔之感矣. 廿四年戊戌閏三月初五日鐙下.

이를 현대어로 풀어쓰면 다음과 같다.

내가 광서(光緒) 신사년(辛巳年, 1881), 임오년(壬午年, 1882) 그리고 계미년(癸未年, 1883) 사이 요좌(遼左)를 오가는 동안에 남긴 일기이다. 광서 원년(1875) 북경에서 심양(沈陽)에 이르기까지 일과를 일일이 기록으로 남겼었으나, 현재 모두 일실되었다. 그 후, 우연한 기회에 서책 상자 속에서 이 세 책을 찾게 되어 한 책으로 묶었다. 책장을 넘겨 훑어보니 창연(悵然)함을 금할 길이 없다. 지금과 지난일들을 돌이켜보니 감개무량하다.—광서 24년(무술(戊戌), 1898) 윤 3월 5일 등잔 아래서.

그 외 덧붙여 설명하자면, 이 제발의 위와 아래 부분에 '척부(剔夫)'와 '석선(石船)'이라는 글자가 새겨진 도장이 하나씩 찍혀 있다. 이 도장들은 필자가 1881년 구장본(舊藏本) 제발에서 봤던 '척부(剔夫)', '석선(石船)' 도장과 완벽하게 일치한다.

이어서 『요좌일기』 1882년 1월에서 6월 사이의 일기 중, 호태왕비와 연관이 있는 언급에 대해 간략하게 소개하고 분석해보도록 하겠다.

〈사료 1〉

| 원문 |

『遼左日記』光緒八年(1882) 正月 二十日 晴

薄莫(暮), 楊進之´張程九先後來訪. 談次, 程九述及此行北至懷仁, 聞県東境之通溝口有古碑, 高丈餘, 四面字跡模糊, 約二千餘字. 章幼樵大令樾擬於春暖後當搨印, 以便辨識. 其地為古丸都故城遺阯, 略約可識. 並出幼樵処西席魏君雲帆, 系豫省名下士, 所撰丸都賦一篇, 約千數百字. 託為呉稽先生之詞, 摸擬班左遺調, 中敘丸都之建在建安時, 其酋長為伊夷摸, 乃東明之後裔雲雲. 惜抄胥伝寫訛誤甚多, 所徵引似多本之劉昭続漢志´三國志毋丘倹伝. 亦有心人也. 惟援拠処似涉支蔓, 詞亦未盡雅潔耳.

| 해석 |

저녁 무렵, 양진지(楊進之)와 장정구(張程九)가 선후하여 내방했다. 담소 중에 장정구가 얘기하기를, 그가 북쪽으로 나아가 회인현에 당도하였을 무렵에 그곳 동쪽 변경의 통구구에 옛 비석이 있다는 얘기를 전해 들었다고 했다. (비석의) 높이는 1장(丈)이 넘으며, 네 면의 비문이 어렴풋이 남아 있는데, 약 2천여 자가 새겨져 있다고 했다. 현령 장월(章樾, 유초(幼樵))이 봄에 날이 풀리면 탁본을 제작해 비문을 판독할 예정이라고 했다. 그 지역은 옛 환도 유적이 있는 곳으로서, 대략적인 내용은 판단 가능하다. 장정구는 또 나(이초경)에게 장월의 막료 위운범(魏雲帆)이 지은 환도부(丸都賦) 한 편을 보여주기도 했는데, 대개 천여 글자의 문장이었다. 위씨는 하남성(河南省) 일대에서 명성이 높은 인물로서, 그가 지은 환도부는 오계(吳稽) 선생이라는 이름을 빌려, 전한(前漢)의 반고(班固, 『양도부(兩都賦)』가 전해지고 있음), 서진(西晉)의 좌사(左思, 『삼도부(三都賦)』가 전해지고 있음)의 시부를 모방하여 지은 것이다. 거기에서는 환도성이 후한(後漢) 건안(建安) 연간(196~220)에 축조되었으며, 그 추장(酋長)의 이름은 이이모(伊夷摸)로서 동명왕(東明王)의 후예라는 등등의 내용을 언급하였다. 다만 아쉽게도 문장을 옮겨 적는 과정에서 많이 와전된 데다가, 또 문장에서 대부분 진(晉)나라 사마표(司馬彪)가 짓고, 양(梁)나라 유소(劉昭)가 주석을 붙인 『속한지(續漢志)』와 『삼국지(三國志)』「관구검전(毌丘儉傳)」을 근거 자료로 삼고 있다. 찬자는 생각이 깊은 사람이나, 다만 근거 자료를 인용함에 있어 지나치게 혼란스럽고, 또 문장에 사용된 어휘가 그다지 우아하고 간결하지는 않다.

〈사료 2〉

| 원문 |

『遼左日記』光緖八年(1882) 正月 二十二日 晴

晨間與少眉談及幼樵西席所作丸都賦. 曾於三國志毌丘儉檢其大略, 爲之訂正. 因取傳讀之. (中略. 이초경은 이 부분에서 『삼국지』에 수록되어 있는 관구검의 고구려 정벌에 대해 자세히 소개하고 있다) 據此, 則通溝古碑擬即王頎所勒者, 君賦(魏雲帆이 지은 부賦를 지칭)又以丸都城爲伊夷模所建. (이하 생략)

| 해석 |

아침에 소미(少眉)와 더불어 장월(章樾)의 막료(위운범(魏雲帆))가 지었다고 하는 『환도부(丸都賦)』에 대해 얘기를 나눴다. 나는 전에 『삼국지』「관구검전」에서 그 대략적인 내용을 확인할 수 있었으므로, 환도부의 오류를 정정(訂正)하기도 했다. (중략) 이로 미루어, 통구의 옛 비석은 삼국시대 위(魏)나라의 현토태수(玄菟太守) 왕기(王頎)가 새긴 것일 수도 있다고 짐작했다. 또 위운범이 지은 부(賦)에서는 이이모가 환도를 축조했다고 전한다.

〈사료 3〉

| 원문 |

『遼左日記』光緖八年(1882) 四月 二十四日 晴 大風

(생략) 通溝口巡檢張皓山少尉一函, 並寄到高句驪墓碑. 系自用紙捶搨者. 字皆漢隸, 規格甚古. 惜搨不如法, 且経俗手用筆勾勒為之, 歉然(이하 생략)

| 해석 |

통구순검(通溝巡檢) 장호산(張皓山) 소위(少尉)(즉 장익(張翼))가 보내온 편지 한

통을 받았는데, 그와 함께 고구려묘비(탁본)도 보내왔다. 탁본은 종이로 제작되었으며, 비문의 서체는 한예(漢隸)로서 서법 양식이 아주 예스러웠다. 아쉽게도 탁본 제작법이 좋지 못한데다가 속수(俗手, 기술이 평범한 사람을 지칭)가 붓으로 그 필획을 그려내다 보니 그다지 만족스럽지 못하다.

〈사료 4〉

| 원문 |

『遼左日記』光緒八年(1882) 五月 初五日 晴

(생략) 燈下複通溝巡檢張皓山一函, 並以綿連紙二刀寄之, 求其再搨句驪古碑也.

| 해석 |

등불을 밝히고 통구순검 장호산에게 답신을 썼다. 더불어 면연지(綿連紙) 양도(兩刀) (200매)를 함께 부쳐, 고구려 옛 비석을 다시 탁본해줄 것을 청탁했다.

〈사료 5〉

| 원문 |

『遼左日記』光緒八年(1882)六月 十五日 雨 晴 陰

(생략) 薄暮, 過霖甫處. 適午橋遣價至通溝搨印勾驪墓碑者初歸. 雲是碑高二丈餘, 二百步外望之, 字跡了了可辨, 比近其前則無一可識. 以手摸索仍模糊無定. 蓋碑石色墨而質麤(粗), 曆年既久, 其平面崩隤(潰), 凸凹與所鑿字畫不甚分別. 因是捶搨者皆束手, 以四五人十日之功, 僅得一分(份)而已. 於其下拾有故磚數塊, 薄僅五六分, 長八寸四分, 寬四寸六分(皆今京尺). 邊有文曰, 願太王陵安如山固如嶽十字. 可寶也. 余亦得一, 叩之鏗然作聲, 攜歸置之案頭. 惜質亦粗, 聊以皮硯爲計. 其壽當在建安之前, 特非細致爲之, 不能倣銅雀台瓦耳.

| 해석 |

저녁 무렵에 도림보(陶霖甫)의 거처를 방문했다. 마침 오교(午橋, 주오교(朱午橋))가 파견한 고구려고비 탁본 작업자가 돌아왔다. 그 사람의 말에 따르면, 비석의 높이가 2장이나 되어 2백 보 밖에서 바라봐도 글자 흔적이 선명하다고 한다. 하지만 가까이에서 보면 한 글자도 알아볼 수 없는데, 손으로 필획을 더듬어도 여전히 확인할 수 없었다고 한다. 그 원인은 비석이 검은색인데다가 석질(石質)이 거칠고, 또 연대가 오래되어 비면이 훼손되다보니 표면이 울퉁불퉁하여 비문의 자획을 정확히 구분하기 어렵기 때문이라고 한다. 이에 탁본 작업자들은 아무런 방도가 없었으며, 4, 5명이 10일을 작업해야 고작 탁본 한 부를 제작할 수 있을 뿐이라고 한다. 그(비석) 아래서 옛 전돌 여러 개를 습득했는데, 그 두께가 5, 6분(分)이고, 길이는 8촌(寸) 4분이며, 넓이는 4촌(寸) 6분(모두 현재의 경척(京尺)이다)이라고 한다. 전돌 측면에 "願太王陵安如山固如嶽"이라는 열 글자가 있어, 보물이라고 할 수 있다. 나도 하나를 얻었는데, 두드리면 맑은 소리를 냈다. 이에 가져다가 서안(書案)에 놓았다. 다만 아쉽게도 그 재질이 거칠어 단지 벼루 대신 사용했을 뿐이다. 그 (제작)연대는 마땅히 후한(後漢)의 건안(建安) 연간보다 이른 시기일 것으로 짐작된다. 그러나 정교하게 만들어진 것이 아니어서, 위(魏)나라 동작태(銅雀台) 기와로 만든 벼루와 비견할 수 없다.

일기에는 발생한 지 얼마 안 되는 사건들을 기술하는 것이 일반적이다. 그에 비해, 사건이 발생하고 나서 오랜 시간이 지난 후의 기억 속에서는 세부적인 부분에 편차가 발생하기 마련이다. 그런 의미에서 봤을 때, 일기 속의 내용이 훗날의 기억보다 더 정확할 수 있다. 『요좌일기』에 수록되어 있는 내용은 이초경이 그 수년 후에 '1881년 묵본'에 붙인 제발을 검증하는 데 새로운 자료를 제공해주고 있다.

이상에서 살펴본 『요좌일기』의 내용을 통해 다음과 같은 판단을 도출해낼 수 있다.

(1) 앞서 학계에서 확인한 고구려 호태왕비에 관한 최초의 문자 기록은 1884년 엽창치가 저술한 호태왕비 발문과 이홍예(李鴻裔)가 지은 제기(題記)이다.[11] 하지만 이 글에서 인용한 『요좌일기』에 수록된 관련 기술은 1882년 1월에서 6월 사이에 쓰인 것이므로, 호태왕비에 관한 최초의 문자 기록이라고 할 수 있다.

(2) 베이징에서 발견한 모탁본에 있는 이초경의 제발에서 "이 비석 탁본은 내가 광서 신사(辛巳, 1881)에 봉황성에 머물 때 얻은 것이다"라고 했다. 즉 이초경은 1881년에 이 묵본을 얻었다고 했다. 하지만 필자는 『요좌일기』의 광서 7년(1881) 부분에서 호태왕비에 관한 기술을 발견하지 못했다. 이초경이 처음 통구의 옛 비석(즉 호태왕비)에 대해 전해들은 것은 1882년 정월 20일(〈사료 1〉 참조)이다. 이는 1882년 정월 이전에 이초경이 호태왕비에 대해 알지 못했을 수도 있음을 시사해준다. 그러므로 "이 비석 탁본은 내가 광서 신사(1881)에 봉황성에 머물 때 얻은 것이다"라는 언급은 혹 이초경의 오기(誤記)일 수도 있다. 다시 말해, 호태왕비 탁본 제작이 1881년이 아니라, 1882년에 시작되었을 수도 있다는 것이다.

(3) 『합강이초경연보(合江李超瓊年譜)』 기록에 따르면, 이초경은 광서 원년, 즉 1875년에 봉황성에 이르렀다고 한다. 그는 진본식의 휘하에 있으면서, 회인현을 포함한 각지의 관리들과 가까운 관계를 유지하고 있었다. 그럼에도 호

11 徐建新(2005), 「高句麗好太王碑早期墨本的新發現－對1884年潘祖蔭藏本的初步調查」, 『中國史研究』 第1期.

태왕비가 발견되었다는 정보가 1882년 정월에야 그의 일기에 등장한다. 이는 호태왕비 발견 시점이 1882년보다 그다지 이르지 않을 가능성을 시사해준다. 만약 호태왕비가 광서 초년 혹은 광서 3년(1877)에 발견된 것이라면, 이초경이 왜 그 5년 후에야 비로소 관련 소식을 접하게 되었는지 이해하기 어렵다. 그러므로 필자는 엽창치가 언급한 광서6년(1880)설이 시기적으로 더 타당해 보인다.

(4) 회인현의 첫 현령인 장월이 비문 해독을 위해 1882년에 봄에 탁본을 제작할 예정이었다(《사료 1》). 이는 호태왕비 초기 탁본 제작이 확실히 장월과 밀접히 연관되어 있음을 말해준다.

(5) 이초경은 1882년 4월 24일에 호태왕비 탁본을 얻었는데, 회인현 통구(通溝口) 순검 장호산(장익(張翼))이 부쳐온 것이다(《사료 3》). 고인이 된 이진희 선생은 최초 탁본이 제작된 시기를 1882년 8월, 즉 진사운(陳士芸)이 회인현의 제2임 현령이 되고 나서라고 보았다. 지금 와서 생각해보면 최초 탁본 제작 시기는 이보다 이를 것으로 짐작된다.

(6) 탁본의 초기 제작 과정과 관련해서, 이초경의 일기에서 비교적 많은 지면을 할애해 묘사하고 있다. 1882년 4월 24일, 이초경은 장호산이 부쳐온 탁본을 보고 나서 "속수(俗手)가 붓으로 그 필획을 그려냈다"(《사료 3》)는 사실을 발견하였다. 이 기술(記述)은 당시 이초경이 이미 탁본 제작자가 탁본 위에 붓으로 필획을 그렸다는 사실을 알고 있었음을 시사해준다. 그는 이러한 행각에 불만을 표했다. 필자가 2003년에 발견한 1881년본이 바로 당시 이초경이 얻은 이 묵본일 가능성이 많다. 묵본에서 붓으로 자획을 그린 흔적이 발견되자, 이초경은 곧 통구 순검에게 답신과 함께 종이 2백 매를 보내 비석 탁본을 다시 제작해줄 것을 요청했다(《사료 4》).

(7) 1882년 정월에 이초경은 통구의 옛 비석에 관한 소식을 전해 들었으나,

비문 주석(註釋) 내용에 대해서는 알지 못했다. 그는 장월의 막료인 위운범(魏雲帆)이 지은 부(賦)를 참조해, 이 비석이 위나라 현토태수(玄菟太守) 왕기(王頎)가 새겼을 것이라고 추정했다(《사료 2》).

(8) 1882년에 이초경은 봉황성(지금의 랴오닝성遼寧省 펑청시鳳城市)에 거주하면서 업무를 수행하고 있었다. 이초경은 1882년 6월 이전에 아직 호태왕비를 보지 못했다. 하지만 그는 현장에 다녀온 탁본 제작자에게 전해들은 내용을 자세히 기술하였다(《사료 5》). 그가 남긴 일기 내용으로 미루어, 초기 탁본 제작이 아주 어려웠음을 짐작할 수 있는데, "4, 5명이 10일을 작업해야 고작 탁본 한 부를 제작할 수 있을 뿐"(《사료 5》)이었다. 그 후 초기 탁본 제작에 관한 정보는 (일본 육군) 참모부본부의 사카와 가게아키를 통해 일본으로 전해졌으며, 일본 초기 연구 성과에 반영되었던 것이다.[12]

(9) 그동안 호태왕비 연구사에서 그다지 눈여겨보지 않았던 서술은 바로 광서 연간에 지방 관료인 영희(榮禧)가 지은 글이다. 그는 『고구려영락태왕묘비난언(高句麗永樂太王墓碑讕言)』에서 다음과 같이 언급했다. "'차구(岔溝)'를 일명 '통구'라고도 하는데, 전에 순검(巡檢) 설치 중에 한 자리가 비어, 왕언장(王彦莊)을 위임하였다. 지금은 바꾸어 지안[輯安] 현치(縣治)를 설치하였다. 왕언장이 옛것을 좋아하고 또 배우기를 즐겨, 이 비석을 보고 기록으로 남겼다. 아쉽게도 고증한 내용을 서책으로 남기지 않고 대략적인 내용만 적었다. 나는 광서 8년 임오년(1882)에 산동 출신의 포의(布衣) 기단산(亓丹山)을 청해 전벽(全壁)의 탁본을

---

12 예를 들어, 아세아연구회(亞細亞硏究會)에서 편찬한 『회여록(會餘錄)』(1889년 6월 출판)에 수록된 「고구려비출토기」에서는 다음과 같이 언급하였다. "하지만 비면이 울퉁불퉁하여 큰 종이를 이용해 한꺼번에 작업할 수 없으므로 한자 크기의 종이를 이용해 차례대로 탁본했다. 고로 많은 공력이 드는 데 비해 결과물이 적었으니, 지금까지 고작 2부를 제작했다고 한다(然碑面凸凹不平, 不能用大幅一時施工用尺餘之紙次第搨取. 故工費多而成功少, 至今僅得二幅云)."

얻을 수 있었다(岔溝一名通溝, 久設巡檢一缺, 部選王君彥莊承其乏, 今改設輯安縣治. 彥莊好古敏學, 目睹是碑, 備錄其文, 惜其考訂無書, 僅言大概. 餘於光緒八年壬午, 曾倩山東布衣亓丹山往拓, 得獲完壁).[13]

이 글은 영희가 저술한 『고고구려영락태왕묘비문고(古高句麗永樂太王墓碑文考)』에 수록되어 1903년 12월에 발표되었다. 영희의 『난언(讕言)』에서는 광서 8년(1882)에 기단산을 현지에 보내 탁본을 제작했다고 기술하고 있다. 기단산은 당시 봉천 지역에서 명성이 조금 알려진 금석가(金石家)로서, 그가 1882년에 탁본을 제작한 사실은 줄곧 영희의 오기(誤記)로 취급돼왔다. 하지만 새로 발견된 『요좌일기』에 따르면 1882년에 이미 호태왕비 탁본이 제작되기 시작했다. 따라서 기단산이 같은 해에 탁본(혹은 묵수곽전본)을 제작했을 가능성이 없는 것은 아니다.

종합해보면 이초경의 『요좌일기』는 중국의 호태왕비 발견, 초기 탁본 제작 과정에 대한 인식을 더 풍성하게 해주고 있어, 이들 문제를 연구하는 데 더없이 중요한 문헌자료임이 틀림없다.

13 이진희의 『廣開土王陵碑的研究』(日本吉川弘文館, 1972)에 첨부된 〈資料篇〉 1의 영인본 참조.

통화시박물관 소장 호태왕비 탁본

I. 탁본 현황

II. 탁본의 문자 상황

III. 탁본 제작연대

경테화[耿鐵華]

고구려사/통화사범학원[通化師範學院] 고구려·동북민족연구중심 교수

『好太王碑一千五百八十年祭』(2003, 中国社会科学研究所), 『高句丽古墓壁画研究』(2008, 吉林大学出版社), 『高句丽研究史』(2012, 吉林大学 出版社), 『通化师范学院藏好太王碑拓本－纪念好太王碑建立1600年』(2014, 吉林大学出版社).

경톄화 | 통화사범학원

통화시박물관 소장 호태왕비 탁본

2014년 9월 6일, 통화[通化]에서 열린 서화(書畫) 작품 경매에서 호태왕비(好太王碑) 탁본 한 점이 확인되었다. 탁본은 비면 한 면에 1매씩 총 4매로 구성되어 있다. 장시간 접은 상태로 보존해왔기 때문에 부분적으로 접힌 흔적과 파손이 발생했으나, 대체적으로 양호했다. 지묵(紙墨) 상태가 소박하고 예스러우며, 비문이 뚜렷하고 완정했다.

2014년 9월 30일 오전에 필자를 포함해 통화사범학원[通化師範學院]의 리러잉[李樂營] 교수, 통화시문물연구원[通化市文物研究所] 왕쯔민[王志敏] 연구원, 통화시문물관리소[通化市文物管理所]의 왕둥페이[王東飛] 소장, 그리고 서예·조각가 런시쿤[任錫昆] 선생, 문화 과장 왕화라이[王化來] 선생 등 관련 전문가들이 통화시박물관의 초청을 받고 이 탁본에 대한 감정을 진행했다.

탁본의 보존 상태, 종이 재질, 착묵 흔적 및 추탁(捶拓) 등 상황으로 미루어, 석회 도포 이후의 탁본으로 추정하였다. 비문 상태로 봤을 때, 제1, 2면에 비스듬히 나 있는 단열흔적 및 제3면 우측 하단 훼손 부분의 글자를 제외한 나머지 비문은 보존 상태가 비교적 양호했다. 게다가 글자 사이의 세로 격자(界格)가 비교적 선명하게 남아 있어, 진본임을 입증해주고 있었다. 통화시 문화·문물기관에서 탁본 소장자와 협상을 진행했으며, 최종적으로 통화시박물관에서 이 탁본을 인수하였다.

I. 탁본 현황

통화시박물관에서 소장하고 있는 호태왕비 탁본은 아직 표구하지 않았으며, 여전히 비면 한 면당 탁본 1매인 원래 상태를 유지하고 있다. 장시간 접어서 보관했던 탓에 일부 접힌 흔적들이 있다. 이 탁본은 모두지(毛頭紙)를 사용해 제작하였으며, 종이 색상은 회황색(灰黃色)이다. 착묵이 비교적 짙으면서 잘돼 있고 색바램이 없다. 다만 부분적으로 먹 색상이 고르지 못하다.

표구하지 않은 상태이므로 탁본을 펼칠 때 아주 조심스럽게 다뤄야 했으

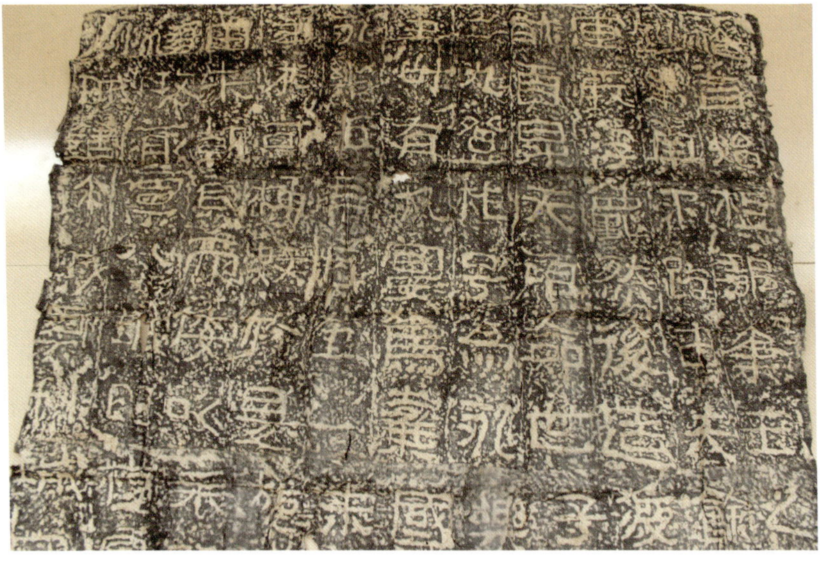

〈그림 1〉 제1면 (1)

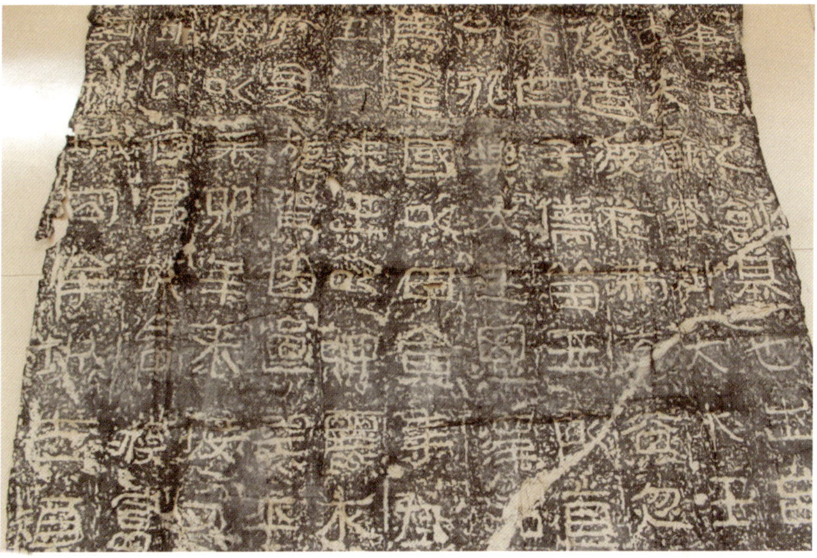

〈그림 2〉 제1면 (2)

〈그림 3〉 제1면 (3)

〈그림 4〉 제1면 (4)

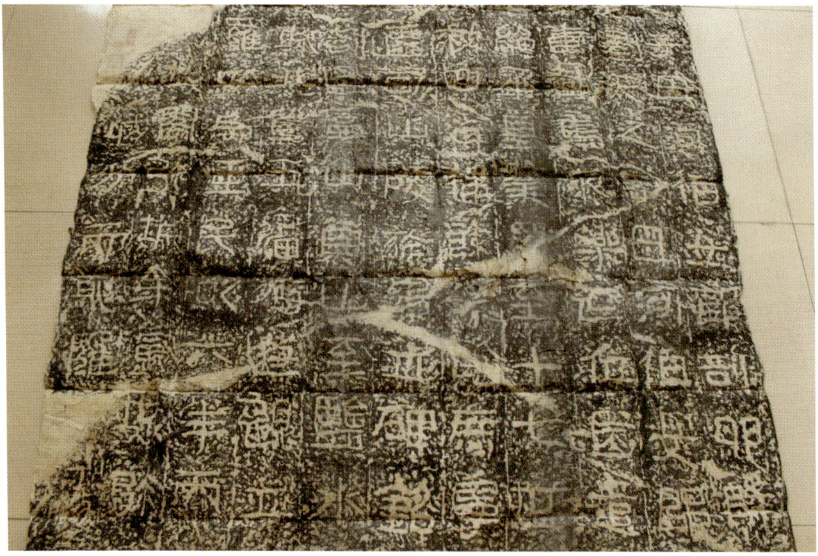

〈그림 5〉 제1면 (5)

〈그림 6〉 제1면 (6)

〈그림 7〉 제1면 (7)

〈그림 8〉 제1면 탁본 단열흔적 부분에 찍힌 도장

며, 깨끗한 바닥에 펼쳐놓아야 했다. 따라서 실측이나 사진 촬영에 어려움을 겪었다. 표구 작업이 끝나는 대로 더 양호한 사진 자료와 실측 수치를 제공할 예정이다.

제1면 탁본은 보존 상태가 아주 좋다. 비록 접혀진 흔적이 있으나, 글자 부분은 훼손되지 않았다. 착묵이 짙고 균일하다. 탁본 중간쯤 단열흔적이 있는 부분은 착묵되지 않았는데, 거기에 소장자 도장이 찍혀 있다. 인문(印文) 판독 결과 '주가장인(朱家藏印)', '호태왕비구탁본(好太王碑舊拓本)', '수여금석(壽如金石)' 등으로 확인되었다. 그 외 다섯 곳의 도장 흔적이 더 있으나, 흐릿하여 글자 식별이 어렵다.

탁본에서 단열흔적은 좌측에서 우측으로 비스듬히 경사져 있는데, 경사면의 길이는 201cm이고, 좌측 가장 넓은 곳의 넓이는 52cm에 달한다. 이 단열흔으로 인해 1~11행에 걸쳐 글자가 손상되어 있다. 이 단열흔 하단에 또 하나의 비교적 작은 단열흔적이 확인되는데, 방향은 마찬가지로 위를 향하고 있다. 경사면의 길이는 132cm이고, 좌측 가장 넓은 곳의 넓이는 8cm이다. 또 비문 제6, 7행 사이에 경사진 작은 단열흔적이 아래쪽을 향해 있다. 탁본에서 확인되는 단열흔적 상황은 현재 비석 상태와 대체적으로 일치하고 있다. 전면에 걸쳐 글자 사이의 격자가 확인되는데, 중간부분이 선명하고, 위·아래 일부 구간에서는 간혹 끊겼다가 이어지는 경우도 있다.

제2면 탁본의 보존 상태는 제1면보다 못한데, 접힌 흔적이 뚜렷하며, 이미 단열된 부분도 있어, 일부 글자가 훼손되었다. 착묵이 고르지 못해 윗부분이 비교적 짙고 아랫부분이 옅다. 중간 부분 글자 사이의 격자가 비교적 뚜렷한 데 비해, 하부에서는 두세 곳밖에 확인되지 않는다. 탁

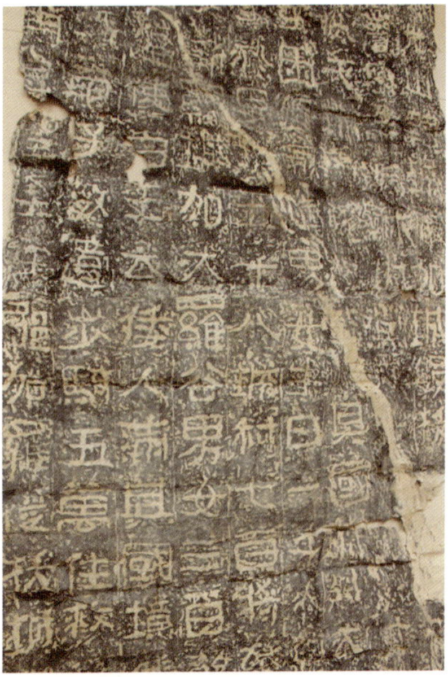

〈그림 9〉 제2면 탁본 중부

〈그림 10〉 제2면 탁본 중부

〈그림 11〉 제2면 탁본 하부

본 중간 부분의 단열흔적은 우측에서 좌측으로, 위를 향해 비스듬히 있다. 경사면의 길이는 184cm이고, 우측 가장 넓은 곳의 넓이는 37cm이다. 이 흔적으로 인해 1행에서 7~8행에 이르는 부분의 일부 글자가 훼손되어 있다. 좌측 하부 제9~10행 글자 사이에 길이가 129cm에 달하는 세로 방향의 단열흔적이 있다.

제3면 탁본의 보존 상태도 비교적 양호하나, 1면보다는 못하다. 접힌 흔적이 선명하지만 아직 단열되지는 않았다. 제1행은 거의 결락되고, 우측 하단 모퉁이에 세 글자 정도가 남아 있는데, 원래는 비문이 14행이었음을 짐작할 수 있다. 상·하단의 착묵 상태가 균일한 편이며, 접힌 부분에 일부 마모되거나 부식된 흔적이 있다. 글자 사이의 격자는 선명하지 않다. 우편 하부의 비문 결락 부분에도 착묵되어 있으나, 글자는 확인하기 어렵다.

〈그림 12〉 제3면 탁본 하부 우측

〈그림 13〉 제3면 탁본 중부

〈그림 14〉 제3면 탁본 하부 좌측

제4면 탁본의 보존 상태도 비교적 양호한데, 제1면과 비슷한 수준이다. 접힌 흔적이 약간은 선명하나 아직 단열되지는 않았고, 그로 인한 글자 훼손도 없다. 접힌 부분의 먹 색상이 그다지 균일하지 못하다. 글자 사이의 격자가 그리 선명하지 않다. 초보적인 실측 작업을 통해 탁본의 크기를 다음과 같이 확인할 수 있었다.

〈그림 15〉 제4면 탁본 중부

- 제1면: 길이 530cm, 넓이 143～145cm
- 제2면: 길이 537cm, 넓이 126～133cm
- 제3면: 길이 535cm, 넓이 179～188cm
- 제4면: 길이 554cm, 넓이 112～122cm

1985년 지안박물관[集安博物馆]에서 뤼요둥[吕耀东]이 증정한 호태왕비 탁본(뤼요둥 증정본)을 전시하였는데, 당시 실측한 탁본 크기는 다음과 같다.

- 제1면: 길이 550cm, 넓이 145cm
- 제2면: 길이 545cm, 넓이 128cm
- 제3면: 길이 546cm, 넓이 180cm
- 제4면: 길이 545cm, 넓이 125cm

지안박물관에서 소장하고 있는 장밍산[张明善] 탁본의 실측 크기는 다음과 같다.

- 제1면: 길이 590cm, 넓이 160cm
- 제2면: 길이 600cm, 넓이 145cm
- 제3면: 길이 595cm, 넓이 205cm
- 제4면: 길이 562cm, 넓이 150cm[1]

탁본이 접혀 있었고, 또 표구하지 않아 지면을 평평하게 펼쳐놓지 못한 상태에서 실측하다 보니 지안박물관에 소장되어 있는 뤄요둥 증정본이나 장밍산 탁본보다 짧게 측정된 것 같다.

- 제1면: 길이는 뤄요둥 증정본보다 20cm 짧고, 장밍산 탁본보다 60cm 짧다. 넓이는 뤄요둥 증정본보다 2cm 짧고, 장명선 탁본보다 17cm 짧다(가장 짧은 부분).
- 제2면: 길이는 뤄요둥 증정본보다 8cm 짧고, 장밍산 탁본보다 63cm 짧다. 넓이는 뤄요둥 증정본보다 2cm 짧고, 장명선 탁본보다 19cm 짧다(가장 짧은 부분).
- 제3면: 길이는 뤄요둥 증정본보다 11cm 짧고, 장밍산 탁본보다 60cm 짧다. 넓이는 뤄요둥 증정본보다 1cm 짧고, 장명선 탁본보다 26cm 짧다(가장 짧은 부분).
- 제4면: 길이는 뤄요둥 증정본보다 9cm 길고, 장밍산 탁본보다 8cm 짧다. 넓이는 뤄요둥 증정본보다 13cm 짧고, 장밍산 탁본보다 38cm 짧다(가장 짧은 부분).

퉁화시박물관 소장 탁본의 실측 크기가 뤄요둥 증정본이나 장밍산 탁본보다 조금씩 짧은 것으로 확인되었는데, 이는 장기간 접어 보관해왔던 터라, 완전히 펼칠 수 없었기 때문이다. 하지만 탁본 글자 상태로 미루어 비교적 완정

1 耿鐵華(1994), 『好太王碑新考』, 吉林人民出版社, 90쪽.

한 탁본임을 알 수 있었다.

한 가지 설명을 덧붙이자면, 이 탁본은 앞서 여러 소장자를 거쳤을 가능성이 많다. 제1면 단열흔적 부분에 '주가장인(朱家藏印)'과 더불어 식별하기 어려운 몇몇 도장이 찍혀 있다. 소장자의 설명에 따르면, 부친인 잔춘넨[戰春年]이 평소에 서예와 탁본 수집에 관심이 많았는데, 이 탁본은 1970년을 전후하여 지안에서 구입한 것이라고 한다. 탁본의 전반적인 상태는 지안박물관에서 소장하고 있는 뤼요둥 증정본과 아주 흡사하다.

II. 탁본의 문자 상황

광서(光緖) 3년(1877) 호태왕비가 재발견되었을 당시, 그 인근 지역에 거주 인가가 거의 없었고 수목과 잡초가 우거졌으며, "비면은 푸른 이끼에 뒤덮여 있었다(碑面爲蒼苔漫沒)." 이에 이끼 제거를 위해 호태왕비에 불을 지르게 된다. 고섭광[顾燮光], 엽창치[葉昌熾], 담국환[谈国桓], 장연후[张延厚] 등이 남긴 기록에 이끼 소각 상황이 확실히 언급되어 있다.

> 대규보(戴葵甫)가 나에게 말하기를, 호태왕비는 봉천성(奉天省) 지안현[輯安縣] 동문 밖 10리, 장군묘(將軍墓) 남쪽 1리쯤에 있는데, 광서 원년 동쪽 변방의 황무지를 개간하던 과정에서 처음 발견되었다고 한다. 비면이 푸른 이끼에 뒤덮여 있었는데, 제거하기 매우 어려웠다고 한다. (이에) 현지인들이 비면에 분변을 바르고 마른 후에 거기에 불을 지폈는데, (그리하여) 이끼는 제거되었으나 비석 또한 단열되었다고 한다(戴君葵甫爲餘言, 好太王碑在奉天省輯安縣東門外十里將軍墓南里許. 光緖元年開墾東邊荒地始發見. 碑面爲蒼苔漫沒, 剔

出極難. 土人以糞塗碑面, 俟乾, 縱火焚之. 蒼苔去而碑裂矣).[2]

듣기로는 석질(石質)이 거친데다가 또 들불에 타다 보니 지금은 점차 박락되어 훼손되었다고 한다(聞石質粗駁, 又經野燒, 今已漸剝損矣).[3]

전해 듣기로는, 수년 전에 어떤 무식한 농부가 이끼가 두꺼워 탁본하기 어렵다 하여 말똥으로 태웠다고 합니다. 비석이 워낙 거친데다가, 이같이 불에 그을리다 보니 조각들이 떨어져 나갔고, 이로써 비석이 훼손되었습니다. 사물의 흥망이 유수하니, 참으로 안타까운 일입니다(聞此碑數年前有傖父某以苔蘚過厚, 不易拓, 用馬矢燒之. 而碑石本粗劣, 經此鍛煉, 恒片片墜. 碑乃自此毁矣. 物成敗有數, 惜哉).[4]

또 인묘년 사이에 비석 하단이 불에 타 훼손되었다는 얘기를 전해 듣고 내내 안타깝게 생각하였다(又聞寅卯間, 碑下截毁於火, 爲惋惜久之).[5]

광서 초년, 탁공이 비면에 이끼가 많다 하여 거기에 소똥을 붙여 태웠는데, 그로 인해 너무 많이 깎이고 박락되었다(光緖初年, 拓者因石上多苔蘚, 用牛糞敷其上燒之, 以致剝削太多).[6]

---

2 顧燮光, 『夢碧簃石言』.
3 葉昌熾, 「奉天一則」, 『語石』.
4 談國桓, 「手札」.
5 張延厚, 「跋語」.
6 劉天成, 張拱垣, 『輯安縣志』.

위의 언급들 중, 장연후의 저술에서 이끼 소각연대를 '인묘간(寅卯間)'이라고 명확히 밝히고 있다. 연대표를 대조해보면, '인묘간'이란 무인(戊寅)년인 광서 4년(1878)에서 기묘(己卯)년인 광서 5년(1879) 사이를 지칭하고 있음을 알 수 있다. 이는 광서 3년(1877)에 관월산(關月山)이 호태왕비를 발견했고, 광서 6년(1880)에 처음으로 완정한 탁본을 제작했다는 점과도 완벽하게 연결된다. 만약 이끼 소각이 이루어지지 않았다면 완정한 탁본이란 있을 수 없다.

현재 호태왕비 제1면과 제2면 중간 부분에 비스듬히 위로 향한 비교적 큰 단열흔적이 남아 있고, 또 제3면 하단의 훼손도 심각하다. 그 외에도 일부 작은 단열들이 여러 곳에서 발견되고 있다. 이런 흔적들은 호태왕비가 이끼 소각을 겪으면서 일정 부분 훼손되었음을 입증해주고 있다.

통화시박물관 소장 호태왕비 탁본에서 확인되는 단열흔적과 그로 인한 글자 훼손 상황은 다음과 같다.

제1면 단열흔적은 제1행의 9, 10번째 글자에서 11행 제18~21번째 글사 사이에 있다. 단열흔적의 길이는 약 201cm이며, 위를 향해 비스듬히 1면 전체를 관통한다. 단열흔적 끝부분은 폭이 비교적 좁아, 1~6행의 글자를 거의 훼손시키기 않았다. 제7~11행에서 훼손된 글자는 일정하지 않은데 그 상황은 아래와 같다.

- 제7행에서 1자가 훼손되었다('不歸□人').
- 제8행에서 1.5자가 훼손되었다('東來□城').
- 제9행에서 2자가 훼손되었다('百殘□□新羅').
- 제10행에서 3자가 훼손되었다('幹氐利□□□城').
- 제11행에서 4자가 훼손되었다('莫□□□□城').

제1면 하부의 23~29번째 글자 사이에 비교적 작은 단열이 있는데, 흔적은 6, 7행 글자 사이에서 상, 하 두 갈래로 나뉘어 비스듬히 위치해 있다. 이 단열흔적은 11행의 27번째 글자를 훼손시켰으나, 위아래 문장 파악을 통해 이 글자가 '성(城)'자임을 알 수 있다.

나머지 여러 행의 글자도 변두리 부분이 훼손된 경우가 있으나, 대체적으로 식별해낼 수 있는 수준이다.

제1면 하부 1행의 35~39번째 글자는 부식과 박락이 심각하여 식별이 어렵다. 11행 34, 35번째 글자는 단열흔적 때문에 훼손되었고, 40, 41번째 글자 부분은 비석 자체가 단열되어 있다.

제2면의 단열흔적은 모퉁이 부분에서 1면과 이어지며 비스듬히 위로 향해 있다. 단열흔적은 1행의 18~21번째 글자에서 시작하며, 넓이는 약 37cm이다. 흔적의 끝부분은 8행 7, 8번째 글자사이에 이르며 전체 길이는 184cm이다.

- 제1행에서 4자가 훼손되었다('城□□□□婁').
- 제2행에서 4자가 훼손되었다('城□□□□薊').
- 제3행에서 5자가 훼손되었다('城□□□□□其').

제2면 하부 1행 27번째 글자 부분에 위로 향한 작은 단열흔적이 있는데, 단지 27번째 글자의 오른쪽 윗부분에만 영향을 주었다. 제10행 하부에 위를 향한 단열흔적이 있어 35~40번째 글자를 훼손시켰다.

제3면 1행(行)의 대부분에 마모, 침식 혹은 훼손이 발생했다. 중간부분에서 희미하게 일부 자형이 확인되기도 한다. 2, 3행의 21~25번째 글자 부분은 비석 자체가 박락되었다. 하부 2~7행의 31~40번째 글자도 대부분 비면이 박락되어 훼손 상태가 심각하다.

제4면 하부의 1, 2행 사이에 위를 향한 작은 단열흔적이 있으며 길이는 대략 28~41번째 글자 사이에 해당한다. 행간에 걸쳐 있으므로 2행의 몇몇 글자의 오른쪽 변두리에 조금 영향을 미쳤을 뿐, 글자 형태를 변화시키지 않아 거의 식별 가능하다.

탁본의 일부 글자들에 대해 설명을 덧붙이자면 다음과 같다.

- 제1면

1.1.34 (제1면 1행 34자) '德'자이며, 대체적으로 선명하다.

1.1.35 글자의 윗부분은 확인 가능하나, 아랫부분은 확실하지 않다.

1.1.37 글자의 윗부분은 확인 가능하나, 아랫부분은 확실하지 않다.

1.3.41 '履'자이며, 글자가 비교적 선명하다.

1.4.2 '首'자이며, 글자가 비교적 선명하다.

1.5.13 '洽'자의 '氵'이나 '合'자 아래의 '口'자획도 아주 선명하다.

1.5.25 '不'자이며, 글자가 아주 선명하다.

1.5.26 '佞'자의 '亻'이나 우측 하부의 '女'자획도 아주 선명하다.

1.6.14 '月'자이며, 글자가 아주 선명하다.

1.8.23 '五'자이며, 글자가 아주 선명하다.

1.8.24 '備'자이며, 글자가 아주 선명하다.

1.8.25 '海'자이며, 글자가 아주 선명하다.
31번째 '獵'자와는 확연히 구별된다.

1.9.8 '辛'자이다. 탁본에서는 '亲'으로 썼는데, 통가자(通假字)이다.

1.9.13 현재 남겨져 있는 자형은 '毎'자의 하부와 흡사하며,
'海'자와는 다르다.

1.10.4 '寧'자이며, 글자가 아주 선명하다.
5행 '庶寧其業'의 '寧'자와 동일하다.

1.10.41 '阿'자이며, 글자가 비교적 선명하다.

1.11.30 마땅히 '於'자일 것으로 판단된다.
오른쪽 자형이 비교적 선명하다.

- 제2면

2.2.11	'粟'자이며, 대체적으로 식별 가능하다.
2.2.15	'韓'자이며, 대체적으로 식별 가능하다.
2.2.16	'城'자이며, 대체적으로 식별 가능하다.
2.4.25	'歸'자이며, 글자가 아주 선명하다. 7행 '歸王請命'의 '歸'자와 동일하다.
2.7.41	'誠'자이다. 글자의 오른쪽 자형은 아주 선명하며, 왼쪽 자형도 식별 가능하다.
2.10.37	'寇'자이며, 대체적으로 식별 가능하다.
2.10.38	'敗'자이며, 대체적으로 식별 가능하다.
2.10.41	'遣'자이며, 대체적으로 식별 가능하다.

- 제3면

3.5.33	'魚'자이며, 글자가 아주 선명하다.
3.9.15	'碑'자이며, 글자가 아주 선명하다.

탁본을 접어서 보존해왔기 때문에 자세히 살펴보기 어려웠다. 게다가 시간에 쫓기다보니 전반적인 비교 검토와 설명을 덧붙이지는 못했다.

III. 탁본 제작연대

호태왕비 탁본의 제작연대와 관련해서는 첨부돼 있는 제발(題跋)에서 정보를 얻을 수 있다. 더 중요한 것은 탁본의 외형과 문자 상태에 대한 분석이다. 통화시박물관 소장 탁본에서 제발 혹은 여타 설명 문자가 발견되지 않았다. 찍혀 있는 몇몇 도장만으로 그 연대를 판단하기는 어렵다. 따라서 탁본의 외형과 문자 상태 분석을 통해 추정해볼 수밖에 없다.

우선, 탁본 외관부터 살펴보면 통화시박물관 소장 탁본은 4매로 나누어져 있으며, 매 폭마다 접착 및 접혀진 흔적이 있다. 변두리 부분은 재단을 거쳤고, 훼손이 발생한 곳도 일부 있다. 우리는 탁본의 종이 재질, 사용된 먹 상태 등에 대해 연구를 진행하였다. 이 탁본에 사용된 종이는 모두지(毛頭紙)가 확실한데, 색상은 회황(灰黃)색이며 비교적 이른 시기의 것이다. 사용된 먹의 품질은 일반적인 수준이며, 풀[교(膠)]을 섞어 조제한 것이다. 이른 시기 모두지의 폭이 그리 넓지 않았으므로 일반적으로 여러 장을 이어 붙여 탁본 작업을 진행하였다. 이 탁본에 모두지 몇 매가 사용되었는지는 향후 표구 과정에서 다시 자세히 파악할 예정이다.

글자 행간의 격자도 탁본의 제작연대를 판단할 수 있는 중요한 기준이 된다. 비록 탁공의 탁본 기술이 각자 다르고, 먹 사용 기법 또한 다르다고 할지라도 초기 탁본에는 항상 세로 방향의 격자가 있다. 더불어 글자 주변에 비면의 석화(石花)가 많이 있으며, 먹이 얼룩져 나타난다. 석회 도포 이후의 상황은 완전히 다르게 나타나는데, 글자 사이에 석화가 적으며 먹 흔적이 비교적 균일하다. 세로 방향의 격자도 많이 남아 있지 않으며, 일부 구간에 있다고 해도 끊김이 심하다. 이 탁본 제1면의 경우, 글자 사이의 격자가 확인되는데 중간부분에서 선명하게 나타나고, 상·하부에서 끊김이 많이 보인다. 제2면의 보존 상태는 1면보다 못한데, 접힌 흔적이 뚜렷하고, 일부 단열이 발생해 글자가 훼손되기도 했다. 중간부분 글자 사이의 격자가 비교적 선명하며, 하부에서는 두세 곳에서 확인될 뿐이다. 제3면과 제4면 글자 사이의 격자는 그다지 선명하지 않을뿐더러 중간에 있는 몇 곳의 격자도 끊겨 나타난다. 글자 사이의 석화는 그나마 비교적 선명한데, 이는 석회 박락 이후의 상황을 보여주고 있다.

격자 외에도 초기 탁본에는 이끼 소각으로 인해 생겨난 단열흔적이 선명하며, 문자 훼손 상황도 후대의 것과는 다르다.

1962년 3월 지안박물관에서 호태왕비 단열과 풍화 침식 상태에 대해 초보적인 조사와 기록을 남겼는데, 구체적인 상황은 다음과 같다.

• 제1면(동남) : 좌측 하단 모퉁이에 취약해진(소해(酥解)) 부분의 면적은 40×16cm²이다. 우측 하단 모퉁이의 절상(折狀) 단열흔적의 길이는 90cm이다. 중부(中部) 기저부에서 50cm 떨어져 있는 곳은 취약해지거나 단열되어 30cm의 틈이 생겼다. 좌측 기저부에서 86cm 떨어져 있는 위치에 비스듬히 60cm 크기의 틈이 생겼다. 우측 기저부에서 85cm 떨어져 있는 위치에 비스듬히 50cm 크기의 틈이 있다. 우측 기저부에서 200cm 떨어져 있는 위치에 가로로 160cm의 단열흔적이 있는데, 가장 넓은 곳의 넓이는 5cm이고, 깊이는 5~15cm 사이이다. 기저부에서 285cm 떨어진 위치에 길이가 220cm에 달하는 비스듬한 단열흔적이 위를 향해 있다. 가장 넓은 지점의 넓이는 35cm에 달한다. 이 커다란 단열은 제2면(서남)과 서로 닿아 있어, 훼손이 심각하다. 단열면의 좌측 끝부분이 가장 넓은데, 이는 이끼 소각 당시 불에 타 깨진 흔적이다. 꼭대기 부분 우측에 반원형 틈이 있는데 길이는 1.3m이다.

• 제2면(서남) : 좌측에서 15cm 떨어져 있는 위치에 기저부에서부터 시작된 세로 방향의 100cm 단열이 있으며, 단열 하부의 넓이는 2~3cm이다. 중부 기저부에서 280cm 떨어져 있는 위치에 거대한 단열흔적이 비스듬히 있다. 길이는 235cm이며 제1면과 닿아 있고, 가장 넓은 부분의 넓이는 40cm에 달한다. 꼭대기 부분에 160cm 크기의 세로 방향 단열흔적이 있으며, 윗부분 넓이는 2cm이다.

• 제3면(서북) : 좌측 꼭대기에서 65cm 떨어져 있는 위치에 가로 방향의 단열이 있는데, 길이는 90cm이다. 우측에 190cm 길이의 비스듬한 단열이 있으

며, 그 옆에 65cm 길이의 소해(酥解) 단열흔적이 있다. 그 아래 90cm 위치에 길이 60cm 크기의 단열과 편상(片狀) 취약면이 있다.

• 제4면(동북) : 기저부 우측에 길이 3.34m 크기의 단열이 세로 방향으로 있는데, 비교적 옅으며 넓지도 않다. 꼭대기부분에 세로 방향의 단열이 있으며 길이는 105cm이다. 윗부분에 넓이 2cm의 취약면이 있다. 우측 꼭대기에서 70cm 떨어진 위치에 세로 방향으로 길이 95cm의 단열이 있다.

꼭대기에 단열된 틈 3개가 있는데 모두 서남–동북 방향이다. 중간부분 단열 틈의 길이는 195cm이며 제2면과 제4면을 관통한다. 가장 넓은 곳은 10cm이고 깊이는 30~40cm이다. 그 외 두 갈래 틈새의 길이는 각각 143cm, 75cm이다.[7]

1965년에 국가문물국(國家文物局)의 리저웬[李哲元], 리쉰스[李勳士], 지린성박물관[吉林省博物館]의 장잉[張英], 장만팅[張滿庭], 그리고 지안박물관의 저우윈타이[周雲台] 등이 호태왕비에 대한 화학 보존처리 작업을 진행했다. 그 과정에서 석회를 제거하고 단열 틈새를 메우기도 했다. 보수 작업을 거친 후, 제1, 2면의 가장 큰 단열의 길이는 235~240cm, 1면과 2면이 맞닿은 부분의 넓이는 60~63cm로 측정되었다.[8]

1962년 조사 당시 1면, 2면에 걸쳐 있는 이 거대한 단열의 길이는 220~235cm, 넓이는 35~40cm였다. 위의 보수 작업 후의 측량 결과와 비교했을 때, 길이는 거의 비슷하나 넓이의 편차가 크다. 아마 1면과 2면이 닿는 모퉁이 부분의 단열을 측정하는 과정에서 박락된 변두리 부분을 계산해 넣지 않았기 때문인 것 같다. 여하튼 보수 작업 이후의 실측 크기가 비교적 정확하다

7 耿鐵華(1994),『好太王碑新考』, 吉林人民出版社, 16쪽.

8 集安博物館調查資料.

고 할 수 있다.

통화시박물관 소장 탁본에서 이 단열흔적은 1면 탁본 부분의 경우, 길이 201cm, 넓이 52cm이고, 2면의 탁본에서는 길이 184cm, 넓이 37cm인 것으로 측정되었다. 보수 작업 이후의 실측 크기와 비교해봤을 때, 초기 단열 상태에 부합한다고 할 수 있다.

이상의 분석에 근거하면 이 호태왕비 탁본은 마땅히 석회 도포 이후의 것이라고 할 수 있는데, 그 구체적인 제작연대는 1920~1930년 사이일 것으로 짐작된다.

이어서 탁본 글자 상황을 살펴보도록 하자. 호태왕비 탁본에 보존되어 나타나는 글자 상태는 그 제작 시기를 구분할 수 있는 중요한 지표가 된다. 아래 이 탁본의 일부 글자를 석회 도포 이전 그리고 이후 탁본의 동일한 문자와 비교해보도록 하겠다.

이왕 연구에서는 몇몇 핵심 비문 형태에 근거하여 석회 도포 전후 탁본을 판단해왔다. 예를 들어, '世', '而', '不', '履', '首', '稗', '過', '三', '義', '主', '看' 등 글자는 석회 도포 이후의 탁본에서 모두 '出', '子', '永', '黃', '頁', '碑', '叵', '丘', '氣', '王', '都'로 나타난다.

위의 비교를 통해 통화시박물관 소장 탁본의 일부 글자가 석회 도포 이전의 초기 탁본의 글자와 유사하다는 점을 발견할 수 있다.

덧붙여 설명하자면, 〈표 1〉의 1면 9행 13자에 대해 필자는 '每'로 판독하였고, 미즈타니 데이지로[水谷悌二郞]는 '□'로 보았다. 초기 탁본에서 이 글자는 그다지 선명하지 않은데, '氵'변이 보이지 않아 '每'의 아랫부분과 흡사하다. 석회 도포 이후의 탁본에서는 '海'가 아주 선명하게 드러난다. 그리고 2면 9행 37자와 2면 9행 38자에 대해 필자는 '寇敗'로, 왕젠췬[王健群]은 '寇大'로, 미즈타니는 '□□'로 판독했으나, 일부 석회 도포 이후 탁본에서는 '滿倭'로 썼다.

〈표 1〉 석회 도포 전후 탁본 문자 비교

위치 \ 탁본	초기 탁본	쌍구가묵본(雙鉤加墨本)	석회 도포 이후 탁본		
	水谷藏本	酒匂藏本	內藤藏本	周雲台 탁본	통화시박물관 소장본
1.1.29	世	出	出	世	世
1.1.31	而	子	子	而	而
1.3.23	不	永	永	不	不
1.3.41	履	黃	黃	黃	履
1.4.2	首	頁	頁	負	首
1.7.11	稗	碑	碑	碑	稗
1.7.21	過	叵	叵	過	過
1.7.32	三	丘	丘	三	三
1.9.13	□	海	海	海	□
1.11.28	瑑	易	易	瑑	瑑
2.3.23	義	氣	氣	義	義
2.3.40	横	横	横	殘	横
2.4.25	歸	歸	歸	跪	歸
2.5.22	主	王	王	主	主
2.9.37	□	滿	滿	寇	□
2.9.38	□	倭	倭	大	□
3.9.15	碑	碑	碑	碑	碑
4.2.35	看	都	都	看	看

'横', '碑' 등의 글자는 석회 도포 전후의 탁본에서 대체적으로 동일하게 나타난다. 위의 비교표에서 보듯이, 사실상 석회 도포 전과 후의 탁본에서 대부분 글자가 일치한다. 연구자 개개인의 판독 견해는 큰 틀에서의 탁본 비교에 영향을 주지 않는다.

이상에서 통화시박물관 소장 탁본의 외형 상태와 문자에 대해 살폈는데, 그 결과를 다음과 같이 몇 가지로 요약할 수 있다.

첫째, 탁본에 사용된 종이와 먹 그리고 탁본 기법에 나타나는 특징으로 봤을 때, 이 탁본은 석회 도포 이후 제작된 것으로 판단된다. 석회 도포 이전 탁본의 경우, 비면 한 면을 2단, 혹은 3단으로 나누어 탁본하는 것이 일반적이다. 다시 말해, 탁본 한 세트는 대개 8매 혹은 12매 탁본으로 구성되어 있다는 것이다. 그에 비해 석회 도포 이후의 탁본은 비면 한 면당 탁본 1매, 즉 총 4매로 구성되어 있다. 이 탁본 역시 4매이며, 제작연대는 대개 1920년대 말에서 1930년대 이전으로 추정된다.

둘째, 글자 특징으로 봤을 때 이 탁본은 초기 탁본의 일부 특징들을 간직하고 있어, 석회 도포 이후 탁본 글자와는 약간 차이가 있다. 따라서 이 탁본은 아마도 석회가 박락되고 나서 일정 시간이 경과한 후 제작됐을 것으로 짐작된다.

〈그림 16〉 호태왕비 탁본 감정·실측 작업 장면

〈그림 17〉 호태왕비 탁본 제2면 '八年戊戌'
〈그림 18〉 호태왕비 탁본 제3면 '倭寇潰敗斬煞無數'
〈그림 19〉 호태왕비 탁본 제4면 '不得擅買'

현재 석회 도포 시점에 대해 다양한 이견이 존재하는데, 미즈타니는 1889년에 이미 석회를 바른 비문 수정 작업이 이루어지고 있었다고 보았고,[9] 이진희(李進熙)는 1900년을 전후하여 일본 육군참모본부에서 이른바 '석회 도포 작전'을 진행하여 호태왕비에 석회를 발라 비문을 고쳤다고 주장했다.[10]

필자는 이진희 선생이 주장한 석회 도포 시점을 신뢰할 수 있다고 본다. 그에 비해 미즈타니가 주장한 비문 수정은 단지 몇몇 개별적인 글자에 불과하다.

셋째, 탁본 유전(流轉) 경위에 대한 조사를 통해, 지안의 현지 탁공이 제작한 것으로 밝혀졌다. 탁본 제작에 사용한 종이나 먹이 그다지 좋지 않으며, 탁본 기술 또한 정교하지 못한데, 마땅히 초천부(初天富)와 초균덕(初均德) 부자가 제작하였을 것으로 짐작된다.

9 水谷悌二郎(1977), 『好太王碑考』, (日本)開明書院, 130쪽.
10 李進熙(1972), 『廣開土王陵碑の研究』, (日本)吉川弘文館, 159쪽, 164~165쪽.

덧붙여 설명하자면, 일부 석회 도포 이후의 탁본일지라도 격자나 석화가 있을 수 있는데, 석회가 점차 박락되었기 때문이다. 그러한 탁본에도 석회 도포 이전 탁본의 특징이 나타나므로 종이 재질과 먹 그리고 탁본 기법을 종합적으로 분석해야 정확한 탁본연대를 파악할 수 있다. 그 외, 1920년대를 전후한 시점에 제작된 탁본의 경우, 석회가 박락되면서 일부 글자가 석회 도포 이전 상태로 되돌아가는데, 초기 탁본의 것과 흡사할 가능성도 있다. 그럼에도 일부 글자에 여전히 석회 도포 이후의 특징이 나타난다는 점에도 유념할 필요가 있다.

광개토왕비와 문헌사료

근대 일본의 광개토왕비 해석과 고구려 왕계 소고

이노우에 나오키[井上 直樹]

고구려사/일본 교토부립대학[京都府立大学] 문학부 역사학과 교수

『帝国日本と〈滿鮮史〉大陸政策と朝鮮·滿州認識』(2013, 塙書房), 「『일본서기』로 본 5세기 후반 6세기 초 백제-문주왕에서 동성왕까지 왕통 계보의 재검토를 중심으로」(2014, 『전남지역 마한 제국의 사회 성격과 백제』, 학연문화사), 「6세기 후반 신라의 대외관계와 대왜교섭」(2014, 『노태돈 교수 정년기념논총-한국 고대사 연구의 자료와 해석』, 사계절).

이노우에 나오키 | 교토부립대학

광개토왕비와 문헌사료

근대 일본의 광개토왕비 해석과 고구려 왕계 소고

I. 머리말

414년 고구려인에 의해 건립된 광개토왕비는 무엇보다 당시의 정보를 전해준다는 점에서 중요하다. 또한 그 중요성은 기존의 문헌사료로는 알 수 없는 해당 시기의 고구려를 둘러싼 여러 정보를 전해준다는 데 그치지 않는다. 광개토왕비는 비슷한 시기 여러 문헌사료의 신뢰성을 판단할 수 있는 기준이 되기도 한다. 광개토왕비는 『삼국사기(三國史記)』나 『삼국유사(三國遺事)』 등 한국 사료는 물론, 중국 사서 및 『일본서기(日本書紀)』 등 4세기 말부터 5세기 초에 걸친 '기기(記紀)' 의 기사가 진실인지를 이해하기 위해 경시할 수 없는 자료이다.

그런 만큼 일찍이 광개토왕비의 탁본이 전래된 근대 일본에서는 광개토왕비를 기초로 『삼국사기』의 광개토왕기(廣開土王紀, 이하 『삼국사기』 생략)와의 비교 연구가 적극적으로 이루어졌다. 이러한 고증에 의해 내려진 결론은 해당 시기의 사학계를 둘러싼 논쟁에 좌우되는 경향이 있었지만, 사료 비판이 필수인 고구려사 연구에서 광개토왕비의 자료적 가치는 현재도 여전하다. 오히려 광개토왕비를 근거로 삼아 더욱 치밀한 사료 비판을 행하고 연구를 진전해가는 일은 향후의 연구를 위한 기초 작업이다.

이를 위해서는 지금까지의 비문 연구사를 정리하고, 선행연구를 비판적으로 검토하면서 광개토왕비에 대해 고찰할 필요가 있지만, 지면의 한계 때문에 이 모두를 다룰 수는 없다. 그러므로 이 글에서는 광개토왕비 연구의 특징을 단적으로 보여주는 광개토왕비의 기사와 문헌사료의 비교 고증에 대한 연구사를 정리하고, 그 특징을 서술하고자 한다. 나아가 지금까지도 연구자들 사이에서 통일된 견해가 없는 광개토왕비에 보이는 왕계와 『삼국사기』의 「고구려본기(高句麗本紀)」(이하 〈여기(麗紀)〉)의 왕계에 대해 선행연구를 참조하면서 여러 사료를 비교 검토하여 필자 나름의 견해를 밝히고자 한다. 이러한 고찰을 통해 고구려 왕계의 형성 과정을 논증하고 고구려 왕계 문제, 광개토왕비 연구를 고증하기 위한 단서로 삼고자 한다.

II. 전래기의 광개토왕비와 문헌사료의 고증

잘 알려져 있듯이 참모본부의 사카와 가게아키[酒匂景信] 중위에 의해 광개토왕비의 탁본(묵수곽전본(墨水廓塡本))이 일본에 전래된 것은 메이지[明治] 16년(1883) 가을이었다. 가게아키가 가지고 돌아온 묵수곽전본(이하 주내본(酒匂本))은 다음 해인 메이지 17년(1884)에 해군 어용계(御用係)의 아오에 슈[青江秀]에 의해 연구되어 『동부여영락대왕비명해(東夫餘永樂大王碑銘解)』로 정리되었다.[1] 이 내용을 다 소개하기는 어려울 것이다. 여기에서는 광개토왕비와 문헌사료의 비교 연구 성과만을 소개하기로 한다.

1 青江秀(1984), 『東夫余永楽太王碑銘之解』, 國立國会圖書館藏.

우선 소개할 것은 광개토왕의 즉위년이다. 아오에 슈는 『조선사략(朝鮮史略)』이나 『동국통감(東國通鑑)』 등에 기초하여 광개토왕이 영강(寧康) 3년(375)에 태어나 태원(太元) 17년(392)에 즉위하였고, 의희(義熙) 9년(413)에 붕어하였으며, 그가 묻힌 갑인(甲寅)이 그 다음 해인 414년이라고 지적하였다. 그리고 새롭게 '永樂五年乙未'에 주목하여, 실제로는 을미(乙未)가 즉위한 해로부터 4년이라는 점을 들어 문헌과 비문의 다른 점에 주목하였다.

아오에 슈는 그 모순을 해석하기 위해 고국양왕이 사망한 해를 태원 17년(392) 여름이 아닌 1년 빠른 태원 16년(371) 여름으로 추정하고, 태자였던 담덕이 즉위하여 그때부터 영락(永樂)이라는 연호를 사용하고 즉위의 대례(大禮)는 다음 해인 태원 16년 여름에 거행한 것이라고 해석하였다. 여기에서 아오에 슈가 비문과 문헌 둘 다 맞아떨어지는 해석을 위해 고심했다는 점을 알 수 있다.

다음으로 그 후에도 문제가 된 신묘년(辛卯年)에 대해 살펴보도록 하겠다. 아오에는 영락 5년에 가장 가까운 신묘년은 태원 16년(391)으로, 그 전은 함화(咸和) 6년(331)에 해당한다고 하였다. 그러나 『일본서기』에는 인덕(仁德) 17년(329)의 외국 정벌이 쓰여 있으나, 이는 3년이라는 시간상의 차이가 나며, 또한 인덕 시기에는 조공 기사가 보이지 않으므로, 단정하기는 어렵지만 신묘년은 앞에서 말한 것처럼 331년 혹은 391년이라고 생각하였다. 아오에는 광개토왕비의 내용을 『일본서기』에 근거하여 고증하였다. 금석문 자료를 통해 『일본서기』를 고증하려는 자세를 보이진 않았던 것이다.

이러한 아오에의 보고와는 별도로 육군참모본부에서는 아오에의 『동부여영락대왕비명해』를 근거로 하여 요코이 다다나오[橫井忠直]의 『고구려고비고(高句麗古碑考)』가 완성되었다.[2] 여기에서 주목할 것은 요코이가 광개토왕비를 기

2 横井忠直(1984), 『高麗古碑考』, 宮内庁書陵部本; 同書 早稲田大学図書館本; 同書 都立日

초로 조선 사료의 신뢰성이 낮고 일본 사료의 신뢰성이 높다고 몇 번이나 지적하고 있다는 점이다. 즉 광개토왕비의 서두에 보이는 추모왕(鄒牟王)이 조선과 중국의 책에는 보이지 않는 점에 대해 『신찬성씨록(新撰姓氏錄)』만을 인정하였다. "지금 1,400년 전의 비문(이 비를 세운 갑인(甲寅)은 우리 웅략천황(雄略天皇) 10년이 되니, 밑에 쓴 글의 입비명(立碑銘)을 참고해야 한다—필자 주)이 나와서 우리 고서가 빛을 발하니 진기하다 할 수 있다"고 하여 『신찬성씨록』을 높게 평가하였다.

더욱이 광개토왕비에 보이는 '國岡上廣開土境平安好太王'을 한국 사료가 "중간의 세 글자를 추출하여 광개토왕의 호라고 하면 어떻게 되는가. 해석이 어려워진다. 그러나 당시에 있어서 지금의 내가 생각하는 것처럼 호태왕이라 하는 것이 보이는데 우리 『성씨록』에는 이 이름이 있으므로 말하기를 난파련(難波連)은 고려국(高麗國) 호태왕 이후이고 우리나라 고서에 전하기를 마침 1,400년 전의 금석문과 합치되어 부절(符節)과 같으니(위의 추모왕과 같다) 우리나라 고전의 정확함과 그 나라[한국]의 역사 기록을 신뢰할 수 있을지는 이 비문을 보면 알 수 있다"라고 하여 한국 사료의 신뢰성을 비판하고 이에 반해 일본 사료의 신뢰성이 높음을 강조하고 있다.

이처럼 요코이는 조선 사료를 비판적으로 보았고 광개토왕의 매장연도인 갑인(甲寅)에 대해서도 문헌사료에 보이는 광개토왕이 활약했다는 시점보다 훨씬 뒤인 원휘(元徽) 2년(474)이라고 이해하였다. 요코이는 광개토왕 원년을 신묘년이라고 여기고, 왕이 사망한 해는 임자년(壬子年)이라고 하였다.

그래서 "안가(晏駕)한 연도는 임자년이며, 천취산릉(遷就山陵)의 갑인년은 안가한 연도로부터 3년 째 되는 해이다"라고 하여 광개토왕이 사망한 해보다

比谷圖書館本. 다만 日比谷圖書館本에는 早稲田大学図書館蔵本에 보이는 "高麗古碑本之由来"가 보이지 않는 등의 차이가 있다.

3년 후라고 보았다. 그렇다면 적어도 문헌사료에 의거하면 광개토왕의 사망으로부터 3년 후가 되는 갑인년을 광개토왕 재위 기간에서 따지면 한참 뒤인 474년이라고 보기는 매우 힘들다. 그렇다면 요코이는 광개토왕의 활약을 보여주는 연도를 어떻게 파악했을까?

요코이는 아오에와 마찬가지로 영락 5년이 을미년이라고 보았으므로, 원년은 신묘년일 수밖에 없으나, 『동국통감』과 『조선사략』 등에서는 모두 임술년(壬辰年), 즉 태원 17년(392)을 광개토왕의 원년이라고 하였으므로, "두 책 모두 1년의 오류가 있다"라고 하였다.

더욱이 요코이는 세인(世人)이 "두 책을 옹호하기 위해, 신묘년에 영락이라는 연호를 정해 즉위 대례를 그 다음 해에 거행했다"라는 견해에 대해 "이 설은 통용되지 않는다"라고 하여 부정하였다. 이때 '世人'은 아오에 슈를 의미한다. 요코이가 아오에의 의견을 비판한 것은 영락(永樂)이 왕호이며 또한 고국양왕은 두 책에서 임진년에 붕어하였다고 하였으므로 아오에 슈와 같이 이해하게 되면, 고국양왕이 즉위하고 있던 중에 영락 원년이 되어버리기 때문이다.

이 때문에 요코이는 "나는 단언컨데 두 책을 오류라 생각한다"라고 단정하였다. 더욱이 "그 나라[한국]의 역사서를 믿는다고 한다면 이 비문의 신뢰성은 위에서 말한 바와 같다"라고 하여 여기서도 한국 사료를 비판하였다. 그리하여 요코이는 이처럼 아오에의 설을 비판하고 나아가 조선 사료를 광개토왕비와 비교 검토하여 조선 사료가 1년 잘못되었다고 보고, 광개토왕비를 근거로 광개토왕의 즉위년을 "진(晉)의 태원 16년(391)이며 우리나라의 덕천황(德天皇) 어우(御宇) 79년이다"라고 하였다. 그렇다면 요코이는 광개토왕의 재위 기간을 391~412년까지로 생각했다는 뜻이다. 더욱이 그는 앞에서 말한 것처럼 왕이 붕어하고 3년 후에 왕을 매장하였다고 생각하였다. 그럼에도 불구하고 그는 '遷就山陵'을 의미하는 갑인년을 광개토왕이 붕어한 후 63년 뒤인 474년이라 하였다. 이 모순을 요코이도 알고 있었던 것인지 그 후 요코이의 갑인년에 대한 해석이 변했는데, 이에 대해서는 뒤에서 설명하기로 한다.

그렇다면 요코이는 아오에가 331~391년이라고 한 신묘년을 몇 년이라고 보았으며 또한 이를 포함하여 문헌사료를 어떻게 평가하였을까. 요코이는 신묘년에 대해 "이 신묘년도 또한 영락의 신묘년이며, 영락의 신묘(辛卯)는 곧 영락 원년으로, 영락 원년은 진의 태원 16년(391)이고 우리나라의 덕천황 어우 79년이다"라고 하였으므로, 391년으로 본 것이다. 여기에서도 요코이가 갑인년을 이보다 한참 뒤인 474년이라고 해석하고 있음은 의문이다.

그런데 위에서 말한 것처럼 요코이는 조선 사료를 비판하였는데, 신묘년 기사에 대해서도 "저 나라[한국]의 사료(『동국통감』 등)는 매번 우리 군대의 침략을 기록하면서도 한국이 우리 신민이 되었다는 하나의 사건에 대해서는 아직 이야기하지 않고 있거나 혹은 의심하는데, 지금 이 비문은 그 시대 그 국민의 손에 의해 만들어진 것으로 그 말이 우리나라 고대사와 합치하니 곧 비교할 수 없는 좋은 증거이므로 또한 매우 유쾌하다"라고 하였다. 요코이는 광개토왕비를 근거로 일본 사료의 역사적 사실성이 높다고 인식한 것이다. 한편 그는 신묘년 기사가 여러 사료에 보이지 않는 데 대해 광개토왕비의 근거가 된 고구려의 정보에 문제가 있었다고 의문을 제기하였다.

요코이의 『고려고비고(高麗古碑考)』는 두 종류가 있다. "메이지 27년 갑인(甲申) 12월 요코이 다다나오[橫井忠直]가 적었다"라는 간기(刊記)가 있는 것(와세다대학도서관본(早稻田大学圖書館本)·히비야도서관본(日比谷圖書館本))이 있고, 없는 것(궁내청서릉부본(宮內廳書陵部本))이 있는 것이다. 후자가 전자보다 먼저 제작되었다고 생각되지만,[3] 신묘년 기사에 대해서는 두 종류 모두 "이 해에 바다를 건넌 일은 우리 역사

3 佐伯有清(1974), 『研究史廣開土王碑』, 吉川弘文館, 18쪽.

및 한국과 중국의 역사서 모두에 기록이 없다"라고 하였다. 그리고 이어진 부분에 대해서는 궁내청서릉부본이 "당시에 쓴 사람의 오류이거나, 아니면 내외의 역사가가 전하지 않은 것이다"라고 하였다. 이에 대해 12월 간기가 나오는 본(本)은 전반부에 "고구려의 전승은 오류이다"라고 고쳐 고구려의 전승에 오류가 있음을 강조하였다. 요코이는 고구려에서 전해진 기사의 문제점을 특히 비판하는 태도를 보였다. 그렇기 때문에 그는 금석(金石)과 합치된다는 점이 "매우 유쾌하다"라고 했던 것이다.

이처럼 요코이는 일본 사료를 중시하여 광개토왕비를 기초로 그 신뢰성이 높음을 확인하고자 하였다. 그는 광개토왕비가 『일본서기』 등 일본 사료의 높은 신뢰성을 보여준다고 여기고 이를 중시하였던 것이다.

III. 광개토왕비와 기년 논쟁

광개토왕비는 그 후 메이지 21년(1888) 경부터 활발하게 이루어진 기년(紀年) 논쟁 속에서 일본 사료의 신뢰성을 보여주는 기준으로서 다시 주목받기 시작하였다. 기년 논쟁이란 『일본서기』 연대의 사실성을 둘러싸고 연구자 간에 되풀이된 논쟁으로, 나카 미치요[那珂通世]가 『일본서기』 고대의 기년을 "역사가의 망령된 편집"이라고 보고, 신공(神功)·응신기(應神紀)의 연대는 한국 사료에 의해 검증할 필요가 있다고 주장한 데 대해,[4] 미야케 요네키치[三宅米吉]가 이 문제를 연구자가 의논해야만 한다고 주장한 것에서 시작되었다.[5]

4 那珂通世(1888), 「日本上古代年考」, 『文』 1권 8호.

5 三宅米吉(1888), 「日本紀元ノ正否」, 『文』 1권 9호. 기년 논쟁과 광개토왕비 연구와의 관계

이러한 논쟁 속에서 아베 코우조우(阿部弘蔵)가 「정한고(征韓考)」에서 "고구려 광개토왕묘비에 근거해 생각해야 한다"라고 지적하고, 광개토왕비를 이용하여 문헌사료를 고증했고,[6] 광개토왕비는 일본 사료의 문헌 신뢰성을 검토할 수 있다는 점에서 계속 주목을 받았다.

이처럼 기년 논쟁이 활발히 논의되고 광개토왕비가 주목 받던 중 요코이는 메이지 21년(1888) 10월 『고려고비고』의 개정판을 집필하였다. 여기서 요코이는 광개토왕이 '천취산릉(遷就山陵)'한 갑인년에 대해 이제까지와는 다른 견해를 제시하였다.[7] 즉, 요코이는 중국과 한국 사료가 고구려 시조 즉위년을 동한(東漢) 영광(永光) 임오(壬午, 기원전 39)라고 한 데 대해, 1세가 약 16년이라고 한다면, 17세손인 광개토왕은 임오년부터 272년 후인 갑인(甲寅) 신공(神功) 섭정(攝政) 34년(234)이 되고, 1세를 20년이라고 한다면 임오년부터 332년 후인 갑인의 명궁(明宮) 25년(294)이 되므로 갑인년은 234년 혹은 294년 둘 중 하나일 것이라고 하였다.

앞에서 말한 것처럼 요코이는 1884년의 단계에서 갑인년은 474년이라고 했기 때문에 요코이 자신이 갑인년은 광개토왕이 붕어한 지 3년 후라고 이해한 것과는 모순되는데, 이 문제는 아직 해결되지 않았다. 결국 갑인년에 대한 해석은 광개토왕의 활약 시기에서 크게 이탈하고 말았다. 요코이가 이와 같이 이해한 것은 그 스스로가 "韓史多誤謬, 漢籍之所記, 亦訛傳不少, 永光壬午, 未可知其信否, 然他無可爲標準, 因姑従之"이라고 한 것처럼 한국 사료에 오류가 많아 영광 원년(永光壬午)을 믿을 수 없다고 하는 전제가 깔려 있었

에 대해서는 佐伯有清(1974), 『研究史廣開土王碑』, 吉川弘文館; 佐伯有清(2013), 『帝國日本と滿鮮史』, 塙書房 참조.

6 阿部弘蔵(1888), 「征韓考」, 『文』 1-11.

7 橫井忠直(1888), 『高麗古碑考』, 無窮会圖書館本.

다. 더욱이 그는 광개토왕에 대해서도, "韓史 高勾麗王第一九世廣開土王 在位廿二年 而此碑好太王微號中 有廣開土境 在位亦廿二年 則其稱廣開土者 安知非夫好太王乎 抑廣開土境四字一連 而削其境字 可怪 且以十七世爲十九世 以元年辛卯年爲壬辰 亦謬矣【碑文無元年干支 然以五年乙未 推之也 在位年數亦無明文 然有二九登祚卅九晏駕之句 即二十二年也】 蓋編韓史者 就蠹冊斷簡而綴輯 其誤謬不足信如此"라고 하여, 사료의 광개토왕은 재위 22년이고 비문에 보이는 광개토경(廣開土境)도 재위 22년이므로 광개토왕이 호태왕이라는 것은 알 수 있으나, 한국 사서는 '벌레 먹은 서류나 조각 조각 난 문장을 이어서 모은 것이므로 믿을 수 없다'는 태도를 보인다. 요코이의 갑인년에 대한 해석이 광개토왕대(廣開土王代)에서 이탈한 원인은 바로 요코이의 한국 사서에 대한 불신 때문이다.

더욱이 그는 신묘년 기사 중 "왜(倭)가 바다를 건너 백제와 신라를 신민으로 삼았다"라고 한 기사를 중시하여, 한국 사료가 이 일을 기록하지 않은 것은 자국에게 불리한 것을 피하려고 한 것이라며 한국 사료를 엄하게 비판하였다. 이에 대해 일본은 "國體尊嚴, 念祖重統"이므로 귀화민(歸化民)도 "亦爲所薰陶, 不敢失其傳也"이라고 하여 일본 사료의 신뢰성이 높다는 점을 강조하였다. 요코이는 한국 사료에 대한 불만과 일본 사료에 대한 신뢰성이 높다는 점, 그리고 삼한 토벌을 염두에 두고 일본 사료로부터 비문의 갑인년을 결정하고자 했던 것이다. 광개토왕의 업적은 이미 갑인년을 결정하는 데에는 큰 고려 대상이 되지 못하였다. 금석문 자료와 문헌사료의 비교 검토를 통해, 문헌사료를 비판적으로 고증하고자 하는 연구방법은 한국 사료에 대한 것이었고, 일본 사료의 경우에는 그렇지 않았다. 여기에서 요코이를 비롯해 기년 논쟁 속에서 일본 사료를 중시했던 연구자들의 특징을 알 수 있다.

무엇보다 『삼한기략(三韓紀略)』이나 『조선사략』 등 한국 사료를 근거로 광개토왕비의 갑인년을 414년이라 하고 광개토왕의 활약 시기와 관련시킨 연구는 아오에나 요코이가 처음으로 광개토왕비를 고증하였던 메이지 17년(1888)에는 타니모리 요시오미[谷森善臣]의 『고구려광개토경호태왕묘비명(高句麗廣開土境好太王墓碑銘)』이나 이 책보다 3년 늦게 간행된 무라오카 료스케[邨岡良弼]의 「고구려고비」 등에 나타나 있다.[8] 그러나 요코이는 이러한 견해에 대해서는 논하지 않고, 시종일관 일본 사료를 중심으로 광개토왕비를 해석하였다. 그리하여 뒤이어 메이지 22년(1889) 6월, 「고구려고비고(高句麗古碑考)」·「고구려고비문(高句麗古碑文(寫眞石版)」·「고구려비출토기(高句麗碑出土記)」·「각서참고(各書參考)」·「고구려고비석문(高句麗古碑釋文)」의 5부로 이루어진 『회여록(會餘錄)』 제5집이 광개토왕비문 연구의 특집호로 간행되어 연구자 사이에 널리 퍼졌다.

그 후 광개토왕비의 공개에 의해, 칸마사토모[菅政友], 미야케 요네키치[三宅米吉] 등이 광개토왕비 관련 연구논문을 발표하였으나,[9] 이들은 모두 갑인년을 한국 사료와 비교하여 414년이라 보았다. 요코이는 『회여록』에서도 갑인년을 신공황후(神功皇后)의 삼한 정벌과 관련시켜, 234년이나 294년이라 주장하였으나, 이러한 견해는 연구자들에 의해 냉정한 비판을 받았다. 요코이, 아오에 슈를 포함한 초창기 광개토왕비 연구자들의 문헌사료 고증이 특이했음이 알려진 것이다.

그럼에도 불구하고 근대 일본에서는 적극적으로 광개토왕비가 연구되었다. 이 중 광개토왕비의 내용과 문헌사료의 내용이 다른 경우가 있는데 「여기(麗紀)」에 보이는 광개토왕의 왕대(王代)와 광개토왕비에 보이는 왕대가 다르다는 점이다. 즉 「여기」의 고구려 왕계에 따르면 광개토왕은 제19대의 왕임에

8 谷森善臣(1984), 『高句麗廣開土境好太王墓碑銘』(宮內廳書陵部本); 邨岡良弼(1887), 「高句麗古碑」, 『如蘭社話』 8.

9 菅政友(1981), 「高麗好太王碑銘考」, 『史學會雜誌』 22; 那珂通世(1893), 「高句麗古碑考」, 『史學會雜誌』 47; 三宅米吉(1898), 「高麗古碑考」, 『考古學會雜誌』 2-1.

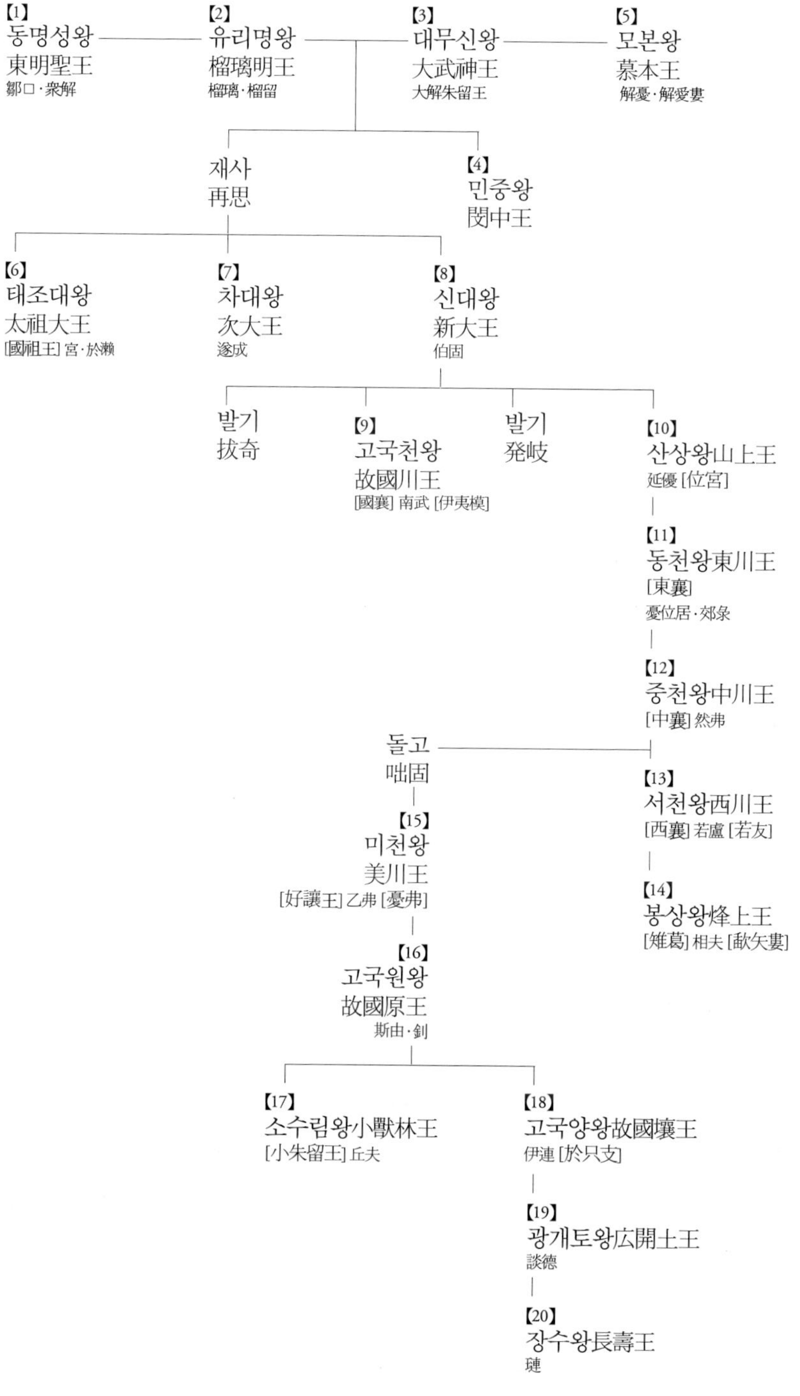

〈그림 1〉「고구려본기(高句麗本紀)」 고구려 왕계(시조~장수왕)

도 불구하고(《그림 1》), 광개토왕비는 광개토왕을 17세손이라고 하여 둘 사이에 차이가 존재한다. 이 차이에 대해서는 아오에 슈, 요코이 다다나오 등 광개토왕비 초창기의 연구자도 일찍부터 주목하고 논증하였다.

이처럼 이를 둘러싼 논의는 일찍부터 전개되었지만, 지금까지도 일치된 견해가 있다고는 말하기 어렵다. 그러나 고구려 왕계에 대한 이해는 고구려사의 기초적인 구조를 설정하기 위해서 중요하며, 고구려사 연구에 있어서 기초적인 작업에 속한다. 이에 고구려사 연구에 있어서 이 문제의 중요성을 염두에 두고, 다음 장에서는 기존의 연구 성과를 참조하면서 여러 사료에 전해지는 고구려 왕계와 「여기」에 보이는 고구려 왕계에 관한 기사의 비교 검토를 통해 필자 나름의 고구려 왕계에 대한 의견을 이야기함으로써, 고구려 왕계의 형성 과정 및 고구려 왕계 문제를 고찰하는 데 있어서 단서로 삼고자 한다.

IV. 광개토왕비와 「여기」에 보이는 왕계에 대한 선행연구 정리와 과제

이미 지적한 것처럼, 「여기(麗紀)」는 광개토왕을 제19대 왕이라 하였으나, 광개토왕비에는 광개토왕이 '17세손'이라고 되어 있다. 이는 일찍부터 연구자들의 주목을 받았다. 이것을 단순히 세대로 이해하려고 해도, 17대를 이끄는 것은 불가능하다.

그리하여 이는 왕의 즉위 순서를 보여주며, 비문에 보이는 제3대 왕인 대주류왕(大朱留王)을 기준으로 이를 제1대로 이해하는 방법 등을 아오에 슈와 요코이가 가장 먼저 제시하였다.[10] 이러한 방법은 이후 나카 미치요[那珂通世], 미야케 요네키치[三宅米吉], 이마니시 류[今西龍] 등에게도 계승되었다.[11] 제3대 왕인 대주류왕부터 계산하기 시작해서 광개토왕비와 「여기」의 왕계를 종합적으로 정리하려고 하였던 연구자의 고민도 이해가 안 되는 것은 아니지만, 시조부터 세지 않고, 또 그 다음의 유류왕(儒留王)도 아닌 제3대의 대주류왕부터 계산하는 것은 동의하기 어렵다. 오히려 시조부터 세는 것이 가장 자연스러울 것이다.

더욱이 이러한 이해는 「여기」에 보이는 고구려 왕계가 광개토왕비 건립 시기와 동일할 것을 전제로 삼고 있다. 그러나 이미 몇 명의 연구자가 「여기」에 보이는 고구려 왕계는 광개토왕비 건립 시기와 동일한 것이 아니라 조작되었다는 점을 지적하였다. 이에 이 문제를 밝히고자 우선 기존의 고구려 왕계 조작설 등의 연구 성과에 대해 정리·검토하고, 그 후에 다시 고구려 왕계를 연구하는 것이 필요하다고 생각된다. 우선 기존의 왕계 조작설에 대해 지금까지의 연구를 정리해 보겠다.

필자는 「여기」의 고구려 왕계 조작설을 가장 먼저 주장한 것은 이케우치 히로시[池内宏]라고 알고 있다.[12] 이케우치는 광개토왕비의 고구려 왕계와 『위

10 靑江秀(1984), 앞의 책; 横井忠直(1984), 앞의 책.

11 那珂通世, 「高句麗古碑考」; 三宅米吉(1898), 「高麗古碑考」, 『考古学雑誌』 2-1; 今西龍(1915), 「廣開土境好太王陵碑に就て」, 『訂正增補 大日本時代史』 古代. 최근에는 盧泰敦(1999), 「초기 왕계의 구성」, 『고구려사연구』, 사계절; 盧泰敦(1994), 「高句麗初期王系에 대한 一考察」, 『李基白先生古稀紀念 韓國史学論叢』 上; 余昊奎(2014), 「왕위계승원리와 왕권의 위상」, 『고구려 초기 정치사연구』, 신서원; 余昊奎(2010), 「高句麗初期의 初期王位繼承原理와 古鄒加」, 『東方學志』 150도 이러한 이해를 제시하였다. 또한 이외에도 추모왕을 기준으로 삼아 그 손자인 대주류왕부터 계산한다고 하는 견해도 있으나, 이러한 선행연구에 대해서는 武田幸男, 「高句麗王系成立の諸段階」, 『高句麗史と東アジア』 주3~6, 余昊奎(2014), 앞의 글 참조.

12 池内宏(1951), 「高句麗王家の上世の世系について」, 『滿鮮史研究』 世編第 1冊, 吉川弘文

서(魏書)』「고구려전(高句麗傳)」의 왕계가 다르다는 점에서 5세기 고구려에서 시조로부터 몇 대의 왕계가 "고구려인 사이에서 각기 다르게 전해졌다"고 설명하였다. 더 나아가 「여기」의 왕계와도 다르다는 점에서 「여기」의 왕계는 제3의 왕계로, 적어도 시조로부터 몇 대의 왕계는 3종류로 전해져 왔을 것이라고 이해하였다. 그리고 이렇게 서로 다른 전승이 생긴 원인을 시조 주몽 이하 몇 대의 왕이 "실존 인물이 아니라 후세의 고구려인이 공상으로 만들어낸 것"이기 때문이라고 보았다.

또한 이케우치는 다른 왕들은 중국 사서와는 다른 휘(諱)를 가지고 있는데, 대조대왕(大祖大王)·차대왕(次大王)·신대왕(新大王)만이 중국 사서와 동일한 궁(宮)·수성(遂成)·백고(伯固) 라는 휘를 가진 점, 다른 왕은 장지(葬地)에 근거한 시호인데 이들 세 왕은 그렇지 않다는 점으로 미루어, 대조대왕·차대왕·신대왕 세 왕은 『해동고기(海東古記)』의 편찬자가 『후한서(後漢書)』·『삼국지(三國志)』·『위서』에서 얻은 지식에 근거하여 추가한 왕이라고 단정하였다. 그리고 고구려인이 이해하고 있었던 실존한 최고(最古)의 왕은 『삼국지』「고구려전」에 보이는 이이모(伊夷模)이며, 시조로부터 제5대 모본왕(慕本王)까지는 상상 속의 왕으로, 고국천왕(故國川王)은 상상 속의 왕과 실존의 왕을 연결시키기 위해 조작한 왕이라고 주장하였다. 또한 고구려에는 이 고국천왕[남무(男武)]·산상왕[山上王, 연우(延優)] 이후의 왕계를 정리한, '제1사료'로 부를만한 왕계가 존재하고 있었지만, 『해동고기』의 편찬자가 『후한서』·『삼국지』·『위서』 등에서 궁·수성·백고라고 하는 세 명의 왕의 존재를 알게 됨으로써, 대조대왕(궁)·차대왕(수성)·신대왕(백고)의 세 왕을 모본왕의 뒤, 고국천왕의 앞에 삽입하였다고 지적하였다.

『해동고기』의 편자가 대조대왕·차대왕·신대왕을 창조하였으며, 나아가

館; 동 논문, 『東亞學』 3(1940).

고국천왕은 조작되었다고 하는 이케우치의 견해는 고구려 왕계를 이해하기 위해서는 경시할 수 없다. 또한 필자는 이 연구가 고구려 왕계 연구의 실증적 수준을 한번에 끌어올린 연구라고 생각한다.

이러한 이케우치 히로시의 이해를 더 적극적으로 진전시키고 엄밀한 사료 검증을 통해 고구려 왕계의 성립 과정을 실증적으로 증명한 이가 다케다 유키오[武田幸男]였다.[13] 다케다 유키오는 시조 주몽부터 광개토왕까지의 왕계 중에서 시호와 장지에 근거하여 시조부터 모본왕까지의 다섯 왕을 전설 왕계, 대조대왕·차대왕·신대왕의 세 왕을 대왕 왕계, 고국천왕부터 광개토왕까지를 환도(丸都)·국내(國內) 왕계, 장수왕부터 보장왕까지를 평양 왕계라 구분하고, 고구려에는 첫 단계로 산상왕부터 광개토왕까지의 왕계가 기록되었고, 기본적인 원전(이를 다케다는 '제1자료' 라고 부른다)이 정리되었다고 보았다.

다음으로 시조부터 모본왕까지의 전설 왕계에 대해 고증하고, 제3대 대수류왕이 소해주류왕(小解朱留王)인 소수림왕(小獸林王)의 존재를 전제로 하여 조작되었다는 점, 이어서 고국양왕대(故國壤王代)에 종묘가 수리되었다는 점에서 두 번째 단계로 전설 왕계가 4세기 말에 조작, 정리되었다고 보았다.

이어서 세 번째 단계로, 4~5세기 초에 『삼국지』 「고구려전」에 보이는 궁과 백고를 휘라 하고, 고국곡(故國谷)과 고국천원(故國川原)을 장지로 삼고, 『해동고기』에 '高句麗國祖高宮'이라고 한 국조왕(國祖王)과 고국원왕이 추가된 「고구려고전(高句麗古傳)」이 형성되었다고 추정하였다.

그리고 네 번째 단계로, 6세기에 『후한서』를 이용하여 궁·수성·백고에 대응하는 왕으로 국조왕이 대조대왕이 되고, 차대왕·신대왕이 새로 투입되어 그 결과 「여기」의 대조대왕~신대왕까지의 세 명의 왕이 만들어지고 대조대

13 武田幸男, 「高句麗王系成立の初段階」, 『高句麗史と東アジア』.

왕~신대왕의 고구려 왕계가 성립하였다고 보았다. 그리고 광개토왕대는 대왕 왕계가 만들어지기 전이므로, 「여기」의 왕계에서 차대왕·신대왕을 뺀 제17대 왕에 광개토왕은 해당하므로, 광개토왕비는 이러한 왕계를 반영하고 있다고 강조하였다.

이러한 이케우치·다케다의 연구는 사료 비판에 근거한 착실한 연구 성과로, 특히 다케다의 해석은 치밀한 문헌 비판에 기초하고 있으므로 무시할 수 없다고 생각된다. 그중에서도 『후한서』 계통 사료인 『해동고기』의 편찬자의 왕계 조작 과정 및 『삼국지』 「고구려전」에 기초한 왕계 복원 과정 등은 간과할 수 없는데, 이는 고구려 왕계 연구가 일정한 수준에 도달한 것을 보여준다고 평가할 수 있다.

그러나 다케다의 학설 이후에도 「여기」의 왕계를 그대로 인정하고 광개토왕비와 「여기」의 왕계를 종합적으로 해석하려는 지적도 없지 않았다.[14] 예를 들면 노태돈(盧泰敦)은 지금까지의 연구자들이 간과해온 『후한서』 「교현전(橋玄傳)」에 환제(桓帝) 말년의 사건으로 '고구려사자백고(高句麗嗣子伯固)'가 등장하는 것에 주목해, 백고(伯固, 신대왕新大王))의 즉위가 「여기」와 거의 같다는 점을 근거로 신대왕이 후세에 덧붙여졌다는 설을 부정하였다.

그리고 「여기」의 왕계는 고구려 자체의 전승에 의거한 것이고, 「광개토왕비」에 보이는 광개토왕을 '제17세손(第十七世孫)'이라 한 기록도 제3대 대주류왕을 기준으로 한 것이므로, 「광개토왕비」에 보이는 왕계와 「여기」의 기록이

14 북한의 연구자도 「여기」에 대해 비판하였다. 그러나 이는 「여기」의 왕계가 김부식에 의해 왜곡되고 「여기」의 고구려 왕은 실재의 고구려 왕보다 다섯 세대가 줄었으므로, 5세대를 추가해야 한다고 하는 주장이다. 이러한 견해는, 송영종(1985), 「고구려 초기 일부 력사적 사실들의 년대에 대하여」, 『력사과학』 1985-4 및 송영종(1990), 「고구려 건국년대에 대한 재검토」, 『력사과학』 1990-1에 지적되고 있으며 『조선력사상식(증보판)』(과학백과사전출판사, 2008)에서는 고구려 왕은 전부 33명으로, 광개토왕은 제24대의 왕이라고 하였다.

합치한다고 여겨 다케다 유키오의 주장을 비판하였다.[15]

더욱이 여호규(余昊奎)는 「광개토왕비」의 왕계와 「여기」의 왕계가 동일하다고 지적하면서, 비문에 보이는 '답지(遝至)'에 주목하였다. 이는 「광개토왕비」 뿐만 아니라 '모두루묘지(牟頭婁墓誌)'에서도 확인되므로, '답지'는 이전에 등장하는 인물이나 왕을 기준으로 적용된 것으로 보고, 「광개토왕비」의 경우에도 대주류왕을 기준으로 삼아 '제17세손'으로 이해해야 한다고 주장하였다.[16]

더욱이 『위서』 「고구려전」과 「여기」의 왕이 서로 차이가 있으므로, 「광개토왕비」에 보이는 왕계가 고구려의 공적인 왕계였던 반면, 『위서』의 왕계는 "국가적인 차원에서 성립되기 이전에 민간[귀족사회]에서 전해져 내려온 왕계를 반영한 것일 가능성이 크다"라고 지적하고, 고구려에는 복수의 왕계가 존재하고 있었다고 파악하였다.[17] 여호규의 치밀한 연구는 고구려에서는 왕으로서의 자질을 구비한 사람이 왕이 된다는 비혈연적인 계승 원리가 세습으로 변화했고 다시 동천왕(東川王) 이후 부자계승으로 전환되었다는 주장이 포함되어 있어 주목된다. 이외에도 임기환(林起煥) 또한 4세기 후반에는 고구려 왕호(王號)가 확립되어 있었다고 하는 등, 「여기」의 고구려 왕계가 5세기 초에는 이미 성립되어 있었다는 견해가 제기되었다.[18]

이처럼 현재에 이르기까지 광개토왕비의 왕계와 「여기」의 왕계에 보이는 차이점, 고구려 왕계에 대한 기본적인 구조 연구 성과는 아직도 정점에 달했다고 말하기 어려운 상황이다. 그렇다면 이를 어떻게 이해하면 좋을지가 문제인데, 기존의 연구는 「여기」의 왕계 중 일부의 존재만을 검증한 것으로,

15 盧泰敦(1999), 앞의 글.
16 余昊奎(2014), 앞의 글.
17 余昊奎(2014), 앞의 글, 235쪽.
18 임기환(2002), 「고구려 王號의 변천과 성격」, 『한국고대사연구』 28, 21쪽.

「여기」의 광개토왕까지의 고구려 왕계 전체를 검토한 것이라고 보기는 어렵다. 예를 들면 지금까지 많은 연구자들은 지안[集地]에 천도한 산상왕 이후의 「여기」의 왕계를 그대로 인정해 왔다. 그러나 산상왕 이후의 왕계에 대해서는 비판적인 검토가 충분히 이루어졌다고 보기는 어렵고, 따라서 이러한 이해는 엄밀한 사료 고증을 통한 사실에 근거하여 얻어진 견해는 아니다. 앞에서 설명한 것처럼, 고구려 왕계에 대한 이해는 고구려사의 기본적인 구조를 설정하는 데 있어서 매우 중요하며, 고구려사 연구의 기초적인 작업에 속한다고 해도 좋다. 그러므로 「광개토왕비」에 보이는 왕계와 「여기」의 왕계 문제를 고찰하기 위해서는 새롭게 「여기」의 왕계를 비판적으로 고찰할 필요가 있을 것이다. 고구려사 연구에 있어서 이 문제는 매우 중요하므로, 다음 장에서 새롭게 중국 사서와의 비교 검토를 통해 필자의 견해를 말하고자 한다.

V. 5세기 위궁에서 연까지의 고구려 왕계 – 『위서』「고구려전」의 고구려 왕계와 「여기」의 왕계 검토

5세기 초의 고구려 왕계를 이해하기 위해 우선 중요한 것은 광개토왕과 직접적으로 관련된 지안[集安] 천도 이후의 왕계이다. 지안 천도 이후의 왕계에 대해서 중요한 실마리가 되는 것은 435년에 이오(李敖)가 고구려를 방문했을 때 얻은 정보가 반영되었다고 알려진 『위서』「고구려전」의 기록이다.[19] 실제로 『위서』「고구려전」에는 『후한서』·『삼국지』「고구려전」 등에는 보이지 않는 고구려 시조 주몽에 관한 기술이 처음으로 등장하고, 또한 그 후의 고구려 왕

19 武田幸男(1989),「高句麗王系成立の初段階」,『高句麗史と東アジア』, 290쪽.

에 관한 기사에 대해서도 다른 중국 사서보다 풍부하므로, 해당 시기의 고구려 왕계를 이해하기 위해서는 무시할 수 없는 책이다. 그러므로 우선 『위서』 「고구려전」에 보이는 고구려 왕계와 「여기」의 왕계를 비교하고, 5세기 초기 단계의 고구려 왕계에 대해 검토해보고자 한다.

『위서』 「고구려전」에 보이는 고구려 왕계에 관한 정보는 다른 중국 사서에 비해 많다고는 하지만 그래도 단편적인 것에 불과하다. 그러나 궁(宮), 위궁(位宮), 을불리(乙弗利), 쇠(釗), 연(璉) 등 정점이라 할 수 있는 왕이 보이며, 또한 위궁이 궁의 증손에 해당하고, 그 고손자가 을불리이고 을불리의 아들인 쇠의 증손이 연에 해당한다고 하는 계보 관계가 나타나 있다. 이는 해당 시기의 고구려 왕계를 이해하기 위해서 중요하다. 여기에서 다시 한번 이를 정리한 것이 〈그림 2〉이다(『위서』 「고구려전」에 보이는 고구려 왕계).

이에 근거하여 우선 『위서』 「고구려전」에 전해지는 시기의 왕계인 을불리부터 연까지의 계보에 대해 생각해 보고자 한다. 을불리가 미천왕(美川王)에 해당한다는 것은 미천왕의 휘가 을불이라는 점과 아울러 미천왕의 사적에서 알 수 있다. 한편 연이 장수왕에 해당한다는 점은 이미 잘 알려진 사실이다. 더욱이 『위서』 「고구려전」에는 을불리의 아들을 쇠(釗)라 하였는데, 쇠대에 전연의 모용외(慕容廆)의 공격에 의해 고구려 왕도가 함락되고, 쇠는 백제에게 살해당했다고 하는 것으로 보아, 쇠는 고국원왕에 해당한다. 한편 「여기」 고국원왕기(故國原王紀)에는 휘를 유(劉)라고 적고 있는데, 유(劉)는 쇠가 잘못 전해진 것이거나 잘못 인쇄된 것이라 생각된다. 『위서』 「고구려전」은 이 쇠의 증손이 연(璉, 장수왕)이라고 한다. 즉 을불리의 고손자가 연이 되는데, 이는 「여기」의 고구려 왕계와 딱 맞아 떨어진다(〈그림 3〉). 일반적으로 중국 사서는 중국 주변 여러 나라의 왕통 계보를 부자관계로 표현하는 경우가 많으나, 「여기」의 고구려 왕계에 의하면 미천왕(을불리)~장수왕(연)까지는 미천왕－고국원왕－소수

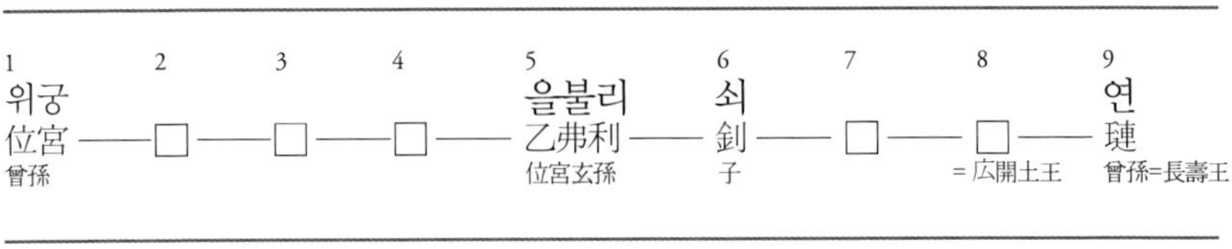

〈그림 2〉『위서(魏書)』「고구려전(高句麗伝)」 소재 고구려 왕계(위궁(位宮)~연(璉))

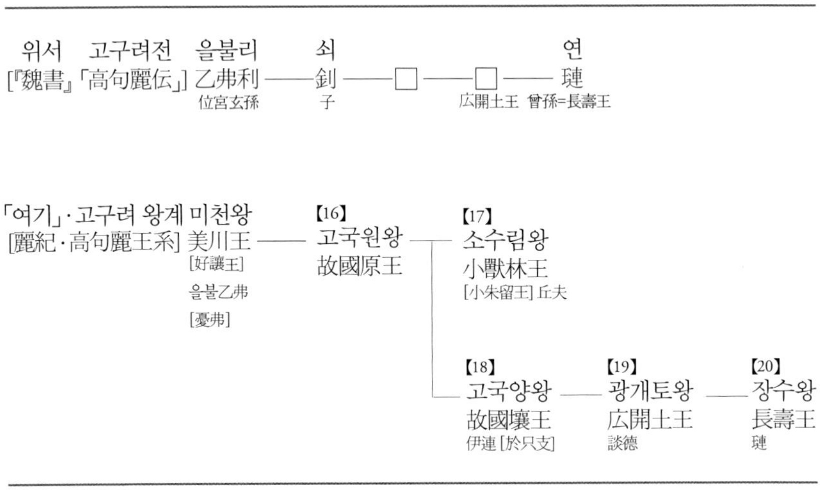

〈그림 3〉『위서』「고구려전」 소재 고구려 왕계(을불리(乙弗利)~연(璉))·「여기(麗紀)」 왕계(을불리~연)

림왕－고국양왕－광개토왕－장수왕으로, 이를 단순히 부자관계로 생각하면, 장수왕은 고국원왕의 고손자이며 증손이 아니다. 그럼에도 불구하고『위서』「고구려전」에서 이를 증손이라고 한 것은「여기」의 고구려 왕계에 보이는 소수림왕과 고국양왕의 형제 왕위계승을 충분히 이해하였기 때문이다. 소수림왕과 고국양왕은 장수왕(연)을 기준으로 조부의 대에 해당하며, 형제에 의한 왕위계승도 충분히 인식하고 있었을 것이다. 그리하여 이러한 정보가 이오를 통해 북위로 전해져서 『위서』「고구려전」에 반영된 것으로 보인다.

「여기」의 미천왕부터 장수왕까지의 왕계는 『위서』와 일치하고 있으며, 이로 보아 이 두 책에 전해지는 왕통 계보의 사실성이 매우 높음을 알 수 있다. 『위서』「고구려전」과 「여기」의 왕계 사료의 신뢰성이 높다는 점도 이로 인해 확인할 수 있다. 특히 형제계승을 정확하게 반영하고 있는 것은 『위서』「고구려전」의 정보가 확실함을 보여주는 것으로 강조해두고 싶다.

지금까지 「여기」의 미천왕부터 장수왕까지의 왕계에 대해 『위서』「고구려전」과의 비교 검토를 통해 「여기」의 왕계가 사실성이 높음을 확인하였다. 그러나 문제는 이와 이어지는 『위서』「고구려전」의 궁부터 을불리까지의 왕계이다. 『위서』「고구려전」에 의하면 을불리는 궁의 고손자라고 한다. 여기에서 다시 기점이 되는 위궁을 어떻게 봐야 하는지가 문제이다. 산상왕기(山上王紀) 즉위조(卽位條)(〈사료 1〉)에 의하면, "山上王 諱延優(「一名位宮」) 故國川王之弟也 魏書云 朱蒙裔孫宮生而開目能視 是爲大祖 今王 是大祖曾孫 亦生而視人似曾祖宮 高句麗呼相似爲位 故名位宮云"라고 하여, 산상왕(山上王)의 이름이 위궁(位宮)이고, 『위서』를 인용하여 이를 설명하고 있다. 그러나 다케다가 이미 지적한 것처럼 이는 엄밀히 말하면 『위서』「고구려전」을 근거로 '是爲大祖 今王 是大祖曾孫'이라 덧붙인 것으로, 산상왕이 위궁임을 『위서』를 이용해서 보강·설명하려고 한 것이다.[20] 「여기」의 고구려 왕계를 보면 이것이 명확해지

---

20 武田幸男(1989), 「高句麗王系成立の初段階」, 『高句麗史と東アジア』, 305쪽; 池内宏(1951), 앞의 글, 230쪽에서 산상왕이 위궁(位宮)이고 그의 증조가 궁(宮)이라고 한 대조대왕(大祖大王)이었다고 한 것은 『해동고기(海東古記)』의 편자가 지적한 것이다.

는데(「고구려본기」 고구려 왕계 참조), 산상왕은 궁(宮)인 대조대왕(大祖大王)의 동생이며 신대왕(新大王)의 아들로 대조대왕의 증손은 아니다. 편자도 이 모순을 알아차렸던 것은 아닐까. 그렇기 때문에 『위서』 「고구려전」에 "是爲大祖 今王 是大祖曾孫"이라고 덧붙여서 본문을 고치고 산상왕이 위궁이라는 점을 정당화하려고 했던 것으로 보인다.

그러나 편자들이 참고한 『위서』 「고구려전」의 위궁에 대한 기록은 『위서』 「고구려전」 위궁 관계 기사(〈사료 2〉)에 "莫來子孫相傳 至裔孫宮 生而開目能視 國人惡之 及長凶虐 國以殘破 宮曾孫位宮亦生而視 人以其似曾祖宮 故名爲位宮 高句麗呼相似爲位 位宮亦有勇力便弓馬 魏正始中 入寇遼西安平 爲幽州刺史毋丘儉所破"라고 하여, 고구려는 위궁의 재위 시에 위(魏)의 관구검(毌丘儉)에 의해 정벌되었다는 점이 확인된다. 이는 『위서』만이 아니라 "生子名位宮 伊夷模死 立以爲王 今句麗王宮是也 其曾祖名宮 生能開目視 其國人惡之 及長大 果凶虐 數寇鈔 國見殘破 今王生墮地 亦能開目視人 句麗呼相似爲位 似其祖 故名之爲位宮 位宮有力勇便鞍馬善獵射 景初二年 太尉司馬王率衆討公孫淵 宮遣主簿大加將數千人助軍 正始三年 宮寇西安平 其五年 爲幽州刺史毋丘儉所破"라고 하여, 『삼국지』 「고구려전」 위궁 관계 기사(〈사료 3〉)에서도 확인할 수 있다. 〈사료 2〉와 〈사료 3〉의 선을 그은 부분이 일치하는 것으로 보아, 『위서』 「고구려전」의 위궁 관련 기사는 『삼국지』의 위궁에 관한 기술을 근거로 삼은 것으로, 위궁이 관구검에게 토벌당했음은 틀림없다.

한편 관구검과의 전투 기록은 「여기」 동천왕(東川王) 18년조에 기록되어 있으므로, 『삼국지』 「고구려전」이나 『위서』 「고구려전」의 기록과 비교해 보면, 위궁은 동천왕이 될 수밖에 없다. 이케우치 히로시가 위궁을 동천왕이 아니라 산상왕이라고 한 것은 『해동고기(海東古記)』를 근거로 삼은 것이라고 하였는데 이에 대해서는 뒤에서 설명하기로 하겠다. 이케우치가 '제1사료' 라고 부르고 다케다 유키오[武田幸男]가 '제1자료'라고 한, 고구려시대에 정리된 자료에는 관구검이 이끄는 위의 토벌군에 의해 대패한 왕을 '동천왕=위궁'이라고 보았을 것이다.[21] 산상왕은 형제끼리의 다툼 끝에 지안[集安]으로 천도한 왕으로, 관구검에 의해 토벌된 것은 그 다음의 동천왕이라고 전해졌던 것으로 보인다. 그리하여 관구검의 고구려 토벌 기사는 동천왕대에 기록되었을 것이다. 이처럼 『위서』「고구려전」에 보이는 위궁이 「여기」의 동천왕대에 대응하는 한 일단 위궁을 동천왕으로 이해하고, 을불리와의 관계에 대해 생각해보기로 하겠다.

앞에서 설명한 것처럼 을불리는 위궁의 고손자이므로, 동천왕(위궁)에서 미천왕(을불리)까지를 단순히 부자간의 왕위계승으로 이해하면, 동천왕－□－□－□－미천왕이 되어 동천왕과 미천왕 사이에 세 명의 왕이 존재하고 있었다는 것이 된다. 「여기」에는 동천왕에서 미천왕 사이에 중천왕－서천왕－봉상왕의 세 왕이 전해지므로, 일단 부자간의 왕위계승으로 이해하는 데 문제는 없다(〈그림 4-1〉 참조).

그러나 「여기」에 의하면 봉상왕과 미천왕은 종형제간이므로, 「여기」의 왕계를 인정하고 이를 부자간의 왕위계승으로 파악하면 을불리는 위궁의 고손자가 아니라 증손이 된다(〈그림 4-2〉 참조). 둘 다 봉상왕 이후에 미천왕이 즉위했다는 점에서는 일치하지만, 「여기」의 왕계와 같이 종형제간에 의한 왕위계승

21 한편 池内宏(1951), 앞의 글, 227쪽에서는 김부식(金富軾)도 동천왕(東川王)의 휘(諱)인 우위거(憂位居)가 위궁(位宮)이라는 점을 인정하고 중국 사서의 위궁에 관한 기사를 동천왕대에 삽입했다고 보았다. 임기환(2002), 「고구려 王號의 변천과 성격」, 『한국고대사연구』 28, 21쪽에서도 산상왕의 휘를 이이모(伊夷模), 동천왕의 휘를 위궁으로 수정해야 한다고 지적하였다. 한편 임기환은 신대왕기(新大王紀)의 분주(分註)에서 신대왕의 휘는 '白句'이며 이것이 중국 사료의 백고(伯固)에 대응되었고 이를 기준으로 중국 측 사서와 고구려 왕계를 대조하였기 때문에 이러한 오류가 생겼다고 보았다.

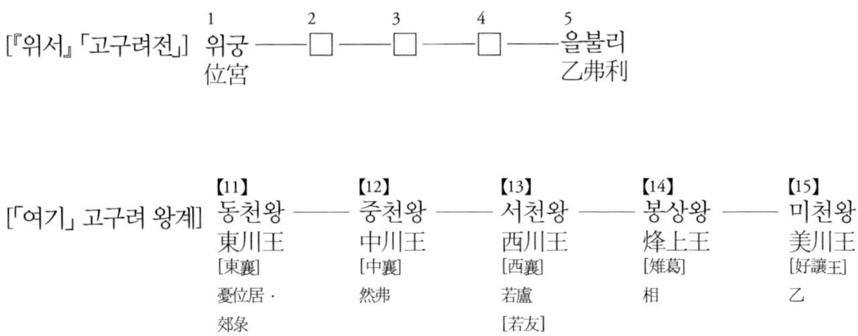

〈그림 4-1〉『위서(魏書)』「고구려전(高句麗伝)」 소재 고구려 왕계(위궁~을불리)·「여기(麗紀)」 왕계(동천왕~미천왕) (개편(改編))

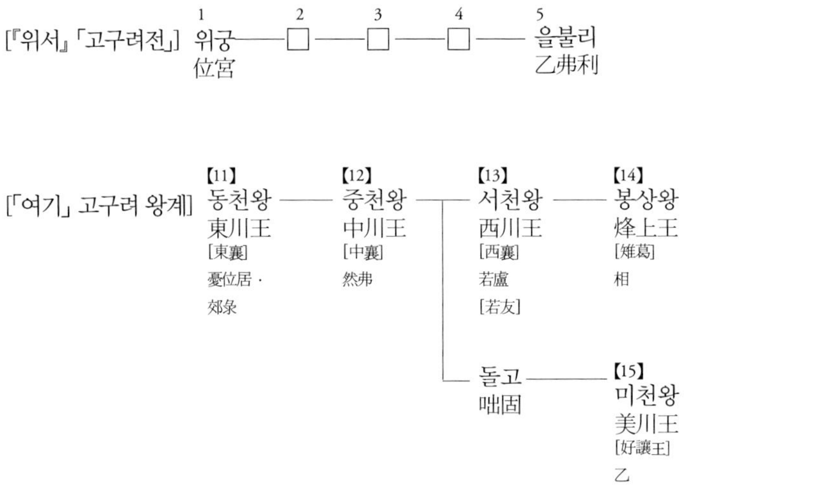

〈그림 4-2〉『위서』「고구려전」 소재 고구려 왕계(위궁~을불리)·「여기」 왕계(동천왕~미천왕)

이 있었다고 한다면, 『위서』에서 소수림왕과 고국양왕의 형제 왕위계승을 제대로 파악하고 있는 것에 반해 봉상왕과 미천왕의 왕위계승에 대해서는 제대로 이해하지 못했던 것이 된다. 그 결과 두 왕의 관계를 「여기」와 같이 종형제 관계로 이해하지 않고, 중국 왕조가 주변 제국의 왕위계승을 부자관계로 나타낸 것처럼 봉상왕과 미천왕을 부자관계로 이해하고 있었다는 것이 된다. 그렇다면 「여기」의 왕계와 『위서』 「고구려전」의 고구려 왕계의 차이점을 어떻게 이해해야 할 것인가. 이를 밝히기 위해 주목해야 할 것이 미천왕기(美川王紀)의 미천왕 즉위 기사이다.

미천왕기에 의하면 미천왕은 아버지인 돌고(咄固)가 봉상왕에게 살해당해, 고난을 겪으며 국내를 전전한 끝에 즉위하였다고 하였다. 미천왕은 평온하게 왕위에 즉위하지는 못했던 셈이다. 이러한 수난과 방랑 끝에 즉위하였다는 이야기를 고려하면, 왕통의 단절 내지 왕계의 조작 가능성을 이야기할 수 있지 않을까. 이러한 의심에서 미천왕기 즉위조가 왕통의 정통성을 외부에서 구하고자 하는 이야기라는 지적도 무시할 수 없다.[22]

미천왕은 광개토왕-장수왕으로 직접 이어지는 고구려 왕통 중에 중국 사서에 의해 확인할 수 있는 최초의 왕이므로, 미천왕이 돌고를 매개로 하여 중국 사서에 확인되는 위궁의 왕통과 연결되도록 조작되었을 가능성도 생각해 볼 수 있다. 이러한 이해에 큰 오류가 없다고 한다면, 봉상왕기에 봉상왕의 포악함이 강조된 것은 제5대 모본왕(慕本王)이 포악한 왕으로 그려지면서 제3대 대무신왕(大武神王), 제4대 민중왕(閔中王)의 동생인 재사(再思)를 매개로 하여 중국 사서에 보이는 확실한 왕인 궁(宮)이 시조 주몽 이래의 왕통과 연결된다는 것과

22 李成市(1989), 「高句麗の建國傳說と王權」, 『古代東アジアの民族と國家』, 岩波書店(『史觀』 121).

왕의 동생인 돌고를 매개로 미천왕이 위궁 이래의 왕통과 연결되는 것은 서로 같은 수법이다. 위궁 이후의 고구려왕으로 중국 사서에 등장하는 을불리, 즉 미천왕은 돌고를 매개로 하여 중국 사서에 보이는 확실한 왕인 위궁과 연결됨으로써 왕의 정통성을 세우려고 했던 것은 아닐까. 그렇다면 미천왕을 둘러싼 왕계 기사에 조작이 있었을 가능성도 충분히 생각해볼 수 있을 것이다.

그러나 이러한 조작이 있었다고 해도 『위서』 「고구려전」에 보이는 고구려 왕계를 이해하기 위해서 중요한 점은, 이러한 조작이 『위서』 「고구려전」의 성립 이전에 이루어진 것으로, 이오(李敖)가 전한 5세기 초 무렵에는 이미 이러한 왕계가 존재하고 있었던 것이다. 왜냐하면 미천왕, 즉 을불리가 이미 위궁 이후의 왕계와 연결되어 위궁의 고손자라고 전해지고 있기 때문이다. 「여기」에 전해지는 돌고를 매개로 하는 봉상왕과 미천왕의 왕위계승, 미천왕의 천신만고 끝의 즉위 등 미천왕이 즉위하기까지의 이야기가 구체적으로 어떤 단계에 정비되었을지는 분명치 않은 부분도 있으나, 미천왕 즉위의 정통성을 보여주기 위해 봉상왕기나 미천왕 즉위조가 조작되었을 가능성은 충분히 고려해보아야 할 것이다.

혹은 봉상왕기(烽上王紀)나 미천왕 즉위조에 조작이 없었다고 해도, 만약 봉상왕기나 미천왕기에 전해지는 것과 같은 사정이 있었다고 해도, 봉상왕에서 미천왕으로의 왕위계승은 평화로운 가운데 행해진 것이 아니라, 미천왕 즉위조에 보이는 것처럼 일반적인 왕위계승과는 다르게 매우 복잡한 사정이 존재하였다. 『위서』 「고구려전」이 소수림왕과 고국양왕의 형제 왕위계승을 정확하게 파악하고 이를 반영하여 왕위계승관계를 나타낸 것에 비해, 미천왕과 그 전대 왕의 관계를 일단 중국 왕조가 주변 여러 국가의 왕위계승의 일반적 형태인 부자관계로 본 것은 이러한 사정을 반영하기 위한 것이 아니었을까 생각된다.

이처럼 을불리, 즉 미천왕의 즉위 배경에 복잡한 사정이 존재하였다고 해도, 미천왕이 위궁의 고존자로 이해되고 있다는 점은 『위서』 「고구려전」이 5세기 초 고구려인들이 이해하고 있었던 고구려 왕계를 꽤 정확하게 반영하고 있다고 할 수 있다. 앞에서 설명한 것처럼 「여기」와 『위서』 「고구려전」 모두 위궁에서 미천왕 사이에 세 명의 왕이 존재하였다고 파악하고 있기 때문이다. 이를 통해 『위서』 「고구려전」의 고구려 왕계의 신뢰성이 높음을 확인할 수 있다. 또한 『위서』 「고구려전」과 거의 일치하는 「여기」 고구려 왕계의 정확성을 말해주며 「여기」에서 위궁 이후의 왕계는 5세기 초의 왕계를 거의 그대로 전하고 있다는 점을 확인할 수 있다.

VI. 5세기 초 궁에서 위궁까지의 고구려 왕계 – 『위서』 「고구려전」의 고구려 왕계와 「여기」의 왕계

지금까지 『위서』 「고구려전」에 보이는 위궁부터 연(璉)까지의 고구려 왕계가 「여기」의 동천왕(東川王)부터 장수왕까지의 왕계와 거의 같은 내용임을 확인하였지만, 다음으로 문제가 되는 것은 위궁의 전대 왕을 어떻게 보아야 할 것인가의 문제이다. 이에 대해 『위서』 「고구려전」에서는 직접적으로 기록하지 않고 있으며(《그림 2》), 『삼국지』 「고구려전」은 위궁의 아버지를 이이모(伊夷模)라고 하였다(《그림 5》). 이에 대해 「여기」는 위궁의 전대 왕을 아버지가 아닌 형이라고 하였다(《그림 1》). 아버지 혹은 형이라고 하는 차이는 보이지만, 양쪽 다 위궁의 전대 왕을 이이모라고 한 것은 공통된다. 즉 이는 위궁의 전대 왕이 이이모라는 것을 전제로 삼고 있으며, 이를 무시할 수 없었을 것이다. 그렇다면 위궁의 전대 왕은 이이모라고 생각해도 큰 오류는 없을 것이다. 이와 같이 이해할 경우, 『위서』「고구려전」에 전해지는 궁부터 위궁까지의 왕계는 궁(宮)－□－이이모(伊夷模)－위궁(位宮) 순서가 될 것이다.

그렇다면 다음으로 문제가 되는 것은 이이모의 전대 왕으로 이이모의 아버지라 여겨지는 왕이다. 『삼국지』「고구려전」의 기술에 의하면 이 왕에 해당하는 것은 백고(伯固)를 휘(諱)로 삼은 왕일 가능성이 크다. 그런데 앞에서 말한 〈사료 2〉의 『위서』「고구려전」의 위궁에 관한 기록에서는 "莫來子孫相傳 至裔孫宮 生而開目能視 國人惡之 及長凶虐 國以殘破 宮曾孫位宮亦生而視 人以其似曾祖宮 故名爲位宮 高句麗呼相似爲位 位宮亦有勇力便弓馬 魏正始中入寇遼西安平 爲幽州刺史毋丘儉所破"라고 하였으나, 이는 역시 앞에서 말한 〈사료 3〉의 『삼국지』「고구려전」의 위궁 관계 기사와 유사하다.

> "生子名位宮 伊夷模死 立以爲王 今句麗王宮是也 其曾祖名宮 生能開目視 其國人惡之 及長大 果凶虐 數寇鈔 國見殘破 今王生墮地 亦能開目視人 句麗呼相似爲位 似其祖 故名之爲位宮 位宮有力勇便鞍馬善獵射 景初二年 太尉司馬王率衆討公孫淵 宮遣主簿大加將數千人助軍 正始三年 宮寇西安平 其五年 爲幽州刺吏毋丘儉所破 ……"

선을 그은 부분의 기사는 글자도 동일하며, 그 외에도 표현이 거의 같다. 따라서 『위서』「고구려전」의 왕계 관련 기사 작성에는 『위서』「고구려전」이 참조되었을 가능성이 높다. 이를 위해 『위서』「고구려전」은 『삼국지』「고구려전」에 보이는 왕계를 받아들여 궁(宮)－백고(伯固)－이이모(伊夷模)－위궁(位宮)이라고 하는 왕계를 상정하였을 가능성이 있다. 그러나 『위서』「고구려전」에는 이외에도 위궁의 고손자를 을불리라 하고 다시 그 쇠(釗)의 증손을 연(璉)이라고 하여 『삼국지』「고구려전」 등의 기록만 가지고서는 얻을 수 없는 고구려

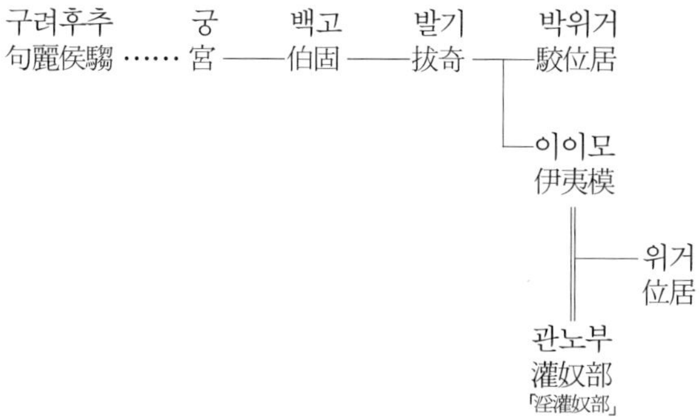

〈그림 5〉『삼국지(三國志)』「고구려전(高句麗伝)」 소재 고구려 왕계

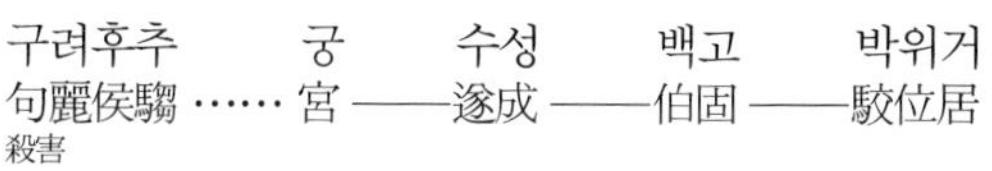

〈그림 6〉『삼국지』「고구려전」 소재 고구려 왕계

왕계에 대한 독자적인 기술이 보인다. 이는 아마도 이오(李敖)가 고구려에 방문했을 때 얻은 정보에 근거하였을 것이다. 그것은 앞에서 검토한 것처럼 「여기」의 왕계와 거의 일치하는 것으로, 고구려에서 정리된 왕계였다. 즉, 위궁이 궁의 증손에 해당한다는 등의 정보는 『삼국지』「고구려전」을 근거로 했을 가능성은 완전히 배제할 수 없지만, 고구려에서 얻은 정보였을 가능성이 높다. 그러나 이 왕계는 『삼국지』「고구려전」과 일치하고 있으므로, 고구려에서

는 『삼국지』「고구려전」에 근거하여 고구려 왕계가 정비되었다고 볼 수 있다.

한편 궁–백고–이이모–위궁이라고 하는 왕계가 해당 시기에 고구려에 존재하고 있었던 것을 검토해보면, 이미 이야기한 것처럼 『삼국지』「고구려전」에는 궁–백고–이이모–위궁이라 되어 있으나, 『후한서(後漢書)』「고구려전」에는 〈사료 4〉의 '是歲(建光元年, 12) 宮死 子遂成立'와 〈사료 5〉의 '遂成死子伯固立'이라고 하여 궁의 사후 그 아들인 수성(遂成)이 고구려 왕이 되었고, 수성이 죽은 후에는 그 아들인 백고가 고구려 왕이 되었다고 전한다. 그렇다면 그 왕계는 궁–수성–백고가 되며(〈그림 6〉), 『삼국지』「고구려전」과는 달라진다. 잘 알려진 것처럼 『후한서』는 432년경에 남송의 범엽(范曄)에 의해 편찬되었고, 『위서』의 〈열전〉은 위수(魏收)에 의해 554년에, 지(志)는 559년에 완성되었다.[23] 따라서 위수가 『위서』를 작성했을 때 『후한서』를 참고했을 가능성도 충분히 고려해볼 수 있다.

그러나 적어도 『위서』「고구려전」에는 위에서 말한 것과 같은 『후한서』「고구려전」에 보이는 궁–수성–백고라는 왕계는 보이지 않는다. 이는 위수가 『위서』를 편집할 때 『후한서』「고구려전」의 기사를 참고하지 않았든가 아니면 여기에 문제가 있다고 생각했기 때문이라고 추측해볼 수 있으나, 그 가장 큰 이유는 본래 『후한서』「고구려전」의 궁–수성–백고라고 하는 왕계가 이오가 가져온 당시의 고구려 왕계와 달랐기 때문은 아닐까.

이러한 이해에 큰 오류가 없다고 한다면 『위서』「고구려전」에 보이는 고구려 왕계에 수성이 없는 것은 당시 고구려 왕계에 실제로 수성이 존재하지 않았기 때문일 가능성이 높다. 이미 몇 차례 설명한 것처럼 위궁은 궁의 증손이

23 『후한서』·『위서』의 성립 과정은 神田信夫·山根幸夫 編(1989), 『中國史籍解題辭典』, 燎原書店 참조.

며, 또한 위궁의 전대 왕은 이이모이다. 그렇다면 『위서』「고구려전」의 고구려 왕계에는 수성-백고라고 하는 부자관계가 처음부터 들어갈 여지가 없었던 것이다. 무엇보다 「여기」의 왕계에 보이는 것처럼 수성과 백고가 형제였기 때문에, 『위서』「고구려전」에서는 언급하지 않았다고 생각해볼 수도 있다. 그러나 이 경우 「여기」에서는 궁·수성·백고를 형제라 보았으나, 『후한서』「고구려전」에서는 궁과 수성·백고 형제가 부자관계가 되어, 「여기」와는 일치하지 않는다. 처음부터 『후한서』「고구려전」의 왕계는 궁-수성-백고 모두 부자관계였는데, 왜 「여기」에서는 수성-백고를 형제로 보았던 것일까. 결국 『후한서』「고구려전」과 「여기」의 불일치를 정리하여 설명하는 것은 불가능해지고, 그만큼 「여기」의 설득력이 떨어지고 만다. 이처럼 수성과 백고만을 합리적으로 이해하려고 해도, 궁과의 관계는 합리적으로 해석할 수는 없는 것이 문제이다.

이러한 경우로 보아 당시의 궁~위궁까지의 고구려 왕계는 역시 궁-백고-이이모-위궁이라고 생각할 수밖에 없으며, 이처럼 생각해야만 『위서』「고구려전」의 왕계와 일치된다.

이와 같이 이해한 다음 문제가 되는 것은 궁·백고·수성을 형제로 보고, 또 이이모와 위궁을 형제로 보는 「여기」의 왕계와 『위서』「고구려전」에 보이는 고구려 왕계가 일치하지 않는 점이다. 지금까지 설명한 것처럼, 『위서』「고구려전」에 보이는 고구려 왕계는 위궁~연(璉)에 이르기까지는 「여기」의 왕계와 거의 일치하나, 궁에서 위궁까지의 왕계는 서로 다름을 알 수 있다. 이는 「여기」의 왕계를 이해하기 위해서도 중요하다. 물론 「여기」의 왕계가 정확하고 『위서』의 왕계에 빠진 부분이 있다고 가정해볼 수도 있다. 그러나 위에서 서술한 것처럼 해당 시기의 왕계에는 「여기」에서 차대왕(次大王), 신대왕(新大王)으로 등장하는 수성-백고라고 하는 부자관계는 설정할 수 없으며, 애초에

『위서』에 수성이 들어갈 여지는 없었다. 그러므로 「여기」의 왕계가 정확하고 『위서』의 왕계에 빠진 부분이 있다고 가정하기는 힘들다. 오히려 지금까지 검토한 것처럼 『위서』 「고구려전」의 왕계는 고구려인 스스로가 정리한 왕계에 의존한 것으로 생각되고, 「여기」의 왕계가 『위서』 「고구려전」의 왕계와 다른 것은 고구려인 혹은 후세의 사관에 의해 5세기 초 이후에 그때까지 고구려인이 정리한 왕계가 수정되었다는 것을 보여준다.[24]

만약 『위서』 「고구려전」에 보이는 왕계에 문제가 있어서 수정되었다면 왜 『위서』 「고구려전」의 왕계와 「여기」의 왕계가 거의 일치하는 것일까. 양쪽의 왕계가 공통된다는 점에서 보면 『위서』 「고구려전」의 왕계에 문제가 있다고 한다면 그 문제는 「여기」의 왕계에도 적용될 수 있으며, 「여기」의 신뢰성에도 문제가 생긴다.[25] 이러한 점에서 역시 5세기 초의 「여기」의 왕계가 후대에 개정되어, 『위서』 「고구려전」에 전해지는 5세기 초기 단계에서의 고구려 왕계와 달라진 것으로 보인다. 그렇다면 현재의 「여기」의 왕계에 근거하여 광개토왕비에 보이는 왕계를 해석하는 일은 문제가 있다고 생각할 수밖에 없다.

일단 이와 같이 이해하면 다시 문제가 되는 것은 궁부터 위궁의 시호가 「여기」의 어떤 왕에 해당될 것인지의 문제이다. 위궁이 동천왕에 해당한다는

24 盧泰敦(1999), 앞의 글에서는 이미 설명한 것처럼 『후한서』 「교현전(橋玄傳)」부터 太祖王(宮)·次大王(遂成·新大王伯固)이 존재해 왔다고 하였다. 이러한 지적은 매우 주목할 만하나, 근거로 들고 있는 「교현전」의 백고(伯固)에 관한 기술이 『후한서』나 그 전거가 되는 문헌밖에 없고, 『삼국지』·『위서』 「고구려전」 편찬 시에는 참고되지 않았을 가능성이 크다는 점도 고려해 보아야 한다고 생각한다.

25 余昊奎(2014), 앞의 글 235쪽에서는 『삼국사기』와 「광개토왕비」의 왕계가 동일하며 이는 국가적 차원에서 성립한 '공식적인 왕계' 인 것에 비해, 『위서』의 왕계는 국가적 차원에서 '공식적인 왕계' 가 성립하기 이전의 "민간(귀족사회)에서 전승되어온 왕계를 반영한 것일 가능성이 크다"고 지적하였다. 이 지적은 매우 흥미로우나, 왜 북위(北魏)의 공식적인 외교 사절인 이오(李敖)에게 '공식적인 왕계' 가 아닌 '민간' 의 왕계가 전달되었는지 이유가 불명확하기 때문에 지금 당장 이러한 견해에 수긍하기는 어렵다고 생각된다.

점은 위에서 설명한 것과 같다. 문제는 이이모이다. 『삼국지』「고구려전」에는 《사료 6》 '伊夷模更作新國 今日所在是也'라고 하여 이이모가 신국(新國)을 세우고 이것이 '今日의 所在'라고 하였다. 금일(今日)이란 분명히 3세기 이후의 위대(魏代)를 뜻하며 이는 지안[集安]을 왕도로 삼은 시기여야 한다. 한편 「여기」·산상왕기(山上王紀) 13년(209)조에는《사료 7》 '冬十月 王移都於丸都城'라고 하여, 환도성(丸都城, 지안)으로 천도했다고 하였다. 〈사료 6·7〉은 모두 지안으로의 천도를 이야기하고 있으나, 이이모가 왕이었던 시기에 이루어진 천도를 산상왕대의 일이라 한 것은, 이이모가 산상왕이라고 생각했기 때문일 것이다. 산상왕은 환도(丸都)·국내성계(國內城系) 최초의 왕으로, 지안으로 천도한 왕이라고 알려져 있다. 이 점으로 미루어 선행연구에서 지적한 것처럼 이이모는 본래 산상왕으로 볼 수 있다.[26] 『위서』「고구려전」에는 이이모(산상왕) – 위궁(동천왕)이라는 왕계가 전해진다.

그렇다면 궁과 백고를 휘로 삼은 왕을 어떻게 이해해야 할 것인지가 새로운 문제가 된다. 「여기」에 따르면 대조대왕(大祖大王)은 휘를 궁(宮)이라 하였다. 또한 대조대왕의 시호는 국조왕(國祖王)이기도 하였다고 대조대왕기(大祖大王紀)에 전해지고 있으나, 이는 중국 사서에 고구려 왕으로 최초로 등장하는 궁(宮)의 시호와 잘 맞는다. 궁에 상정하는 고구려 왕은 다케다 유키오가 지적한 것처럼 대조대왕의 소명(小名)인 어수(於漱)를 휘로 삼고, 고국곡(故國谷)에 묻힌 국조왕(國祖王)이 틀림없다.[27]

그렇다면 백고를 휘로 삼은 왕은 어떻게 생각해야 할 것인가. 「여기」에는 백고가 신대왕의 휘라 하여 궁의 동생으로 되어 있다. 그러나 신대왕은 다음

---

26 武田幸男(1989), 「高句麗王系成立の初段階」, 『高句麗史と東アジア』, 296쪽.
27 武田幸男(1989), 위의 글, 301쪽.

에 설명하는 것처럼 후에 조작된 왕일 가능성이 크다. 여기에서 다시 주목되는 점이 이케우치 히로시가 주몽 이래 왕계의 최후에 모본왕(慕本王)과 위궁을 잇기 위해서 조작된 왕이라고 지적하였던 고국천왕이다. 일찍이 다케다 유키오는 4세기 단계에서는 이이모 이전 왕의 정보가 빠져 있었기 때문에 이이모의 전대 왕인 고국천왕도 조작된 것이라고 이해하였다. 궁을 휘로 삼은 왕이 조작의 대상이었다고 한다면, 뒤이은 산상왕의 전대 왕인 고국천왕 또한 의심의 대상이 된다.[28] 고국천왕의 휘는 고구려적인 남무(男武)였으며 묻힌 곳은 고국천원(故國川原)이다.[29] 동천왕 이후 고국양왕(故國壤王)에 이르기까지 환도 국내 왕계가 모두 휘와 장지를 가지고 있다는 점에서, 다케다가 지적한 것처럼 고국천왕은 환도·국내 왕계가 정리되는 과정에 백고에 대응되는 왕으로 조작되었을 가능성이 있다.[30]

다케다가 지적한 것처럼, 『위서』「고구려전」의 왕계에 전해지는 단계에서는, 중국 사서에 보이는 최초의 왕인 궁과 그 아들인 백고에 대응하는 왕이 존재하지 않는데, 이에 대응시키기 위해 국조왕(國祖王)이나 고국천왕(故國川王)을 시호로 삼은 두 왕이 조작된 것으로 보인다.[31] 적어도 5세기 초 단계에서는 『위서』「고구려전」의 왕계에서 보면, 「여기」의 왕계에 보이는 대조대왕·차대왕·신대왕의 세 형제에 의한 왕위계승이 존재하였다는 것은 생각하기

28 「여기」의 고국천왕에 대응하는 왕은 중국 사서에는 보이지 않는 것뿐이지만 「여기」가 중국 사서에 보이는 백고의 활동 기간을 삭제하고 고국천왕대에 충당하고 있으며 조작된 왕이었을 가능성은 매우 높다. 또한 고국천왕의 즉위 상황은 산상왕의 상황과 거의 같으며 아마도 산상왕기 등에 기초한 창작이었을 것이다. 이것이 가능한 일이라면 고국천왕이 조작된 왕이었기 때문일 것이다.

29 故國川王紀 即位條, 同王 19년조 참조.

30 武田幸男(1989), 「高句麗王系成立の初段階」, 『高句麗史と東アジア』, 301~304쪽.

31 武田幸男(1989), 위의 글, 301~304쪽.

어려우므로, 일단 위의 설명과 같이 이해하는 것이 합리적이다.

이상으로 『위서』 「고구려전」의 왕계와 비교하면서 「여기」의 왕계 중 동천왕 이후는 『위서』 「고구려전」과 거의 같지만, 그 이전의 궁~위궁까지는 다르다는 점을 확인하였다.

VII. 대조대왕·신대왕·차대왕의 창조와 「여기」의 왕계

5세기 초 궁(宮) 이후의 왕계를 『위서』와 선행연구에 근거하여 국조대왕(궁) – 고국천왕(백고) – 산상왕(이이모) – 동천왕(위궁)이라고 이해하게 되면, 다시 문제가 되는 것은 왕계가 어떠한 변천을 거쳐서 현재의 「여기」와 같은 왕계가 되었는가 하는 점이다. 이 경우 주목해야 할 것은 5세기 초의 『위서』 「고구려전」의 단계, 즉 다케다가 말하는 「고구려고전(高句麗古傳)」에 보이지 않았던 수성(遂成)이 「여기」에 등장하고 있다는 점이다. 이미 설명한 것처럼 수성은 『삼국지』 「고구려전」에는 보이지 않고 『후한서』 「고구려전」에는 등장한다. 『위서』 「고구려전」의 원전이 된 「고구려고전」에도 수성은 보이지 않으니 이후 수성이 왕계에 삽입된 것이다. 이 과정에 대해서는 대조대왕기 94년조(《사료 8》)에, "案海東古記高句麗國祖王高宮 以後漢建武二十九(53)年癸巳即位 時年七歲 國母攝政 至孝桓帝本初元年(146)丙戌遜位 讓母弟遂成 時宮年一百歲在位九十四年 則建光元年(121) 是宮在位第六十九年 則漢書所記與古記抵梧不相符合 豈漢書所記誤耶"라고 하여, 「여기」의 편찬자들은 『한서』(『후한서』)와 일치하지 않는다는 것을 충분히 알고 있는 상황에서 『후한서』의 오류를 지적하고, 수성의 왕위계승을 전하는 『해동고기(海東古記)』를 채용하였고 수성은 「여기」의 왕계에 삽입되었던 것이다. 『후한서』 「고구려전」에만 보이는 수성을 『해동고기』에서는 전하고 있으므로, 선행연구에서 지적한 것처럼 『해동고기』가 『후한서』를 참고한 고기록임에 틀림없다.[32] 무엇보다 「여기」의 편찬자들은 『해동고기』와 『후한서』의 불일치를 지적하면서 인용하고 있으므로, 『해동고기』의 내용은 『후한서』와 다르며, 『해동고기』는 다케다가 지적한 것처럼 『후한서』에 보이는 고구려 왕의 휘만을 채용하고, 여러 왕에 관한 고유한 정보는 무시하거나 부정하는 등 독자적인 연대관에 의해 왕계를 정비하였던 것이다.[33]

그렇다면 『해동고기』를 포함하여 『위서』 「고구려전」 왕계의 데이터가 된 5세기 초의 고구려 왕계는 어떻게 변하였던 것일까. 『후한서』 「고구려전」에 보이는 궁-수성-백고 중 궁은 중국 사서인 『삼국지』 「고구려전」에도 보이는 최초의 확실한 고구려 왕으로, 5세기 초의 고구려 왕계에서도 확인할 수 있으며 특별한 문제없이 국조왕(國祖王)으로 볼 수 있다. 그 아들인 수성은 이미 설명한 것처럼 5세기 초의 고구려 왕계에는 보이지 않으므로, 이 단계에 차대왕(次大王)이라고 하는 시호가 만들어졌을 것이다. 그다음은 백고인데, 백고는 앞에서 말한 것처럼 5세기 초의 「고구려고전」의 단계에서는 고국천왕이라고 하는 시호가 내려졌으나, 이는 인정받지 못했고 「여기」에 백고의 시호는 신대왕(新大王)이라 되어 있다. 이는 다케다 등이 지적한 것과 같이 대조대왕(大祖大王)·차대왕·신대왕의 시호가 새롭게 만들어진 것이다.[34]

이처럼 수성과 백고는 기계적으로 삽입되어 시호가 조작되었으나, 이 세

---

32 池内宏(1951), 앞의 글, 228~229쪽; 武田幸男, 「高句麗王系成立の初段階」, 『高句麗史と東アジア』, 294쪽.

33 武田幸男(1989), 「高句麗王系成立の初段階」 『高句麗史と東アジア』, 294쪽.

34 武田幸男(1989), 위의 글, 294쪽.

왕에 이어서 본래는 국조왕인 궁 다음 왕인 고국천왕이 신대왕과 연결되었다. 이리하여 5세기 초의 고구려 왕계에는 고국천왕의 다음 왕인 산상왕의 휘인 이이모가 고국천왕의 휘에 해당하는 것이 된다. 이하 산상왕의 휘도 똑같이 동성왕의 휘인 위궁으로 미끄러진 것이다. 이처럼 새롭게 차대왕·신대왕이 만들어졌기 때문에, 이후 왕의 휘가 기계적으로 앞당겨지게 되었다. 고국천왕에게는 고구려적인 휘인 남무, 산상왕에게는 연우(延優)라고 하는 휘가 있었으나, 본래 산상왕의 휘였던 이모(夷模), 동천왕의 휘였던 위궁이 고국천왕, 산상왕의 휘가 된 것은 이러한 연유에서이다. 이는 고구려 왕계가 고구려 독자적인 것으로 확립되었던 것이 아니라 어디까지나 중국 사서의 기록에 의거하여 정리되었다는 점을 반영한다. 왜냐하면 이러한 휘가 고구려에 전해지는 여러 왕의 존재를 보여주는 것이라면, 시호와 분리된 다른 왕의 휘가 될 일은 없었을 것이기 때문이다. 그렇다면 고구려의 왕계가 반드시 고구려인 손에 의해 완전하게 구비된 것이 아니라 불확실한 것이었다는 점도 확인할 수 있을 것이다.

한편 중국 사서에 보면 고국천왕과 산상왕에게는 각각 고구려적인 남무와 연우라고 하는 휘가 존재하였다. 산상왕의 휘인 연우는 이이모로 이어지고, 동천왕의 휘인 우위거(憂位居)는 5세기 단계의 동천왕의 휘이므로 중국 사서에서 말하는 위궁에 대응되지만,[35] 이들은 중국 사서에 근거하면서도 고구려에서 독자적으로 정비된 것으로 생각된다. 이러한 고구려 독자적인 휘는 이이모나 위궁 등의 휘가 왕의 조작과 관련되어 전대 왕으로 앞당겨진 것에 반해, 그대로 산상왕과 동천왕의 시호가 되어 존재해 왔다. 이 고구려적인 휘는 시호와 세트였을 것이다. 고구려에서는 중국 사서를 기준으로 하면서도 왕계가

35 武田幸男(1989), 앞의 글, 295쪽 및 312쪽.

정비됨과 함께 독자적인 시호와 휘를 정비하였다고 생각된다.

이리하여 차대왕·신대왕이라고 하는 두 왕이 증가하였으나, 5세기의 고구려 왕계는 3세기 초의 지안 천도를 산상왕대에, 또한 관구검의 고구려 토벌을 동천왕대의 일로 보았으므로, 기계적으로 두 왕이 증가하면 이러한 사건과 이에 해당되는 왕이 각각 괴리되어버린다. 더욱이 5세기의 고구려 왕계에 을 불리는 위궁의 고손자임에도 불구하고 기계적인 삽입에 의해 관계가 비틀어졌고, 5세기 초의 고구려 왕계와는 어긋나버렸다. 고구려에서는 고국양왕기 9년(392) 3월조(《사료 9》)에 '三月, 下教崇信佛法, 求福, 命有司立國社, 修宗廟'라고 한 것처럼, 고국양왕 때 종묘가 정비된 것을 계기로 왕계도 정비되었을 것이다. 이 왕계에 차대왕·신대왕을 추가하는 경우 기존의 왕계를 크게 수정해야 하므로 두려워했을 것이다. 왜냐하면 기존의 왕계는 이이모와 위궁의 즉위년 등, 중국 사서와의 정합성을 고려해서 성립된 것으로 기계적인 삽입에 의해 이러한 정합성을 잃어버릴 가능성이 컸기 때문이다. 또한 중국 사서에 보이는 궁의 활동 시기를 크게 늦추고, 더욱이 백고의 즉위년도 중국 사서보다도 많이 줄여서 고국천왕의 즉위년을 확보하고 있다.[36]

이러한 것에서도 알 수 있듯이 가상왕(加上王)의 삽입에 의한 연도의 변화 및 중국 사서에 보이는 사건의 변경은 되도록 피하려고 했을 것이다. 그럼에도 불구하고 부자관계에 의한 왕의 기계적인 삽입은 피하고, 삽입 후에 기존의 왕계와 일치하도록 하기 위해 수정을 하였다고 추측된다. 이러한 정비 과정의 복원은 근거가 될 사료가 없기 때문에 매우 힘들지만, 5세기의 고구려 왕계, 『위서』「고구려전」의 고구려 왕계, 「여기」에 주목하여 다음과 같은 시론을 제시하고자 한다.

36 池內宏(1951), 앞의 글, 217~224쪽.

첫째, 일단 『위서』 「고구려전」에 보이는 위궁과 을불리의 관계가 수정되어야 한다. 『위서』 「고구려전」에서 을불리는 위궁의 고손자이지만, 위궁이 산상왕의 휘가 되어버렸으므로, 위궁과 을불리는 고손자가 아니다(〈표 1〉). 그런데 「여기」에서 미천왕(을불리)은 위궁(산상왕)의 고손자라고 하였다(〈그림 1〉). 일단 5세기의 왕계에 근거하여 수정하였을 것이다. 이때 주목되는 점은 봉상왕과 미천왕의 관계이다.

이미 설명한 것처럼 『위서』 「고구려전」에는 이를 부자관계라 하였으나 「여기」에서는 돌고를 매개로 하는 종형제관계로 되어 있다. 아마도 봉상왕부터 미천왕까지의 왕위계승을 돌고를 매개로 하여 정비했을 것이다. 이미 설명한 것처럼 주몽(朱蒙)－유리명왕(瑠璃明王)……모본왕(慕本王)의 왕계와 이어지는 대조대왕은 유리왕의 세 번째 아들이라고 생각되는 재사(再思)를 매개로 연결되어 있었다. 이처럼 왕의 동생인 돌고를 매개로 봉상왕과 미천왕도 연결되었을 것이다. 이렇게 하여 「여기」와 같이 미천왕(을불리)은 산상왕(위궁)의 고손자가 된다(〈표 2〉).

이와 같이 『위서』 「고구려전」에 궁의 증손이라고 한 위궁의 경우에도 위궁이 궁의 증손이 되는 것처럼, 수성과 백고가 형제가 된 것은 아닐까 생각된다. 이 점도 『삼국지』 「고구려전」에 의하면 백고는 132년에 왕이 되고 196년경에 사망했다고 여겨지나,[37] 수성에 해당하는 신대왕의 재위는 그 시기에 해당하며, 백고 즉 신대왕의 재위 기간도 이에 해당된다. 따라서 백고의 재위년을 차대왕과 신대왕으로 고치고 형제라고 하는 것에 의해, 세대를 한 세대 줄이는 것이 되지는 않았을까 추측된다(〈표 3〉).

이리하여 미천왕과 신대왕(백고)의 세대가 수정되었으나, 「여기」에서는 고

---

37 池內宏(1951), 앞의 글, 227쪽.

국천왕(이이모)과 산상왕(위궁)이 형제로 되어 있다. 이는 어떻게 이해해야 할 것인가. 이는 아마도 『해동고기』에 의한 것이라 추정되나, 『해동고기』가 이렇게 처리를 한 것은 일단 동천왕대 관구검의 고구려 토벌에 근거하여 동천왕대의 연대를 수정할 필요가 있었기 때문일 것이다. 관구검의 고구려 토벌이 동천왕대라는 것은 「고구려고전」의 단계에서 동천왕을 위궁으로 상정하고 있다는 점에서도 부정할 수 없으며, 이에 정합성을 도모할 필요가 있었을 것이다.

그렇다면 동천왕을 산상왕의 동생이라고 수정하면 좋았을 것이지만 동천왕의 계보는 고치지 않았고, 산상왕이 고국천왕의 동생이 되었다. 이는 아마도 이이모와 산상왕이 「고구려고전」에서는 동일 인물이기 때문이 아닐까. 즉 5세기 초의 왕계에는 휘를 이이모라 하고 시호를 산상왕이라고 하는 왕은 백고였다. 그러나 차대왕(수성)·신대왕(백고)이 삽입되었기 때문에, 본래 동일 인물이었던 산상왕을 시호로 삼고 이이모를 휘로 삼은 왕은, 휘를 이이모라 한 고국천왕과 시호를 산상왕이라고 한 위궁 두 왕으로 나누어져버린 것이다. 그러나 이이모도 산상왕도 본래는 백고의 아들이라고 인식되고 있었으므로 이이모를 휘로 삼은 고국천왕과 산상왕을 시호로 삼은 위궁은 모두 백고의 아들로 인식되어, 형제라고 여겨지게 된 것은 아닐까. 『해동고기』가 고국천왕과 산상왕을 형제라고 본 두 번째 이유는 여기에 있을 것이다(〈표 4〉).

「여기」에는 고국천왕과 산상왕이 각각 형제 다툼 끝에 왕위에 즉위하였다고 하는 이야기가 등장하지만 이도 역시 본래 이이모를 휘로 삼고 산상왕을 시호로 삼은 한 명의 왕이 이이모를 휘로 삼은 고국천왕과 산상왕을 시호로 삼은 위궁으로 나누어졌기 때문에 등장하는 이야기가 아닐까 생각된다.

고국천왕기 즉위조에는 이이모(고국천왕)가 발기(拔奇)와의 다툼 끝에 고구려왕이 되었다고 한다. 이는 『삼국지』 「고구려전」을 거의 그대로 삽입한 것이지만 이는 아마도 고국천왕의 휘가 이이모였기 때문에 『삼국지』 「고구려전」에 보이는 발기와 이이모의 왕위계승 다툼이 삽입되었을 것이다.

한편 위궁을 휘로 삼게 된 산상왕은 환도·국내 왕계의 사실상 최초의 왕으로 형제 다툼 끝에 즉위하였고, 지안으로 천도한 왕으로 전해지게 된 것이다. 사실 산상왕 즉위조에는 발기(発岐)와 연우(延優)의 왕위계승 다툼이 전해지고 있다. 이는 유교적인 도덕규범이 강조되어 후세에 꾸며진 흔적이 많이 남아 있으며 『삼국지』 「고구려전」의 발기(拔奇)·이이모(伊夷模) 형제의 왕위계승 다툼은 후세에 윤색한 것으로 평가받고 있으나,[38] 아마도 이이모였던 산상왕이 형 발기와의 다툼 끝에 왕위에 올랐다고 하는 『삼국지』 「고구려전」의 이이모·발기의 왕위계승 다툼을 고구려 국내에서 독자적으로 변용시켜서 발기(拔奇)를 발기(發岐)로, 이이모(伊夷模)를 연우(延優)로 고쳐서 산상왕기에 삽입한 것으로 추측된다.

앞에서 중국 사서에 보이는 고구려 왕의 휘는 이동되었던 것에 반해 고구려적인 휘와 시호는 세트였다고 지적하였는데, 산상왕의 시호와 고구려적인 휘인 연우(延優)는 세트가 되어, 산상왕기의 원전에 남아 있다. 그러나 위에서 말한 것처럼 본래 산상왕의 휘였던 이이모는 고국천왕의 휘로 이동하였고, 그 결과 고국천왕 즉위조에 발기(拔奇)와 이이모의 형제 다툼이 『삼국지』 「고구려전」으로부터 삽입되게 되었다. 본래 고구려적으로 개편된 발기(拔奇, 發岐)와 이이모(伊夷模, 延優)의 형제 다툼은 그대로 산상왕기에 남았다. 그 결과 형제 다툼 끝에 동생이 고구려왕이 되었다는 이야기가 고국천왕기·산상왕기에 각각 삽입된 것으로 보인다.

한편 5세기에는 국조왕의 시호를 갖고 궁을 휘로 삼은 왕과 기계적으로 삽입된 차대왕·신대왕의 관계도 조작된 듯하다. 즉, 차대왕기(次大王紀) 20년(165)

38 武田幸男(1989), 「高句麗王系成立の初段階」, 『高句麗史と東アジア』, 295쪽.

〈표 1〉

	1	2	3	4	5	6	7	8	9	10	11	12	13	14
	初代	子	孫	曾孫	子	孫	曾孫	玄孫		子	孫	曾孫	玄孫	
『魏書』「高句麗傳」	宮	□	□	位宮	□	□	□	乙弗利	釗	□	□	璉		
(1) 4世紀初	國祖王	故國川王 (伯固)	山上王 (伊夷模)	東川王 (位宮)	中川王	西川王 咄固	烽上王	美川王	故國原王 (父子關係)	小獸林王 故國壤王 小獸林王	廣開土王 故國壤王	長壽王 廣開土王	長壽王(璉)	
		伯固	伊夷模	位宮										
(2) 遂成追加	宮 國祖王	遂成	伯固	伊夷模 故國川王	位宮 山上王	□ 東川王	□ 中川王	□ 西川王	烽上王	美川王	故國原王	小獸林王 故國壤王	廣開土王	長壽王

〈표 2〉

	1	2	3	4	5	6	7	8	9	10	11	12	13	14
(2) 遂成追加	宮 國祖王	遂成	伯固	伊夷模 故國川王	位宮 山上王	□ 東川王	□ 中川王	□ 西川王	烽上王	美川王	故國原王	小獸林王 故國壤王	廣開土王	長壽王
(3) 美川王修正 ※美川王, 玄孫	大祖大王 (宮)	次大王 (遂成)	新大王 (伯固)	故國川王 (伊夷模)	山上王 (位宮) (曾孫)	東川王	中川王	西川王 咄固	烽上王 美川王 (玄孫)	故國原王	小獸林王 故國壤王	廣開土王	長壽王	

〈표 3〉

	1	2	3	4	5	6	7	8	9	10	11	12	13	14
(3) 美川王修正 ※美川王, 玄孫	大祖大王 (宮)	次大王 (遂成)	新大王 (伯固)	故國川王 (伊夷模)	山上王 (位宮) (曾孫)	東川王	中川王	西川王 咄固	烽上王 美川王 (玄孫)	故國原王	小獸林王 故國壤王	廣開土王	長壽王	
(4) 宮·位宮修正 ※位宮, 曾孫	大祖大王 (宮)	次大王(遂成) 新大王(伯固)	故國川王 (伊夷模)	山上王 (位宮) (曾孫)	東川王 ※毌丘儉의 高句麗 토벌과 일치	中川王	西川王 咄固	烽上王 美川王 (玄孫)	故國原王	小獸林王 故國壤王	廣開土王	長壽王		
						(玄孫)		故國壤王	廣開土王	長壽王				
『三國志』高句麗傳	宮	伯固	伊夷模	位宮										
『後漢書』高句麗傳	宮	遂成	伯固	伊夷模	位宮									

〈표 4〉

	1	2	3	4	5	6	7	8	9	10	11	12	13	14
(4) 宮·位宮修正 ※位宮, 曾孫	大祖大王 (宮)	次大王(遂成) 新大王(伯固)	故國川王 (伊夷模)	山上王 (位宮) (曾孫)	東川王 ※毌丘儉의 高句麗 토벌과 일치	中川王	西川王 咄固	烽上王 美川王 (玄孫)	故國原王	小獸林王 故國壤王	廣開土王	長壽王		
5) 故國川王· 山上王修正	大祖大王 (宮)	次大王(遂成) 新大王(伯固)	故國川王 (伊夷模) 山上王 (位宮)	東川王	中川王	西川王 (咄固)	烽上王 美川王 * 玄孫	故國原王	小獸林王 故國壤王	廣開土王	長壽王			

〈표 5〉

	1	2	3	4	5	6	7	8	9	10	11	12	13	14
(5) 故國川王·山上王修正	大祖大王(宮)	次大王(遂成) 新大王(伯固)	故國川王(伊夷模) 山上王(位宮)	東川王	中川王	西川王(咄固)	烽上王 美川王 ＊玄孫	故國原王	小獸林王 故國壤王	廣開土王	長壽王			
(6) 大祖大王·次大王·新大王修正	大祖大王(宮) 次大王(遂成) 新大王(伯固)	故國川王(伊夷模) 山上王(位宮)	東川王	中川王	西川王(咄固)	烽上王 美川王 ＊玄孫	故國原王	小獸林王 故國壤王	廣開土王	長壽王				
麗紀	大祖大王(宮) 次大王(遂成) 新大王(伯固)	故國川王(伊夷模) 山上王(位宮)	東川王	中川王	西川王 咄固	烽上王 美川王 (玄孫)	故國原王	小獸林王 故國壤王	廣開土王	(曾孫) 長壽王				

〈표 6〉 고구려 왕계 형성 과정표(高句麗王系形成過程表)

	1	2	3	4	5	6	7	8	9	10	11	12	13	14
	初代	子	孫	曾孫	子	孫	曾孫	玄孫		子	孫	曾孫	玄孫	
『魏書』「高句麗傳」	宮	□	□	位宮	□	□	□	乙弗利	釗	□	□	璉		
(1) 4世紀初	國祖王	故國川王 (伯固)	山上王 (伊夷模)	東川王 (位宮)	中川王	西川王 咄固	烽上王	美川王	故國原王	小獸林王 故國壤王	廣開土王	長寿王		
									(부자관계)	小獸林王	故國壤王	廣開土王	長寿王(璉)	
		伯固	伊夷模	位宮										
(2) 遂成追加	宮 國祖王	遂成	伯固	伊夷模 故國川王	位宮 山上王	□ 東川王	□ 中川王	□ 西川王	烽上王	美川王	故國原王	小獸林王 故國壤王	廣開土王	長寿王
(3) 美川王修正 ※美川王, 玄孫	大祖大王 (宮)	次大王 (遂成)	新大王 (伯固)	故國川王 (伊夷模)	山上王 (位宮) (曾孫)	東川王	中川王	西川王 咄固	烽上王 美川王 (玄孫)	故國原王	小獸林王 故國壤王	廣開土王	長寿王	
(4) 宮·位宮修正 ※位宮, 曾孫	大祖大王 (宮)	次大王(遂成) 新大王(伯固)	故國川王 (伊夷模)	山上王 (位宮) (曾孫)	東川王 ※毌丘倹の高句麗討伐に合致	中川王	西川王 咄固	烽上王 美川王 (玄孫)	故國原王	小獸林王 故國壤王	廣開土王	長寿王		
(5)故國川王· 山上王修正	大祖大王 (宮)	次大王(遂成) 新大王(伯固)	故國川王 (伊夷模) 山上王 (位宮)	東川王	中川王	西川王 (咄固)	烽上王 美川王 * 玄孫	故國原王	小獸林王 故國壤王	廣開土王	長寿王			
(6)大祖大王· 次大王· 新大王修正	大祖大王(宮) 次大王(遂成) 新大王(伯固)	故國川王 (伊夷模) 山上王(位宮)	東川王	中川王	西川王 (咄固)	烽上王 美川王 * 玄孫	故國 原王	小獸 林王 故國 壤王	廣開土王	長寿王				
麗紀	大祖大王(宮) 次大王(遂成) 新大王(伯固)	故國川王 (伊夷模) 山上王(位宮)	東川王	中川王	西川王 咄固	烽上王 美川王 (玄孫)	故國 原王	小獸林王 故國壤王	廣開土王	(曾孫) 長寿王				
『三國志』「高句麗傳」	宮	伯固	伊夷模	位宮										
『後漢書』「高句麗傳」	宮	遂成	伯固	伊夷模	位宮									

〈표 7〉 궁(宮)·수성(遂成)·백고(伯固)와 대조대왕(大祖大王)·차대왕(次大王)·신대왕(新大王) 대조표

西?	中國史書王	麗紀	在位年	西?	中國史書王	麗紀	在位年
105	宮	大祖大王	53	155			10
106			54	156			11
107			55	157			12
108			56	158			13
109			57	159			14
110			58	160			15
111			59	161			16
112			60	162			17
113			61	163			18
114			62	164			19
115			63	165		死亡	20
116			64	166		新大王	2
117			65	167			3
118			66	168			4
119			67	169		公孫度援助	5
120	死亡		68	170			6
121	遂成		69	171			7
122			70	172			8
123			71	173			9
124			72	174			10
125			73	175			11
126			74	176			12
127			75	177			13
128			76	178			14

129			77
130			78
131	死亡		79
132	伯固		80
133			81
134			82
135			83
136			84
137			85
138			86
139			87
140			88
141			89
142			90
143			91
144			92
145			93
146			94
147		次大王	2
148			3
149			4
150			5
151			6
152			7
153			8
154			9

179			15
180		故國川王	2
181			3
182			4
183			5
184			6
185			7
186			8
187			9
188			10
189	公孫度援助		11
190			12
191			13
192			14
193			15
194			16
195			17
196			18
197	伯固死亡	薨去	19
198	伊夷模	山上王	2
199			3
200			4
201			5
202			6
203			7
204			8

조(《사료 10》)에 "二十年……三月 大祖大王薨於別宮 歲百十九歲"라고 한 것처럼, 대조대왕은 119세로 장수한 왕이 된다. 『후한서』 「고구려전」에는(《사료 11》) "後 句驪王宮 生而開目能視 國人懷之 及長勇壯 數犯邊境 和帝元興元年(105)春 復入遼東 寇略六縣 太守耿夔擊破之 斬其渠帥"라고 하여, 그 활약은 적어도 105년 이후부터이다. 그리하여 『후한서』 「고구려전」에는 "是歲(建光元年, 121) 宮死 子遂成立"라고 하여 궁은 121년에 사망하였으므로 적어도 중국 사서에 근거하면 그 활약 기간은 대략 20여 년이 된다. 어떤 긴 견적을 가져와도 궁의 수명을 119년으로 하는 것은 매우 어렵다. 이처럼 궁의 수명을 대폭 고친 것은 이미 지적되고 있는 것처럼[39] 98세에 붕어한 장수왕을 전제로 한 것으로 보인다. 그 결과 궁의 재위년은 중국 사서에 보이는 수성의 재위년을 넘어서 백고의 재위년까지 미치고 만다. 그 결과 차대왕·신대왕을 이 대조대왕의 아들로 설정해버리면, 이 세 명의 왕위 재위 기간이 너무 길어져버린다. 그래서 『해동고기』의 편집자들은 차대왕·신대왕 및 대조대왕을 형제로 보고 차대왕은 76세에 즉위, 재위 20년, 즉 96세로 붕어, 또한 신대왕도 77세에 즉위, 재위 15년, 즉 92세로 붕어하였다고 조정한 것이다.

한편 백고를 이은 가상의 왕 고국천왕의 재위년을 만들기 위해, 백고의 재위년은 축소되고 그것이 고국천왕의 재위년이 되었다(《표 5》). 이러한 과정을 거쳐 현재의 대조대왕부터 장수왕에 이르는 「여기」의 왕계가 완성된 것으로, 그 과정은 〈표 6〉과 같이 정리할 수 있다.

---

39 武田幸男(1989), 「高句麗王系成立の初段階」, 『高句麗史と東アジア』, 298쪽.

VIII. 광개토왕비에 보이는 광개토왕의 왕계와 「여기」의 왕계

지금까지 광개토왕비 장래기에 보이는 일본의 광개토왕비와 문헌사료 비교 연구의 특수성을 지적하고, 그 후 광개토왕비와 문헌사료의 기사가 다르다는 점 때문에 일찍부터 연구자들이 논해 왔던 고구려 왕계에 대해, 『위서』「고구려전」이나 「여기」를 기초로 5세기 초 고구려 왕계를 추정하고, 이로부터 「여기」의 왕계에 이르게 되는 과정을 논하였다. 그 결과 「여기」의 고구려 왕계는 『해동고기』에 의해 중국 사서나 「고구려고전」과는 다른 독자적인 왕계로 정리된 것이라는 점을 밝혔다.

그러나 한편으로 경시할 수 없는 점은, 이러한 과정에서 『위서』「고구려전」이나 5세기 초의 「고구려고전」이 완전히 무시된 것은 아니며, 오히려 가능한 한 이에 의거하면서 왕계가 정비되었다는 점이다. 「여기」의 왕계에서 을불리(미천왕)가 위궁(산상왕)의 고손자이고 연(장수왕)이 쇠(釗, 고국원왕)의 증손이 되는 것은 단순한 우연이 아니라 이러한 점이 고려되었던 것으로 보인다. 그리하여 「여기」의 대조대왕부터 장수왕까지, 다시 광개토왕까지의 왕계가 정리되었다.

위와 같이 광개토왕을 17세손으로 보는 광개토왕비의 왕계를 어떻게 이해해야 할까. 이제까지 궁(대조대왕)부터 연(장수왕)까지의 왕계에 대해서만 고찰하

주몽 시려해·여달 여률 막래 궁
朱蒙 —— 始閭諧·閭達 —— 如栗 —— 莫来…………宮 —— □
始めの名 改名後 「子孫相伝」裔孫

〈그림 7〉『삼국지』「고구려전」 소재 고구려 왕계(주몽~위궁)

였으나, 이 문제를 고찰하기 위해서는 시조 주몽부터 제5대의 모본왕까지의 왕계도 함께 고찰해야 한다. 시조 주몽부터의 왕계도 역시 『위서』「고구려전」에 기록되어 있다(〈그림 7〉). 그러나 여기에는 주몽－시려해(始閭諧, 後´閭達)－여율(如栗)－막래(莫来)라고 하는 네 명의 왕이 기록된 것에 지나지 않는다. 이에 반해 「여기」에는 주몽－유리명왕－태무신왕－민중왕－모본왕의 다섯 왕이 등장하여, 『위서』「고구려전」에서 왕이 한 명 부족하게 된다.

그러나 『위서』「고구려전」에는 제2대의 시려해가 자(字)이며 후에 여달(閭達)이라 고쳤다고 하였다. 이는 시려해(여달)에만 보이는 독특한 표기이다. 아마도 선행연구에서 지적한 것처럼 '여(閭)'를 매개로 하여 각각 시려해, 여달과 동일 인물의 다른 표기로 오해되어, 북위(北魏)의 사관(史官)은 시려해가 중국풍의 자라고 이해했을 것이다.[40] 한편으로는 본래 5세기 초의 고구려에는 시조 주몽부터 5인의 왕이 존재하고 있었으며, 이는 「여기」와도 대응된다. 이 다섯 명의 왕은 위에서 설명한 것처럼 제3대 태무신왕이라는 시호가 소수림왕에 기초하여 만들어지고, 고국양왕대의 종묘 정비 등의 과정으로 정리되었다고 생각되기 때문에 적어도 5세기 말까지는 정비되었을 것이다.[41] 그 결과 광개토왕비를 세

---

40 武田幸男(1989), 「高句麗王系成立の初段階」, 『高句麗史と東アジア』, 288~289쪽.

41 노태돈(1999), 앞의 글, 86~87쪽은 소수림왕대의 주몽－유리왕－대주류왕으로 연결되는 왕계와 뒤이은 민중왕·모본왕의 다섯 왕이 정리되었다고 지적하였다. 이에 반해 여호규(2014), 앞의 글, 235쪽에서는 주25에서 설명한 것처럼 『위서』「고구려전」의 시조부터 내려오는 계보는 고구려의 '공식적' 왕계와는 다르며, 귀족들 사이에서 존재해 왔던 것이라고 하였다. 그러나 주25에서 설명한 것처럼 왜 이오(李敖)가 '공식적' 왕계가 아닌 귀족들 사이의 왕계를 수용한 것인지가 불명확하다. 이와 관련하여 중요한 것은 『위서』「고구려전」의 왕계가 꽤 충실하게 해당 시기의 고구려 왕계를 기록하고 있을 가능성이 있다는 점이다. 물론 본문에서 설명한 것처럼 잘못된 부분도 있지만, 이를 고치면 「여기」의 왕계와도 합치하므로, 이로 보아 『위서』「고구려전」에 보이는 왕계의 신뢰성을 확인할 수 있지 않을까. 여기에서는 일단 이렇게 이해하고자 한다. 또한 여호규는 『위서』「고구려전」에서는 이 다섯 왕과 궁(宮)을 '후손(裔孫)'으로 연결시키기 위해서 그 사이에 다수의 왕이 존재하고 있을 가

울 시점에서 광개토왕은 선행연구에서 지적한 것처럼,[42] 「여기」의 왕 중 나중에 덧붙여진 차대왕·신대왕을 뺀 제17대 왕이 된 것이다. 광개토왕비는 이러한 왕계를 반영했다고 이해할 수 있다. 지금까지 몇 차례 설명한 것처럼 고구려 왕계의 해명은 고구려사의 기본적인 구조를 설정하는, 기초적인 작업이다. 여기에서 지적한 왕계 형성 과정은 어디까지나 선행연구에 의거하면서 필자의 사견을 논한 것에 지나지 않으며, 치밀한 사료 비판에 근거하여 이후로도 선행연구의 비판적 검토가 필요하다. 광개토왕비에 새겨진 고구려 왕계는 극히 단편적인 것이지만 문헌사료의 신뢰성을 판단하는 데에 꼭 필요한 중요한 자료이다.

능성도 있다고 지적하였다. 이와 같이 생각해볼 가능성도 충분히 존재한다. 그러나 이는 여호규가 지적한 것처럼 왕계를 정리하는 과정에서 삭제되었을 것이다. 혹은 『신찬성씨록』, 「여기」에 보이는 정체불명의 고구려 왕은 이처럼 삭제된 왕의 일부를 보여주는 것일 수도 있으나 확실히는 알 수 없다.

42 武田幸男(1989), 앞의 글, 308~310쪽.

광개토왕비와 지안고구려비 비교 연구

Ⅰ. 머리말

Ⅱ. 비의 형태와 위치에 대한 비교 검토

Ⅲ. 비의 내용 구성 및 성격 비교 검토

Ⅳ. 맺음말

정호섭(鄭浩燮)

고구려사/한성대학교 역사문화학부 교수

『고구려 고분의 조영과 제의』(2011, 서경문화사), 「광개토왕비의 성격과 5세기 고구려의 수묘제 개편」(2012, 『선사와 고대』 37), 「집안 고구려비의 성격과 주변의 고구려 고분」(2013, 『한국고대사연구』 70), 「조우관을 쓴 인물도의 유형과 성격」(2013, 『영남학』 24), 「광개토왕비와 지안고구려비의 비교 연구」(2014, 『한국사연구』 167)

정호섭 | 한성대학교

광개토왕비와 지안고구려비 비교 연구

I. 머리말

고구려 국내성이었던 현재 지안[集安] 지역에서 고구려인들이 건립한 광개토왕비가 이미 1880년대에 확인되었고, 최근에는 지안고구려비가 발견되었다. 두 비는 4~5세기 시기의 고구려사와 관련하여 매우 중요한 비석으로 평가되고 있다. 광개토왕비에 관한 연구는 100년 이상 이루어져 왔고, 그 연구 성과도 일일이 열거하기 힘들 정도로 많은 편이다. 2012년에 발견되어 2013년 초에야 세상에 공개된 지안고구려비 연구 성과도 적지 않은 편인데, 비를 발견한 이후 현재까지 30편이 넘는 연구 성과가 발표되었다. 최근에는 앞면을 모두 판독한 판독안이 제시되기도 하였다.[1] 두 비와 관련한 연구 성과들은 지금까지 발표된 많은 논문에서 연구사 정리를 통해 대체로 언급되어서 이 글에

1 張福有는 지안고구려비 앞면 전체를 한 글자도 빼놓지 않고 판독하였는데(張福有(2014), 『集安麻線高句麗碑』, 文物出版社) 현재 비문 상태를 보아서 전체를 판독할 수 있는 개연성은 매우 낮아 추독이 많을 것으로 보여 판독안을 신뢰하기 어렵다.

서는 서술에 필요한 경우에 한해서 개별 연구 성과를 언급하고자 한다.[2]

지안고구려비에는 광개토왕비에 보이는 건국신화, 수묘제 등과 관련하여 유사한 내용을 전하고 있다. 그런데 일부 구절은 광개토왕비에 보이지 않는 표현도 나타난다. 따라서 지안고구려비를 이해함에 있어서 거의 동시기 금석문인 광개토왕비와 비교하면서 파악해야 올바른 분석이 가능하다. 특히 광개토왕비에 보이는 수묘인연호 기록들과도 면밀한 비교 검토가 필요하다.[3]

이에 이 글에서는 먼저 비의 형태와 위치에 대한 비교를 통해 두 비의 공통점과 차이점을 살펴보고자 한다. 아울러 두 비의 내용 구성과 성격에 대하여 비교 검토함으로써 두 비의 관계에 대해 보다 구체적으로 고찰해보고자 한다. 전체적인 전개에 있어서 기본적으로는 필자가 광개토왕비와 지안고구려비에 관한 내용과 성격에 대해 분석한 글을 토대로 하여 두 비를 비교 분석하고자 한다.

2 특히 지안고구려비의 진위에 대하여 여전히 일부에서 문제 제기가 있긴 하지만, 지안고구려비는 고구려 당대에 제작된 비석으로 보인다. 비석의 발견 정황, 중국 당국의 조사 연구 상황, 실제 마선구 주민 탐문, 지안고구려비의 형태나 내용 등을 볼 때 위품일 가능성은 낮아 보인다. 특히 위품을 제작하였다고 가정할 경우 특정한 목적이 필요한데, 현재로선 지안고구려비를 통해 볼 때 위품을 제작한 목적이 드러나 있지 않다. 따라서 이 글에서는 진위 문제에 대해서는 논외로 하고자 한다.

3 두 비의 내용과 수묘제 등에 관한 비교 검토가 이미 구체적으로 이루어진 바 있다[이용현(2013), 「신발견 고구려비와 광개토왕비의 비교」, 『신발견 고구려비의 예비적 검토』, 고구려발해학회; 여호규(2013), 「신발견 集安高句麗碑의 구성과 내용 고찰」, 『韓國古代史硏究』 70; 임기환(2014), 「지안고구려비와 광개토왕비를 통해 본 고구려 수묘제의 변천」, 『한국사학보』 54(2014)].

II. 비의 형태와 위치에 대한 비교 검토

1. 비의 형태

광개토왕비는 자연석을 이용한 4면비이다. 높이 6.39m에 무게 34톤에 달하는 거대한 돌을 이용하여 4면 모두 예서체로 적었다. 광개토왕비는 대석과 비신 두 부분으로 되어 있다. 개석은 존재하지 않는데, 아마 처음부터 개석은 만들어지지 않았던 것으로 보인다. 대석은 화강암을 이용하여 다듬은 것인데, 길이 3.35m, 폭 2.7m로 모양도 일정하지 않고 두께도 고르지 않은 편이다. 대석은 크게 세 부분으로 깨어진 상태이고, 비가 애초에 새긴 홈과 어긋나게 세워져 있다. 대석의 깨진 상태에 대해서는 비가 한 차례 도괴되어 일어난 현상이거나 혹은 입비 당시에 깨진 것으로 이해되고 있다.[4]

비석을 세우는 문화가 중국에서 도입되었지만, 4면에 글자를 모두 새기는 방식은 중국에서는 찾아보기 어려운 독특한 것이다. 또한 중국에는 광개토왕비보다 큰 비석이 존재하지 않는다. 물론 광개토왕대보다 후대에 만들어진 서안 측천무후(則天武后)의 무자비(無字碑)의 규모도 무시할 수는 없으나, 그것은 광개토왕비보다는 후대에 만들어진 것이고, 글자도 새겨져 있지 않아서 엄밀한 의미에서는 비석으로서의 필요조건을 갖고 있지 못하다. 이처럼 4면에 모두 글자를 새긴 비석은 중국에서 거의 발견하기 어려운 사례이고, 크기도 거대한 것이어서 광개토왕비는 그 형태면에 있어서 매우 특별한 모습을 보여주

---

4 池內宏(1938), 『通溝』 上; 임기환(2011), 「울진 봉평리 신라비와 광개토왕비, 중원고구려비」, 『울진 봉평리 신라비와 한국 금석문 연구』.

고 있다고 할 수 있다.[5] 특히 고구려 시기에 제작된 광개토왕비와 중원고구려비는 모두 4면비여서 그동안 이를 두고 고구려적인 특성이라고 보기도 했다. 그런데 최근 지안고구려비가 발견되면서 이러한 인식에 재검토가 필요해졌다. 그 이유는 지안고구려비도 광개토왕대 혹은 장수왕대에 만들어진 것으로 추정되고 있는데,[6] 지안고구려비는 자연석을 치석하여 잘 다듬은 후에 중국 동한(東漢) 시기 이후로 주로 유행하였던 규수형의 2면비로 제작되었기 때문이다. 거의 동시기에 지안고구려비처럼 자연석을 잘 치석한 대좌, 비신, 개석을 갖춘 것으로 여겨지는 규수형의 2면비가 제작되기도 하였고, 광개토왕비처럼 치석하지 않은 자연석을 이용한 4면비가 제작되기도 하였던 것이다. 지안고구려비의 발견으로 비의 형태에 대해 좀 더 구명(究明)해야 할 점들이 생기게 되었다. 거의 동시기에 다른 유형의 비석이 존재한다는 것 자체가 매우 설명하기 어려운 부분이다. 특히 두 비가 세워질 당시 중원 지역에서는 한말 이래 금비령(禁碑令)이 내려졌고, 특히 광개토왕비가 세워진 동진(東晋) 말기에는 금비령이 재차 강화되는 상황이었다. 이처럼 지안고구려비, 광개토왕비, 중원고구려비라는 고구려 시대 3개의 비석이 확인된 상황에서 형태적으로 이질적인 비석들이 시간차를 얼마두지 않은 시점에 건립되었던 현상에 대해서는 여러 가지 해석이 존재할 수 있다.

우선 첫 번째로 지안고구려비가 광개토왕비보다 앞선 시기에 건립된 것이라면 관구검기공비와 같은 규수형비가 고구려 내에 존재하였고, 고구려가 중국식 비석문화를 받아들인 상황에서 '묘상입비(墓上立碑)' 혹은 지안고구려비

5 광개토왕비의 독특한 형상이 비를 특정하고 있는 중요 요소로 지적한 바 있다[이성시(2001), 『만들어진 고대–근대 국민국가의 동아시아 이야기』].

6 지안고구려비에 건립에 대해서는 광개토왕대 혹은 장수왕대로 보고 있는데, 현재 국내학계는 광개토왕대설에 무게중심이 더 두어지고 있는 실정이다.

를 건립한 것으로 이해할 수 있다. 고구려에 어떤 유형화된 일정한 양식의 비석이 존재하였다고 볼 수 있는 것이다.[7] 그리고 그 다음으로 광개토왕비를 건립하면서 고구려적인 비석문화를 새롭게 창출한 것으로 설명할 수 있다. 즉 동일 형태의 규수형비로 추정되는 관구검기공비나 지안고구려비와 같이 중국식 비석문화가 존재하던 상황에서 광개토왕비는 고구려식의 비석문화가 독창적으로 창출된 것이고, 그것이 이어져 이후 세워지는 중원고구려비까지 연결되었다고 볼 수 있다. 그런데 이 경우 한 가지 고려해볼 문제는 보통은 자연석을 이용한 비석이 먼저 건립되고, 후에 잘 다듬은 돌을 가지고 비신, 개석, 대좌 등의 비석 형태를 완전하게 갖춘 비석이 등장하는 것이 일반적이라는 점이다. 이는 신라의 경우를 보면 고구려와 반대 순서로 비석문화가 전개되었음을 알 수 있다. 또한 4면비와 2면비를 비교했을 때, 글씨도 크고 규모도 웅장한 4면비가 많은 내용의 글을 담을 수 있고 위엄을 보일 수 있다는 점에서는 장점이 있지만, 반대로 비좌와 개석이 갖추어져 있고 비면을 잘 다듬어 글씨를 더욱 선명하고 정연하게 잘 쓸 수 있는 2면비가 어떤 점에서는 더 큰 장점이 있다.

두 번째로는 지안고구려비가 광개토왕비보다 후대에 건립되었다는 전제하에서 보면 자연석의 4면비인 광개토왕비가 먼저 건립되고 후에 규수형의 2면비인 지안고구려비가 건립된 후 다시 자연석의 4면비인 중원고구려비가 건립되었다고 설명해야 한다는 것이다. 이 경우 고구려의 관구검기공비와 같은 규수형비가 존재하던 상황에서 고구려적인 광개토왕비가 제작되었고, 후

7 이성제는 광개토왕비에 보이는 '묘상입비'도 지안고구려비처럼 정형화된 비석 양식일 것으로 추정하였다[이성제(2013), 「광개토왕비의 성격과 입비의 의의」, 『선사와 고대』 39]. 묘상입비의 형태는 아마 지안고구려비와 같이 규수형일 가능성이 높다고 판단된다.

에 중국적인 규수형의 2면비가 건립되기도 하고 고구려적인 자연석의 4면비가 건립되기도 했다고 설명할 수 있다. 이는 비석 건립에 있어 두 가지 형태가 있었는데, 고구려가 선택적으로 비석 건립을 시행했다는 해석이 가능할 수 있겠다. 그러나 비석을 이러한 방식으로 건립했다는 개연성은 오히려 낮아 보인다. 고구려가 비석을 건립할 때는 전형적인 양식이 존재했을 것이다. 그것은 광개토왕비가 제작된 이후의 중원고구려비를 통해 보듯이 아마 자연석의 4면비가 전형을 이루었을 것으로 추측할 수 있다. 5세기 이후의 자연석을 이용한 신라 비석들도 광개토왕비나 중원고구려비의 전형을 모방하는 데에서 출발했을 개연성도 있다고 판단된다.

후술하겠지만 필자는 지안고구려비가 '묘상입비'의 실물은 아니라는 입장이고 '묘상입비'보다는 다소 늦은 시기에 건립된 것으로 이해하고 있다. 이런 입장에서 보면 고구려 영토 내에 관구검기공비 – 묘상입비(수묘비) – 지안고구려비 – 광개토왕비 – 중원고구려비 순으로 비석이 건립된 것으로 이해할 수 있다. 관구검기공비부터 지안고구려비까지는 중원의 비석문화의 영향을 받아 건립된 것이고, 광개토왕비에 이르러서는 고구려의 독자적인 비석문화가 창출된 것으로 생각된다. 따라서 비석문화의 흐름에서 보면 중원식 규수형의 2면비가 먼저 제작된 후 장수왕대에 광개토왕비를 건립하면서 고구려에서 독자적인 입비정책이 시행되었다고 볼 수 있다.

2. 비의 위치

광개토왕비는 국내성 동쪽의 우산하 고분군에 위치하고 있다. 비는 국내성에서부터 대략 동북쪽으로 4km 거리에 있고, 우산하 고분군 내에는 다수의 왕릉급 적석총이 자리하고 있다. 지안 전체에서 광개토왕비는 동북쪽의 구릉지

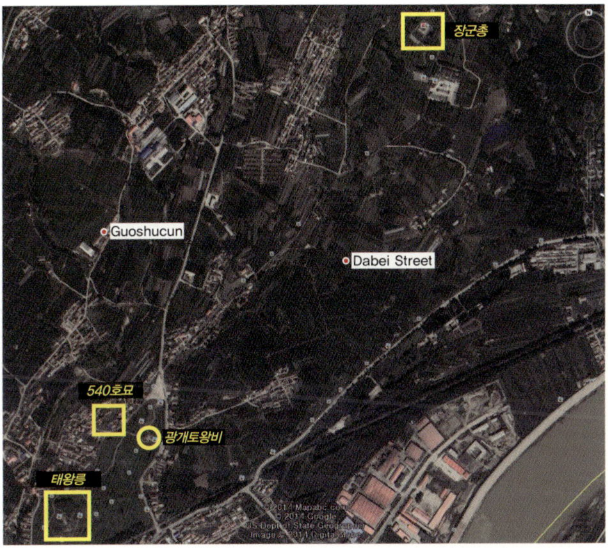

〈그림 1〉 광개토왕비의 위치

대에 위치하고 있다. 광개토왕비에 의하면 광개토왕은 '국강상광개토경평안호태왕(國岡上廣開土境平安好太王)'으로 적혀 있어서 광개토왕의 무덤은 국강상(國岡上)에 위치한 것이 된다. 따라서 현재 광개토왕비가 위치하고 있는 지역이 고구려의 국강상 지역에 포함된다고 할 것이다.

이 주변에서 대체로 4세기 후반 이후 축조된 것으로 파악되는 왕릉급 고분으로는 계단적석석실묘로 태왕릉과 장군총이 있고, 계단적석광실묘로는 우산하 540호분을 들 수 있다. 특히 이 세 고분은 광개토왕비와 비교적 거리가 가깝고, 4세기 후반 이후에 축조되었다는 점에서 서로 상관관계가 있다. 현재 구글 위성지도를 통해 본 광개토왕비의 좌표는 41° 8' 41.40" N, 126° 12' 51.01" E이다. 거리면에서 살펴보자면, 광개토왕비와 가장 가까운 고분이 우산하 540호묘이고 그다음으로 가까운 고분이 태왕릉이다. 장군총은 광개토왕비와는 먼 거리에 있지만, 중국 사례 등 여러 입비의 정황을 볼 때 충분히 관련성을 상정할 수 있다. 우산하 540호묘는 고분연대가 광개토왕의 몰년과 비교해서 다소 이른 시기의 것이고, 태왕릉은 광개토왕비가 동북쪽에 위치하고 있고, 묘실 방향과 비의 방향이 상반된 방향이라는 점에서 피장자를 광개토왕으로 비정하는 데 다소 문제가 있다. 장군총은 광개토왕비와의 거리가 비교적 다른 왕릉급 고분들에 비해 멀다는 점에서 광개토왕릉으로 비정하는 것을 주저하는 듯하다. 이러한 문제들로 인해 그동안 광개토왕비 주변의 대형 적석총에 대해서는 학계에서 피장자를 두고 많은 논의가 있기도 하였다.[8]

광개토왕비가 현재 서 있는 위치는 고구려 당시의 위치와 동일하다. 그것은 비를 떠받치고 있는 대석을 통해 알 수 있다.[9] 광개토왕비는 우산하 고분군으로 올라가는 길가에 서 있다. 이 위치는 우산하 지역의 왕릉급 고분들의 중심 지점이면서 도로와 가까운 지점이라고 할 것이다. 또한 하천이 흐르는 주변에 위치하고 있다.[10] 이러한 위치는 비를 바라보게 될 사람들을 고려한 것이라 할 수 있다. 또한 광개토왕비는 지안 분지에서 하해방 지역 방향으로 나가는 출구 지점과 가깝게 위치하고 있다.

지안고구려비는 하나의 특정 왕릉에 부속된 것으로 보기 어려운 점이 있다. 비가 발견된 지점은 천추총에서 서북쪽으로 약 450m, 서대묘에서는 동쪽 방향으로 약 1,150m, 마선구 0626호묘에서는 동남쪽으로 약 860m, 마선구 2100호묘에서는 서남쪽으로 약 650m 정도 떨어져 있는 곳이다. 비가 발견된 위치로 보면 천추총이 가장 가깝다. 그러나 비는 마선하 강변의 서쪽 지점에

---

8 이에 관한 자세한 내용은 다음을 참조할 수 있다[정호섭(2011), 『고구려 고분의 조영과 제의』].

9 다른 어떠한 근거보다도 비를 받쳤던 깨진 대석이 원래 자리에 존재하고 있다는 것만으로도 광개토왕비가 원래부터 그 위치에 서 있었다는 사실은 충분히 상정할 수 있는 것이다.

10 지형 자체를 보면 인근에 바로 하천이 흐르고, 두 구릉 사이에 공간에는 고구려 당시에도 지형상 하천을 따라 도로가 나 있었을 개연성은 매우 높다.

〈그림 2〉 지안고구려비의 추정 원위치

서 발견되었는데, 현재로선 비가 원위치에 위치하고 있지 않은 상황이기 때문에 비가 발견된 지점과 특정 왕릉과는 직접적으로 연관시키기 어렵다. 특히 비가 발견된 위치는 천추총에서는 강 상류인 서북쪽 방향이어서 강 상류 방향으로 인위적으로 옮겨놓지 않으면 안 되는 위치이다. 서대묘와 마선구 626호묘는 산비탈에 위치하고 있어서 마찬가지로 자연스럽게 강가로 흘러내려올 수 없는 위치이다. 마선구 2100호묘는 강의 동북쪽에 위치하고 있어서 강변의 서쪽 지점에 놓이게 되는 것은 더욱 설명되기 어렵다. 따라서 왕릉 후보군의 입지와 비가 발견된 입지를 곧바로 연결시키는 것은 무리이며, 왕릉 후보군이 마선하 북쪽에는 자리하고 있지 않아서 비가 떠내려 왔을 가능성도 거의 없다. 그렇다고 한다면 비가 발견된 위치를 놓고 볼 때 주변의 가까운 곳에서 밀려내려 왔거나 혹은 인근 지역에 있던 비석이 인위적인 힘에 의해 옮겨졌을 개연성만 남아 있을 뿐이다. 특히 비의 크기가 2m에 가깝고 464.5kg

로 비교적 무거운 데 비해 비의 파손 상태가 심각하지 않은 점을 보더라도 비가 발견된 지점에서 먼 곳에서 옮겨진 것으로 보기는 어렵다.[11] 따라서 지안고구려비를 각 왕릉 주변에 세운 '묘상입비' 가운데 하나라고 하기에는 왕릉과 비의 위치의 관계를 해명하기 더욱 어렵다. 특히 왕릉급 고분에서 능장이 확인되고 있는 상황에서 각 왕릉 수묘비로 이해하는 것은 설득력을 갖기 어려운 부분이다. 묘상입비의 실물이라고 접근할 경우 각 왕릉의 능역(陵域)을 현재보다 확대하지 않으면 '묘상입비'는 불가능한 것이다. 능역을 넓힌다고 할 경우에는 지안 지역의 왕릉급 고분들의 능역이 겹치게 되는 문제도 발생한다. 능장이 확인되는 고고학적인 상황을 고려하면 능역을 더 확대하기는 어렵다.

지안고구려비는 국내성 전체로 보면 지안으로 들어오는 입구에 해당되는 마선구 지역에 위치하고 있다. 지안고구려비의 원위치가 발견 지점에서 멀지 않은 지점이라고 할 경우[12] 마선구 지역의 왕릉급 고분의 중심 지점이면서 도로와 가까운 지점에 지안고구려비가 세워진 정황을 추측할 수 있다. 국내성 지역의 전체 입지를 고려할 때도 지안고구려비가 서 있었던 위치는 지안으로 들어오는 입구 지역이면서 완전한 서남쪽 지역에 해당된다.

이러한 측면에서 지안고구려비와 광개토왕비는 서로 대척점을 이루면서 서로 면밀하게 연결되고 있다고 이해하기도 한다.[13] 광개토왕비는 국내성에서 하해방으로 나가는 지점에 서 있고, 지안고구려비는 외부에서 국내성 지역으로 들어오는 입구에 해당되는 지역에 서 있었다. 두 개의 비는 위치상 분

---

11 정호섭(2013), 「지안고구려비의 성격과 주변의 고구려 고분」, 『한국고대사연구』 70.

12 지안고구려비의 원위치는 발견 지점 서쪽의 강안대지로 상정하는 것에 대체로 동의하고 있는 듯하다(集安市博物館(2013), 『集安高句麗碑』).

13 이성제(2013), 앞의 글.

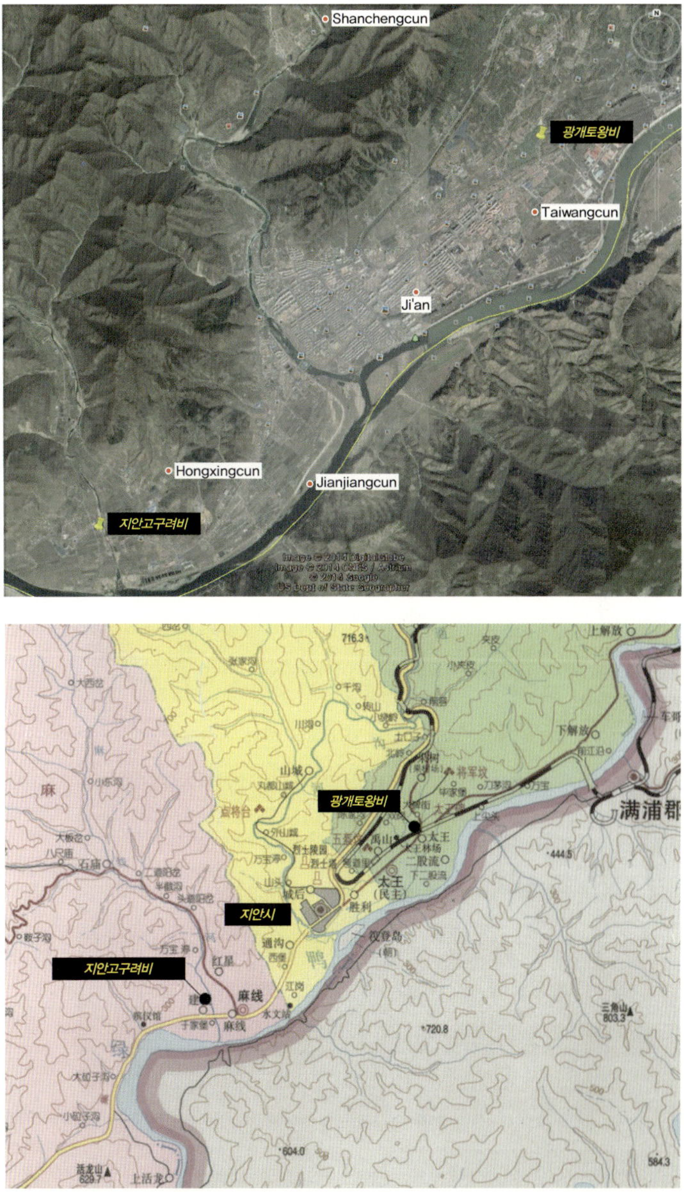

〈그림 3〉 광개토왕비 위치와 지안고구려비 추정 원위치

명하게 공통점이 있다. 이러한 위치는 비가 세워진 목적과 연관성이 있는데, 두 비는 사람들이 쉽게 볼 수 있는 위치에 세워진 것으로 추측할 수 있다.

III. 비의 내용 구성 및 성격 비교 검토

1. 비의 내용 구성

광개토왕비가 대체로 세 부분으로 구성되어 있다는 것에는 대부분의 연구자들이 동의하는 듯하다. 물론 형식적으로 크게 두 부분으로 이해하기도 하지만,[14] 내용적으로 보면 세 부분으로 보는 것이 순리적일 것으로 판단된다. 비의 첫 번째 부분인 1부는 고구려의 건국 및 추모왕, 유류왕, 대주류왕에 이르는 3대의 왕위계승, 17세손 광개토왕의 행장에 관한 간략한 기술이다. 두 번째 부분인 2부는 광개토왕의 정복 활동을 연대순으로 기술하고 있다. 세 번째 부분인 3부는 '묘상입비'를 비롯한 수묘제 정비와 수묘인연호의 구성, 그리고 그와 관계된 매매금지령과 같은 법령을 담고 있다.

지안고구려비는 앞면이 10행으로 구성되어 있고, 뒷면은 거의 판독이 불가능하다. 지안고구려비의 앞면 1~2행은 고구려의 건국과 왕위 계승, 3~10행은 왕릉 수묘(守墓) 관련 사항 등을 기술하고 있어서 내용은 크게 두 부분으로 나누어볼 수 있고, 수묘 관련 사항을 담은 부분은 역대 율(律)의 제정과 영(令)의 발포(7행 9~20자), 수묘비(守墓碑) 건립(7행 21자~7행 18자), 수묘인연호 매매금지

14 이성시(2008), 「광개토대왕비의 건립목적에 관한 시론」, 『한국고대사연구』 50; 여호규(2014), 「광개토왕릉비의 문장 구성과 서사 구조」, 『영남학』 25.

및 처벌 규정(8행 19자~10행 20자) 등 세 부분으로 세분할 수 있다.[15]

두 비의 내용 구성상 공통적으로 보이는 것이 건국 및 왕위계승 부분과 수묘제 관련 부분이다. 광개토왕비에는 광개토왕의 정복전쟁에 관한 부분이 포함되어 있지만 지안고구려비는 주로 수묘제 관련 내용만 다루고 있다. 따라서 건국 및 왕위계승 부분과 수묘제 관련 부분에 관한 내용을 비교해볼 필요가 있는 것이다. 건국과 왕위계승 부분을 다루고 있는 두 비의 내용은 다음 표와 같다.

전체적으로 보면 건국과 왕위계승을 다룬 부분에서는 광개토왕비의 내용이 풍부하고 자세하다. 다만 지안고구려비 1행에 "□□□世 必授天道 自承元王"에 대한 표현이 눈에 띈다. '必授天道(한글번역)' 부분은 대체로 학계에 공통된 인식이 마련된 듯하지만, '自承元王(스스로 원왕을 계승하여)' 구절에서 원왕(元王)의 실체에 대해서는 이견이 있다. '元王'은 만물의 본원이자 조물주를 뜻하는 '元'에서 유래한 단어로서 다른 고구려 건국설화에 나오는 '천제(天帝)'

〈표 1〉 건국과 왕위계승 부분 비교

분류	내용	지안고구려비	광개토왕비
A	건국시조	□□□世 必授天道 自承元王 始祖鄒牟王之創基也 (1행)	惟昔始祖鄒牟王之創基也 (1면)
B	출자와 건국과정	□□□子 河伯之孫 神靈祐護蔽蔭開國辟土 (2행)	出自北夫餘 天帝之子 母河伯女郎 剖卵降世 生而有聖 □□□□ □□命駕 巡幸南下 路由夫餘 奄里大水 王臨津言曰 我是皇天之子 母河伯女郎 鄒牟王爲我連葭浮龜 應聲卽爲 連葭浮龜 然後造渡 於沸流谷忽本西城山上 而建都焉 (1면)
C	왕위 계승	継胤相承 (3행)	不樂世位 因遣黃龍 來下迎王 王於忽本東岡 履龍頁昇天 顧命世子 儒留王 以道興治 大朱留王 紹承基業 (1면)

15 여호규(2013), 앞의 글.

에 상응하는 표현으로 파악한다. 다만 '天帝'라는 표현이 인격신적 요소가 강하다면 '왕(王)'은 '만물(萬物)의 본원(本源)인 원기(元氣)'라는 뜻에서 유래한 표현으로 고구려 건국 원천의 심원성(深源性)을 나타내기 위한 조어(造語)로 파악하기도 한다.[16] 반면에 주몽을 앞서는 왕실 조상, 시조모(始祖母), 해모수 등일 가능성이 제시되기도 하였다.[17]

광개토왕비를 보면 시조의 북부여 출자를 기록하고 있다. '出自北夫餘 天帝之子 母河伯女郎' 부분인데, 북부여 출자설에서의 '天帝'는 일반 명사로서 관념적인 표현일 수도 있겠지만, 여러 건국신화를 통해 보면 해모수일 여지도 충분히 있다. 광개토왕비에 '惟昔始祖鄒牟王之創基也'로 표현한 부분이 지안고구려비에서는 그 앞에 '□□□世 必授天道 自承元王' 문구가 추가적으로 서술되었다는 것은 상당한 의미가 있다. 즉 지안고구려비의 2행에 '□□□子 河伯之孫'이라는 표현이 나오는데, '天帝之子' 혹은 '日月之子'일 것으로 추측할 수 있다. 지안고구려비가 광개토왕비보다 앞선 시기의 것이라면 '天帝之子'일 개연성은 더 높다.[18] 만약 원왕이 '천제'라는 의미와 유사한 것이라고 한다면, 굳이 1행에 '원왕(元王)'을 언급할 필요성이 없다. 그렇기 때문에 지안고구려비에 표현된 '원왕'은 인격신이면서 사료상에 실체적 존재로 묘사되고 있는 해모수일 개연성이 있지 않을까 한다. 추모왕 앞에 인격신이자 실체적 존재로서 해모수 이외에는 다른 대상을 상정하기는 어렵다. 이런 측면에서 본다면 광개토왕대에는 원왕(元王, 해모수)－추모(鄒

16 여호규(2013), 앞의 글.

17 조우연(2013), 「集安 高句麗碑에 나타난 왕릉제사와 조상인식」, 『韓國古代史硏究』 70.

18 모두루묘지와 같이 '河伯之孫'이라는 표현 때문에 '日月之子'로 이해하는 것이 일반적인 듯한데, 광개토왕비보다 지안고구려비가 선행한다는 의미에서는 '天帝之子'일 여지가 더 높다고 할 것이다.

牟)로 이어지는 왕실 전승이 표현되었다가 장수왕대에는 광개토왕비를 건립하는 시점에서 추모를 시조로 하는 왕실 전승이 확립된 것으로 이해할 여지도 있다.

다음으로 수묘 관련 내용은 표현만 다를 뿐 비슷한 부분이 많고, 다소 차이가 있는 부분도 확인할 수 있다. 그 내용을 시간적 흐름을 통해 표로 정리하면 다음과 같다.

〈표 2〉 수묘제 관련 내용 비교

분류	내용	지안고구려비	광개토왕비
A	수묘 내용	□□□□各□烟户 以□河流四時祭祀 (3행)	祖王先王 但教取遠近舊民 守墓洒掃 (4면)
B	매매 현상 차착 현상	然而世悠長 烟□□□□ 烟戶□□□富足□轉賣 □□守墓者以銘□□ (3–4행)	自上祖先王以來 墓上不安石碑 致使守墓人烟戶差錯 (4면)
C	묘상입비	各於□□□上立碑 銘其烟户頭廿人名以示後世 (7–8행)	盡爲祖先王 墓上立碑 銘其烟戶 不令差錯 (4면)
D	매매금지	自今以後 守墓之民 不得擅買 更相擅賣 雖富足之者 亦不得其買賣 □□違令者 後世繼嗣□□ 看其碑文 与其罪過 (8–10행)	又制 守墓人 自今以後 不得更相轉賣 雖有富足之者 亦不得擅買 其有違令 賣者刑之 買人制令守墓之 (4면)
E	기타 내용	□□□□□□□□□□國岡上太王□□□□王神亡 □興東西 □□□□世室 追述先聖功勳 彌高烋烈 繼古人之慷慨 (5–6행) □□□□□□□□ 自戊□定律 教內發令 □修復(7행)	吾慮 舊民轉當羸劣 若吾萬年之後 安守墓者 但取吾躬巡所略來韓穢 今備洒掃 → 言教如此 是以如教令 取韓穢二百廿家 → 慮其不知法則 復取舊民一百十家 合新舊守墓戶 國烟卅 看烟三百 都合三百卅家 (4면)

먼저 〈표 2〉의 A는 모두 수묘와 관련된 일반적인 내용의 기술인데 지안고구려비에는 사시제사(四時祭祀)를 기록하고 있고, 광개토왕비는 원근 구민을 취하여 수묘하고 소제함을 기술하고 있다. 두 기록을 합쳐 이해할 때 고구려 사회에서 수묘인의 역할은 사시제사와 수묘소제(守墓洒掃) 임을 알 수 있다. 고구

려 왕들을 위한 제사에서 수묘인들이 사시제사를 주관하였다고 보기는 어렵고, 사시제사를 할 때 보조적 역할을 하였다고 이해하는 것이 순리일 것이다.

B를 보면 지안고구려비에는 세월이 지나면서 나타난 연호를 전매하는 현상에 대해 서술하면서 특별한 무언가를 명(銘)하였다는 내용을 기록하고 있으나, 현재로선 뒷부분의 명확한 판독이 어려워 내용을 파악하기 어렵다. 광개토왕비에는 비석을 안치하지 않아 연호가 차착(差錯)되었다는 사실을 적고 있다. 두 기록 모두 수묘제에 어떤 문제들이 발생하고 있었던 상황에 대해 기록한 것이다. 그런데 두 기록을 동일한 내용으로 파악하기는 다소 곤란한 점이 있다. 지안고구려비의 명(銘)의 내용 파악이 어려울 뿐만 아니라 광개토왕비에 기록된 차착 현상이 수묘인 매매 문제만을 언급한 것으로 보이지 않기 때문이다. 차착 현상은 수묘인연호 파악에 있어서 어떤 차이와 착오라고 보이는데, 이 문제에 대한 해결책으로 묘상입비가 시행되었던 것이다.

C를 보면 두 비가 공통적으로 각 왕릉에 묘상입비를 시행하였음을 적고 있다. 다만 차이는 지안고구려비가 '烟戶頭廿人名'이라고 구체적으로 표현하고 있는 점이 다르다. 연호두에 대한 이해에 따라 수묘인연호의 편성에 대한 문제도 검토될 여지가 있으나, 현재 연호두에 대해서는 개별 수묘인연호의 호주로 보거나 관리 책임자 혹은 국연 등으로 보는 견해로 대별된다.[19] 연호두(烟戶頭)가 수묘인연호의 관리와 수묘역 수행에 있어서 세습되는 직역 혹은 직명이었을 가능성도 상정해볼 수 있다.[20] 지안고구려비에서는 묘상입비

19 이에 대해서는 다음의 글을 참조할 수 있다[강진원(2013), 「신발견 「集安高句麗碑」의 판독과 연구 현황-약간의 陋見을 덧붙여」, 『木簡과 文字』 11; 임기환(2014), 앞의 글]. 필자는 기본적으로 수묘인연호 호주가 아니라 수묘인연호들의 책임자 내지는 관리자로 보는 입장이다. 이에 대해서는 다음에 자세하게 설명되어 있다[정호섭(2013), 앞의 글].

20 묘상입비가 영구적인 효과를 고려한다면 이러한 가능성도 제기할 수 있을 것이다[정호섭(2013), 앞의 글].

시행에 대한 원인을 직접적으로 서술하기보다는 전매 문제인 듯한 분위기를 내보이고 있으나, 광개토왕비에는 수묘인연호의 차착 문제로 설명하고 있는 부분에 차이가 있다. 광개토왕비에는 수묘인 차착 문제와 매매 금지에 관한 문제가 다루어지고 있지만, 지안고구려비는 수묘인 매매 문제에 집중되어 있다. 지안고구려비가 광개토왕대에 제작된 묘상입비의 하나로 설명될 수 없는 이유 중의 하나가 바로 광개토왕비에 보이는 수묘인연호 차착에 대해 언급한 부분이 직접적으로 보이지 않다는 데에 있다. 아울러 특정 왕릉 수묘비라면 왕릉 피장자에 대한 언급이 있어야 할 듯하지만, 지안고구려비에는 이러한 언급조차 없다.[21] 지안고구려비의 '以示後世'라는 표현도 광개토왕비의 1부에 나타나는 '於是立碑銘記勳績以示後世焉'의 표현 방식과 동일한데, 두 비에서 모두 광개토왕의 훈적을 후세에 전하기 위해 기록한 것으로 볼 수 있다.[22] 지안고구려비의 이러한 표현도 광개토왕비와 그 속성을 같이 하고 있는 것이다. 지안고구려비에 기록된 묘상입비의 행위가 광개토왕의 주요 업적 가운데 하나임을 유추할 수 있는 대목이기도 하다.

D는 두 비에서 모두 수묘인 매매를 금지하는 내용이다. 약간의 표현만 다를 뿐 거의 같은 내용으로 볼 수 있다. 지안고구려비 7행의 판독이 '□□□好太聖王曰'라고 한다면[23] 이는 매매 금지와 관련한 광개토왕의 명령으로 볼

---

21 정호섭(2013), 앞의 글.

22 임기환은 '以示後世'의 내용인 '其烟戶頭廿人名'이 아니라 '墓上立碑' 한다는 행위 그 자체로 보고 있는데[임기환(2014), 앞의 글], 필자 역시 이에 동의하고 있다.

23 앞부분 7행의 판독에 관해서는 합치될 수 없는 이견이 존재한다. 孫仁杰과 长福有는 지안고구려비의 7행 4~8자에 해당하는 '□□□丁卯歲刊石', 여호규는 '丁□□好太□王曰', 林澐은 '□□□癸卯歲刊石'으로 판독하고 있는 것이다. 이 부분이 비의 건립 연대를 확정할 여지가 있는 구절이지만, 의견을 좁히기가 어려워 보인다. 비를 실제로 직접 대면하고 조사하지 못한 입장에서 어떤 의견을 내기는 어렵다. 현재로선 실물을 직접 조사한 孫仁杰, 长福有, 林澐 등의 판독을 완전히 무시할 수는 없을 것 같다. 차후 실물에 대한 직접적인 조사

수 있다. 또한 광개토왕비에서도 우제(又制)로 표현된 제령(制令)으로 볼 수 있다. 광개토왕비의 우제는 광개토왕이 행한 것으로 보는 것이 합리적이다.[24] D부분은 광개토왕의 명령이라는 점에서 지안고구려비와 광개토왕비의 내용이 같다. 다만 왕의 명령이 지안고구려비에서는 '曰'로 표현되었고, 광개토왕비에서는 '制'로 표현된 점에 차이가 있다. 그러나 당시 왕의 명령에 대한 표현이 광개토왕비에서 조차도 '敎言', '制' '言敎' 등으로 표현되고 있고, 지안고구려비에서도 '曰' 등으로 표현되고 있기 때문에 이러한 차이가 어떤 특별한 의미를 가지고 있는 것은 아니다. 그렇지만 왕의 명령이 '曰'로 표현된 점은 매우 이례적인 사례이긴 하다.

E의 내용은 두 비에서 공통되는 점을 찾기 어려운 구절이다. 내용상으로 볼 때 매매금지령에 앞서 '自戊□定律 敎內發令□修復'이라고 하는 조치가 지안고구려비가 건립되기 이전의 어느 시점에 행해졌음을 알 수 있다.[25] 광개토왕비에는 특별한 내용으로 광개토왕의 교언에 따라 수묘인연호를 교체한 내용과 장수왕이 기존 구민(舊民) 110가(家)를 재편제한 내용까지 포함하여 기록하고 있다. 장수왕 자신이 수묘제 개편에 있어서 행한 역할까지를 부왕의 훈적비에 포함시켜 놓은 행위는 장수왕이 부왕의 업적을 계승, 발전시키고 있음을 의도적으로 표출한 것이라 할 수 있다. 특히 광개토왕비에 광개토왕대의 사실과 장수왕대의 사실이 혼재되어 있는 점에서 비문의 텍스트가 처음부터 하나의 텍

가 필요한 이유이다. 이처럼 제한된 환경에서 탁본을 보면 '□□□好太聖王曰' 정도로 판독할 여지가 있을 것으로 보인다. 이에 이 글에서는 윤용구의 판독안을 따른다[윤용구(2013), 「集安 高句麗碑의 拓本과 判讀」, 『韓國古代史硏究』 70].

24 우제(又制)의 주체에 대하여 광개토왕 혹은 장수왕 등으로 논란은 있긴 하지만, 전체 내용의 흐름상으로 보면 광개토왕으로 판단할 수 있다[정호섭(2012), 「광개토왕비의 성격과 5세기 고구려의 수묘제 개편」, 『선사와 고대』 37].

25 戊子, 戊午, 戊申 등으로 판독되고 있지만 현재로선 명확하지 않다.

스트로 작성된 것이 아니라 1~2와 3부의 내용이 애초 작성 단계에서는 별개였을 개연성을 드러내고 있다.

이상을 통해 보면 두 비는 내용 구성상 공통점과 차이점이 있지만, 대체로 수묘제 운영에 관한 일련의 양상은 동일한 흐름에서 진행되고 있다. 이는 지안고구려비와 광개토왕비가 무관하지 않음을 보여주고 있는 것이다.

2. 비의 성격과 두 비의 관계

지안고구려비와 광개토왕비는 그 내용 구성상 일정한 관련성을 갖는다는 사실은 쉽게 유추할 수 있다. 이번 장에서는 두 비의 성격에 대한 해명을 통해 두 비의 관계를 유추하고자 한다.

광개토왕비는 광개토왕의 사후 아들인 장수왕의 주도로 광개토왕릉과 함께 만들어진 비석이다. 비의 내용에 따르면 광개토왕의 사후 2년 동안 왕릉과 비를 만드는 작업이 진행되었다. 아들인 장수왕은 부왕의 무덤을 조성함과 동시에 비를 제작하였던 것이다.

지금까지 광개토왕비의 성격에 대해서는 3부로 구성되어 있는 내용 가운데 어느 부분을 중시하느냐에 따라 비문의 성격을 규정해왔다. 이에 따라 능비설, 신도비설, 훈적비설, 수묘제 창출과 관련한 송덕비설, 수묘비설, 훈적과 수묘의 내용이 모두 포함된 복합비설 등이 제기된 바 있다. 이러한 논의는 대체적으로 비문 내용상 입비 목적이 과연 무엇을 위한 것인지에 초점이 맞춰져왔던 것이다.

먼저 광개토왕비에 대해서 이 비를 '광개토왕릉비'로 명명하는 이유는 비에 기록된 "以甲寅年九月廿九日乙酉 遷就山陵 於是立碑銘記勳績 以示後世焉 其詞曰"이라는 내용에 기인하는 것으로 보인다. "산릉에 시신을 옮기고

비를 세워 훈적을 기록하여 후세에 보인다"라는 서술에서 왕릉의 조영과 입비가 직접적인 연관성을 갖는다고 이해하는 것이다. 따라서 광개토왕비는 왕릉 조영과 연계된 능비 혹은 묘비라는 것이다.[26] 이는 광개토왕비의 발견 이후부터 최근까지도 많은 연구자들이 가지고 있는 전통적인 입장이다. 비의 형식적인 측면에서는 기본적으로 묘비나 능비임은 분명하다. 그러나 비가 세워진 목적이나 내용 측면에서는 단순히 묘비나 능비로만 설명할 수 없는 부분이 있다. 비의 성격에 대해서는 비를 통해 후세에 보이고자 하는 것이 무엇인가 하는 점이 고려되어야 한다.

광개토왕비를 기본적으로 묘비 혹은 능비로 이해하면서도 비의 성격을 신도비로 보는 견해도 일제강점기에 지안 지역을 조사했던 세키노 다다시(關野貞)에 의해 제기되었다. 광개토왕의 왕릉이 태왕릉이라는 사실을 부정하면서, 참도(參道)를 설정하여 광개토왕릉을 장군총으로 보고 광개토왕비를 신도비(神道碑)로 파악한 것이다. 이 견해는 근래 더욱 보강된 측면이 있다.[27]

그러나 광개토왕비는 일반적인 묘비의 형식이나 내용과는 많은 차이가 있어서 능비나 묘비로 보기 어렵다는 견해들도 일찍부터 제기되었다. 묘비에는 보통 피장자의 시조 혹은 가문과 직계조상에 대해 거론하면서 피장자의 생애

26 박시형(1966), 『광개토왕릉비』, 사회과학원출판사; 王健群(1985), 『好太王碑硏究』; 조인성(1988), 「광개토왕릉비를 통해 본 고구려의 수묘제」, 『한국사시민강좌』 3; 노태돈(1992), 「광개토왕릉비」, 『역주 한국고대금석문』 1; 조법종(1995), 「광개토왕릉비문에 나타난 수묘제 연구」, 『韓國古代史硏究』 8; 손영종(2000), 『고구려사의 제문제』, 사회과학출판사; 이도학(2006), 『고구려 광개토왕릉비문 연구』; 공석구(2011), 「「광개토왕릉비」에 나타난 광개토왕의 왕릉관리」, 『高句麗渤海硏究』 39; 공석구(2013), 「광개토왕릉비 守墓人 烟戶 記事의 考察」, 『高句麗渤海硏究』 47; 조우연(2013), 「지안고구려비에 나타난 왕릉제사와 조상인식」, 『한국고대사연구』 70; 여호규(2014), 「광개토왕릉비의 문장 구성과 서사 구조」, 『영남학』 25.

27 關野貞(1914), 「滿洲輯安縣及び平壤附近に於ける高句麗時代の遺跡」, 『考古學雜誌』 5-3; 백승옥(2006), 「광개토왕릉비의 성격과 장군총의 주인공」, 『한국고대사연구』 41.

에 관해 적고, 추모하는 문구를 뒤에 붙이는 것이 보통인 데 비해, 광개토왕비는 직계조상에 대한 언급도 없고 생몰년에 대한 기록도 없는 등 일반적인 묘비와는 차이가 있기 때문이다.

광개토왕비에 기록된 내용이 주로 수묘제와 관련한 것이어서 이를 수묘비로 이해하는 의견도 이른 시기부터 이케우치 히로시[池內宏]에 의해 제기된 바 있다.[28] 한편 이성시는 광개토왕비 텍스트의 형식과 내용이 묘비나 묘지는 아니라고 지적하고, 광개토왕비는 수묘역 체제를 창출한 광개토왕의 공덕을 칭송하는 송덕비 혹은 현창비로 이해한 바 있다.[29] 즉 광개토왕비가 수묘역 체제를 창출한 광개토왕의 공덕을 칭송하기 위한 목적으로 건립되었으며, 광개토왕의 핵심 내용이 수묘역 체제에 초점이 맞추어져 있다는 것이다. 이러한 견해는 비문에 보이는 건국신화나 정복 기사 등도 모두 수묘제 서술을 위해 언급되었다고 이해한다. 대체로 광개토왕비는 수묘 내용이 핵심이다. 그러나 정복한 성의 명칭과 수묘인연호를 차출한 성의 명칭이 모두 일치하지 않는다.[30] 정복 기사를 보더라도 정복전쟁은 대백제전에 한정해야 할 것이지만, 영락 5년의 비려, 8년의 숙신, 9년의 신라, 20년의 동부여 등은 신래한예(新來韓穢)의 수묘인연호와는 무관하다.[31] 이런 점에서 왕의 정복전쟁이 수묘제를 위한 전제였다는 점은 동의하기 어려운 부분이다.

한편 광개토왕비가 능비이면서 동시에 훈적비, 신도비, 수묘비의 세 요소를 모두 가진 것으로 파악하거나,[32] 광개토왕비가 수묘비로서의 성격이 강하

---

28 池內宏(1938), 『通溝』 上.

29 이성시(1996), 「광개토왕비의 건립목적과 고구려의 수묘역제」, 『고구려발해연구』 2; 이성시(2008), 「광개토왕비의 건립목적에 관한 시론」, 『한국고대사연구』 50.

30 정호섭(2012), 앞의 글.

31 정호섭(2012), 앞의 글; 이성제(2013), 앞의 글.

32 노태돈(1992), 「광개토왕릉비」, 『譯註 韓國古代金石文』 1.

지만 능비나 훈적비의 성격을 모두 지닌 복합적인 성격의 비로 이해하기도 하며,[33] 광개토왕비가 공적 현창비인 동시에 수묘인 법령비(法令碑)의 성격을 갖고 있다고 보기도 한다.[34] 또한 광개토왕비가 훈적비·송덕비·율령비의 의미를 복합적으로 가지고 있기 때문에 비의 성격에 대한 적절한 용어를 찾아야 한다는 주장도 있다.[35] 결국 광개토왕비는 여러 가지 내용이 복합된 비로 하나의 성격으로 규정하기 어렵다는 점에서 위의 주장들이 타당성이 있긴 하지만, 앞서 말한 바와 같이 광개토왕비를 건립한 주요한 목적에 대한 이해가 결여된 측면이 있다.

광개토왕비가 기본적으로 훈적비라는 견해도 다수의 연구자에 의해 제시되었다.[36] 그것은 비에 기록된 내용에 "훈적을 기록하여 후세에 보인다"는 구절에 주목하여 광개토왕비가 기본적으로는 광개토왕의 업적을 과시하기 위해 세워진 비석으로 이해한 것이다. 즉 비의 내용상 광개토왕의 주요 업적은 정복전쟁이고, 정복전쟁에서 얻은 결과물로 수묘인연호를 상정하고 비를 이해한 것이다. 필자 역시 광개토왕비는 형식적으로는 묘비나 능비이지만, 왕의 정복 사업이라는 훈적과 묘상입비나 매매금지를 포함한 수묘제 정비에 힘쓴 왕의 훈적을 동시에 기록한 훈적비의 성격으로 이해하는 것이 타당하다고

33 김현숙(1989), 「광개토왕비를 통해 본 고구려수묘인의 사회적 성격」, 『한국사연구』 65; 김현숙(2013), 「광개토왕비의 성격과 건립목적」, 『광개토왕비의 재조명』, 동북아역사재단.

34 이용현(2013), 「광개토왕비문의 고구려와 가야-백제의 대응을 축으로」, 『광개토왕비의 재조명』.

35 김수태(2013), 「지안고구려비에 보이는 율령제」, 『한국고대사연구』 72.

36 佐伯有淸(1974), 『硏究史廣開土王碑』; 李亨求·朴魯姬(1986), 『廣開土大王陵碑 新硏究』; 임기환(1994), 「광개토왕비의 국연과 간연」, 『역사와 현실』 13; 濱田耕策(2006), 「高句麗長壽王という時代-父王廣開土王の治績を継いで」, 『朝鮮學報』 199·200; 연민수(2013), 「광개토왕비에 나타난 고구려의 남방 세계관」, 『광개토왕비의 재조명』, 동북아역사재단.

본다.[37] 다시 말하면 묘상입비를 비롯한 매매금지령도 수묘제 정비에 힘쓴 광개토왕의 훈적이기 때문에 광개토왕비에 정복전쟁 내용 다음으로 부가적으로 기술되었다는 것이다. 한편으로 광개토왕비는 선왕의 훈적이나 왕릉의 수묘인연호 어느 하나가 아니라 왕가의 계보와 함께 광개토왕의 행장까지 담은 종합적인 성격의 비이며, 국가적 제례의 완성을 기념하고 왕의 업적을 찬양하는 상징적인 구조물로 보기도 한다.[38] 이 견해도 기본적으로는 광개토왕비가 외치(外治)와 내치(內治)라는 측면에서 훈적을 위주로 한 비라는 점은 분명히 하고 있다.

이우태는 기존의 논의와는 다른 차원에서 의견을 개진하였는데, 광개토왕비는 원래 지안 지역에 서 있던 선돌이었다가 재활용된 것으로 훈적비인 동시에 수묘인연호인 국연(상설직)과 간연(임시직)의 출석을 확인하는 출석부 역할을 하여 수묘인연호의 착오를 방지하기 위한 수묘비로 이해한 바 있다.[39] 비의 성격에 대해서는 복합비로 이해하고 있지만, 광개토왕 사후에 비를 제작한 것이 아니라 원래 비가 선돌의 형태로 있던 것을 활용하였다고 추측한 것이다. 김현숙도 장수왕 직전부터 고구려민의 신앙 대상이었던 비신에 광개토왕의 업적을 새기고, 수묘인 문제를 적어 고구려의 왕권과 종교적인 신성성이 결합된 것으로 이해하고 있기도 하다.[40] 이러한 견해들은 모두 광개토왕비가 장수왕 이전 시기부터 존재했던 선돌이나 신앙의 대상물이었던 거석을 활용해 건립되었다고 이해하는 것이다. 흥미로운 견해이면서 개연성도 충분히 있지만, 단지 정밀하게 다듬지 않은 비신 상태를 두고 추론한 견해이고, 고구

37 정호섭(2012), 앞의 글.
38 이성제(2013), 앞의 글.
39 이우태(2013), 「금석학적으로 본 광개토왕비」, 『광개토왕비의 재조명』, 동북아역사재단.
40 김현숙(2013), 앞의 글.

려에서 과연 그러한 신앙의 대상물이 국내성 시기에 존재했는지도 불명확하다는 약점도 있다. 또한 석재의 생산지가 어느 정도 알려져 있는 만큼 거대한 돌을 국내성 인근에서 채석하지 않고 양민이나 오녀산성 등의 지역에서 왜 옮겨와야 했는지에 대한 설명도 결여되어 있으며, 옮긴 시점이나 이유에 대한 해명도 필요하다. 이와 같은 거대한 돌은 현재 천추총, 태왕릉, 장군총 등에 사용된 화강암 호석의 사례도 있는 만큼, 국내성 인근 지역에서도 쉽게 확보할 수 있기 때문이다. 한편 광개토왕비가 평양 천도 의지와 무관하지 않고 왕릉들에 대한 안전수호책을 마련하기 위한 것으로 보거나 혹은 국내성 시대를 매듭짓고자 한 정치적 행위의 산물로 이해하기도 한다.[41] 이 견해는 평양 천도가 이미 오래전부터 계획되었음을 전제로 광개토왕비의 건립을 평양 천도라는 국가 중대사와 연결해서 이해하는 것이다.

전체적으로 보면 광개토왕비의 성격을 이해하기 위해서는 가장 먼저 광개토왕비에 기록된 텍스트 자체를 이해하는 데서 출발할 필요가 있다. 최근 비의 텍스트 구성에 대해 천착하는 연구들이 속속 등장하는 것은 바로 이러한 문제의식에 기반을 둔 것으로 볼 수 있다.

광개토왕비의 제1면은 고구려의 출자와 광개토왕의 생애의 대략을 적은 부분과 사(詞)의 내용이 시작되는 부분이다. 1부는 '其詞曰'로 끝을 맺으면서 2칸의 공란을 두었고, 다음 행부터 영락 5년의 기사를 시작으로 하여 연대기적으로 서술되고 있다. 여기서 보이는 공란은 광개토왕의 훈적 내용을 담기 위해 의도적으로 띄어쓰기 한 것으로 볼 수 있다. 중국 묘지나 묘비에서 보이는 뇌사(誄辭)를 형식적으로 차용한 것이다.[42]

---

41 김현숙(1989), 앞의 글; 이도학(2002), 「광개토왕릉비의 건립 배경」, 『백산학보』 65.
42 최근 여호규도 중국 묘비 형식과 유사한 측면이 있음을 지적하였다[여호규(2014), 앞의 글].

여기서 텍스트 구성상 생각해 볼 문제는 '其詞曰'의 내용이 어디까지인가 하는 것이다. 즉, '其詞曰' 이하 전체의 내용인 비의 끝까지에 해당되는 것인지, 아니면 제3면의 수묘인연호 앞까지의 정복 기사에 한정하는 것인지를 판단해야 한다. 형식적으로만 보면 비의 마지막 부분까지 이어지는 형식을 취하고 있다. 이에 대해 최근에는 비의 마지막에 있는 '之'가 '其詞曰' 이후 시작되는 문장 전체의 대종결사의 기능을 한다는 견해도 제시된 바 있다.[43] 즉 '其詞曰' 이후로는 종결사가 하나도 없이 마지막에 '之'로 전체를 종결했고, 이러한 구성도 중국 묘비와 유사하다는 것이다. 또한 최종 행의 자리에 공백이 생기기 때문에 이를 메우려는 의도에서 쓴 글자라는 의견도 있다.[44] 고구려나 신라의 금석문에서 '之'가 단일 문장에서 종결사로 사용되는 예는 허다하다. 고구려의 경우 광개토왕비를 비롯하여 중원고구려비, 덕흥리고분 묵서명, 평양성 석각 등에서 이러한 용례를 찾아볼 수 있다.[45] 그러나 之가 대종결사로 사용된 용례는 찾을 수 없고, 특히 마지막 문장을 보면 문장 구조상으로 "其有違令 賣者刑之 買人制令守墓之"에서 앞 문장의 종결사인 '刑之'에서 대응되는 뒷부분의 종결사로 '守墓之'에 쓰인 것으로 이해할 수 있지 않을까 한다.[46] 따라서 마지막에 있는 之를 대종결사 혹은 공란을 메우기 위한 글자로 보는 의견에는 동의하기 어려운 점이 있다.

그런데 문제는 2부의 내용과 3부의 내용이 비록 이어질 수 있지만, 전혀 다른 성격의 문장 형식으로 되어 있다는 점이다. 실제로 수묘인연호 이전 부

---

43 여호규(2014), 앞의 글.

44 森博達(2011), 「한일 속한문의 세계-『일본서기』 구분론과 종결사 之」, 『고대 동아시아의 문자교류와 소통』, 동북아역사재단.

45 이우태(2006), 「신라 금석문과 고구려 금석문의 차자표기」, 『고구려의 역사와 대외관계』.

46 '之'가 대명사로서 목적어로 사용되는 경우도 많으나, 여기에서는 두 문장에서 모두 대명사로 이해하기는 어렵고, 문장의 종결사 혹은 허사의 역할을 하는 것으로 판단된다.

분과 수묘인연호 이후의 문장 서술 방식이나 형식이 전혀 다르다. 전자는 광개토왕과 관련한 내용을 연대기로 서술한 일종의 송덕비나 신도비에 들어갈 만한 문장인 데 비해, 수묘인연호 이후 부분은 구체적인 연대의 기록도 없이 '敎'와 '制'가 등장하는 교언(敎言)이나 제령(制令)과 같은 일종의 공적인 포고문과 같은 형식의 문장이다.

이러한 측면에서 텍스트의 이해에 대한 몇 가지 의견이 제시된 바 있다. 이성시는 수묘제 창출이라는 광개토왕의 공덕을 칭송하기 위해 하나의 텍스트로 유기적으로 연결되어 있다는 점을 강조한 바 있다.[47] 전체적으로 수묘제 창출을 위한 과정으로 비의 내용을 설정한 것이라고 이해하는 것이다. 그런데 이 경우는 1부와 2부의 문장 형식과 3부의 문장 구성이나 형식이 너무나 상이하다는 점이 문제가 될 수 있다. 이와는 달리 임기환은 광개토왕의 사후 장수왕은 부왕의 훈적을 기리기 위한 훈적비와 부왕의 왕릉 수묘를 위한 수묘인연호비 등 2개의 비석을 세우려고 하다가 둘을 하나의 비석에 합쳐 기록한 것으로 광개토왕비를 이해하였다.[48] 이 견해는 광개토왕비 텍스트 이해에 새로운 관점을 제시하였다는 점에서 의미가 있다. 필자 역시 광개토왕비 텍스트 이해의 차원에서 두 성격의 다른 텍스트로 이루어져 있다는 점에서는 임기환의 견해에 부분적으로 동의하고 나아가 광개토왕비가 광개토왕만을 위한 수묘비의 내용으로는 이해할 수 없다고 보며,[49] 처음부터 광개토왕비의 수묘인연호 부분이 광개토왕의 수묘비를 세우기 위해 만든 텍스트는 아니었

47 이성시(1996), 앞의 글; 이성시(2008), 앞의 글.

48 임기환(2011), 「울진 봉평리 신라비와 광개토왕비, 중원 고구려비」, 『울진 봉평리 신라비와 한국 고대 금석문』; 임기환(2014), 「광개토왕비의 건립 과정 및 비문 구성에 대한 재검토」, 『한국고대사 연구의 자료와 해석』.

49 광개토왕비의 수묘인연호에 대해서는 광개토왕만을 위한 것으로 보기도 하고, 왕릉 전체 수묘인연호를 적은 것으로 이해하기도 한다[정호섭(2012), 앞의 글].

다고 판단하고 있다. 애초에 광개토왕의 훈적 내용을 작성하면서 광개토왕비의 '其詞曰'의 내용이 연대기적 기술에 한정적으로 작성되었고, 수묘인연호 부분은 별도의 형식을 달리하는 텍스트로 존재했을 것이다. 이러한 별도의 텍스트 내용이 광개토왕의 훈적 내용과도 관련이 있었기에 '其詞曰'의 내용 아래에 부가적으로 기술되었던 것으로 생각된다.[50] 처음부터 광개토왕비의 3부에 해당되는 수묘인연호의 내용은 교언이나 제[令]의 내용을 가진 별도의 텍스트로 존재했다고 이해한 것이다. 이후 지안고구려비가 발견되면서 광개토왕비의 수묘인연호 부분과 관련된 별도의 텍스트가 바로 '묘상입비'로 표현된 각 왕릉 수묘비의 텍스트와 교령비로서의 지안고구려비 텍스트로 상정할 수 있게 되었다. 즉 수묘제 정비에 관한 내용이 주가 되는 지안고구려비의 내용을 기초로 하여 수묘제 정비와 개편에 대한 광개토왕의 훈적 내용이 훈적비인 광개토왕비에 기록된 것이다.[51] 그러나 성격이 다른 텍스트를 합쳐서 기록했다는 견해에 대해 재반론도 있다. 이성제는 광개토왕비의 전체적인 기술방식이 횡적인 서술로 일관된 점을 지적하면서 두 개의 성격이 다른 텍스트가 합쳐진 것이 아니라 처음부터 하나의 글로 작성되었고, 하나의 목적을 위해 서로 유기적으로 연결된 서술 구조라고 설명하고 있다.[52] 여호규도 능비 찬자가 비문의 기획 단계부터 광개토왕의 사적과 함께 수묘인연호조를 명사(銘辭)의 한 단락으로 구성한 것으로 보기도 하였다.[53]

한편 '其詞(辭)曰' 이하는 중국식 묘지에서 보통 뇌문(誄文) 형식이지만 광개토왕비는 연대기적인 훈적 내용과 수묘 내용으로 가득 채우고 있는 점이 특

50 정호섭(2012), 앞의 글.
51 정호섭(2013), 앞의 글.
52 이성제(2013), 앞의 글.
53 여호규(2014), 앞의 글.

이하다. 이에 대해 광개토왕비는 장송의례의 뇌사를 바탕으로 작성된 것으로 이해하기도 한다.[54] 하지만 중국의 묘비나 묘지에서 보이는 뇌문과 광개토왕비는 그 내용상으로 많은 차이가 있는데, 보통 묘비나 묘지에서 공적에 해당하는 부분은 뇌문의 앞에 서술되는 것에 비해 광개토왕비에는 뇌사에 연대기적 공적과 수묘제와 관련된 내용이 들어 있다. 이것은 아마 광개토왕의 공덕을 일일이 되새기며 신에게 복을 비는 차원에서 이루어졌을 가능성이 있지 않을까 한다. 이처럼 광개토왕비의 텍스트 구성은 중국에서도 그 예를 찾아볼 수 없는 독특한 것이어서 이 비문의 내용 구성에 대해 면밀하게 검토할 필요성이 있다. 중국의 경우에는 묘비나 묘지에 '其詞曰' 혹은 '其辭曰' 혹은 '其銘曰(銘云)' 등으로 뇌문 형식이 등장하고 뇌문의 내용도 추상적인 추도문 같은 형식으로 몇 줄 기록되는 것이 보통인데, 광개토왕비는 '其詞(辭)曰'로 뇌문을 구성한 형식은 동일하지만 내용상으로는 전혀 다른 구성을 보여주고 있다. 이것은 고구려가 중국식 묘비, 묘지문화의 형식적인 부분을 차용하고서 실제적으로는 중국의 문장 구성과는 차별되는 고구려적인 독특한 서사 구조를 가지고 있었다는 점을 보여준다.

광개토왕비의 제3부에 보이는 220가(家) 혹은 330가가 적어도 광개토왕만을 위한 수묘인연호 구성이 아닐 여지가 많기 때문에 제3부도 수묘제 정비와 매매금지령을 내린 광개토왕의 업적에 해당한다. 물론 수묘제에 대한 전체적인 정리를 통해 국내성 시기의 왕릉 수묘제를 완비했다는 측면에서 수묘제와의 연관성은 부정하기 어렵다. 그러나 비의 1부 마지막에 보이는 "훈적을 기록하여 후세에 보인다"는 구절과 '其詞曰'의 내용 구성이 정복전쟁과 수묘제 정비라는 2개의 업적을 횡적으로 작성한 것인 점에서 보면 비의 성격은 훈적

54 여호규(2014), 앞의 글.

비에 가깝다고 생각된다.

지안고구려비의 발견으로 오히려 광개토왕비의 성격에 대해서는 적어도 하나는 분명해졌다고 생각된다. 광개토왕비가 적어도 '묘상입비'와 '지안고구려비' 내용을 모두 포함해서 제3부로 작성되었을 가능성은 높아진 것이다. 지안고구려비의 성격에 대해서도 묘상입비의 실물로서의 수묘비와 묘상입비의 실물이 아닌 다른 성격의 비(교령비, 정율비, 율령비, 수묘발령비 혹은 선포비, 포고비, 문고비, 경고비, 고계비 등)로 의견이 크게 나뉜 상황이지만,[55] 지안고구려비는 여러 가지 정황으로 보아 적어도 '묘상입비'의 실물은 아니라고 판단된다. 그렇다고 하더라도 정율비, 율령비라고 표현하기는 다소 어려울 듯하다. 일단 형법(刑法)으로서의 율(律)의 구체적 조항이 보이지 않는다는 점에서 정율비라고 하기는 어렵고, 지안고구려비에 보이는 매매 금지에 관한 사항은 왕의 '曰'로 표현되고 있듯이 지안고구려비가 건립되는 시점까지는 율령이라는 성문법의 범주에 포함되지 않았다. 고구려에서 수묘법을 제정할 때에는 수묘인 매매 문제가 나타날 것으로 예측하지 못했지만, 수묘인 매매 문제가 생겨나고 그것이 심각한 문제로 대두되자 교령(敎令)으로 매매를 금지하고 우선적으로 비에 새겨 선포한 것이다. 따라서 당시 매매 금지에 대한 문제는 당시 율령에 포함되지 않는 내용으로서 이러한 현상이 심각해짐에 따라 교령으로 먼저 선포되어 이후 성문화된 것으로 여겨지므로 율령비라고 상정하기도 어렵다. 당시 율령에서 처리할 수 없는 문제는 교령의 형태로 먼저 선포되고, 이것이 이후 성문법의 형태로 율령에 반영되었다고 볼 수 있을 것이다. 지안고구려비

55 지안고구려비의 성격에 대해 정리한 것으로 다음의 글을 참조할 수 있다[강진원(2013), 「신발견 「集安高句麗碑」의 판독과 연구 현황-약간의 陋見을 덧붙여」, 『木簡과 文字』 11; 임기환(2014), 앞의 글].

보다 광개토왕비의 매매금지령이 조금 더 구체적이라는 견해도 있는데,[56] 이는 광개토왕비의 매매금지령이 지안고구려비의 매매금지령보다는 늦은 시기의 율령을 포함하고 있기 때문에 두 비의 매매금지령이 약간의 차이를 보이는 것으로 생각된다.

물론 지안고구려비를 광개토왕비보다 후대에 제작된 것으로 보는 의견도 존재한다.[57] 그러나 두 비를 비교해보면 거의 동일한 내용이 광개토왕비에 먼저 작성되고 이후 지안고구려비에도 작성되었다는 정황은 어색하다. 광개토왕비라는 거대한 비석에 강조한 내용이 또다시 지안고구려비와 같은 작은 비석에 재차 강조되었다고 생각하기에는 다소 무리가 있다. 다시 말하면 광개토왕이 강조한 매매 금지가 잘 지켜지지 않아 장수왕 때 재차 강조되었다고 이해하는 것은 처벌 규정이 시행되었던 사회에서는 상황적으로 어색하다. 또한 태왕(太王)호를 제정하여 보편적으로 고구려 왕권 아래에서 내린 교령을 두 번씩이나 강조했다고 한다면, 당시 고구려 왕권의 위상은 크게 흔들리게 된다. 따라서 고구려 최고의 왕권이라 할 수 있는 광개토왕대와 장수왕대 두 번에 걸쳐 동일한 교령이 반포되고 그것이 두 개의 비석에 재차 표현된 것으로 보기는 어렵다. 오히려 광개토왕의 업적에 관해 정리하면서 기존의 비석 등에 새겨졌던 내용을 광개토왕비를 건립하면서 재차 표현한 것으로 보는 것이 순리라고 생각된다. 당시 고구려에서는 광개토왕대에 묘상입비가 먼저 건립되고 연이어 지안고구려비가 세워진 후,[58] 그것이 장수왕대에 광개토왕의 업

56 공석구(2013), 「集安高句麗碑의 발견과 내용에 대한 考察」, 『고구려발해연구』 45.

57 孫仁杰, 張福有, 徐建新, 김현숙, 武田幸男 등은 장수왕대 이후 지안고구려비가 제작된 것으로 보고 있다.

58 임기환도 묘상입비와 지안고구려비가 거의 동시점이거나 그보다 약간 뒷시기일 가능성을 언급한 바 있다[임기환(2014), 앞의 글].

〈표 3〉 수묘제 정비 내용 비교

분류	내용	지안고구려비	광개토왕비
A	묘상입비	□□□□□□□□□□國岡上太王□□ □□王神亡 □興東西 □□□□世室 追述先聖功勳 彌高烋烈 繼古人之慷慨 (5~6행) □□□□□□□□ 自戊□定律 敎內發令□修復 各於□□□上立碑 銘其烟户頭廿人名 垂示後世 (7~8행)	自上祖先王以來 墓上不安石碑 致使守墓人烟戶差錯 唯國罡上廣開土境好太王 盡爲祖先王 墓上立碑 銘其烟戶 不令差錯 (4면)
B	수묘인 전매 상황과 매매금지령	□□□□各□烟户 以□河流四時祭祀 然而世悠長 烟□□□□ 烟戶□□□富足 □轉賣 □□守墓者以銘□□ (3~4행) 自今以後 守墓之民 不得擅買 更相擅賣 雖富足之者 亦不得其買賣 □□違令者 後世繼嗣□□ 看其碑文 与其罪過 (8~10행)	又制 守墓人 自今以後 不得更相轉賣 雖有富足之者 亦不得擅買 其有違令 賣者刑之 買人制令守墓之 (4면)
C	수묘인연호 재편제	내용 없음	吾慮 舊民轉當羸劣 若吾萬年之後 安守墓者 但取吾躬巡所略來韓穢 令備洒掃 言教如此 是以如教令 取韓穢二百廿家 慮其不知法則 復取舊民一百十家 合新舊守墓戶 國烟卅 看烟三百 都合三百卅家 (4면)

적을 총정리하면서 두 비의 내용도 자연스럽게 광개토왕비에 포함되었던 것으로 이해할 수 있다.

4세기 후반에서 5세기 초반에 이르는 고구려 광개토왕대의 수묘제 정비와 관련한 내용을 비교해놓고 보면 두 비의 관계는 보다 선명해진다.

A는 대체로 고구려의 수묘제 운영 내용과 함께 문제가 발생하여 그 해결책으로 묘상입비라는 조치가 행해진 것으로 볼 수 있는 내용이다. 내용상으로 일부 차이는 있긴 하지만, 두 비 모두 묘상입비를 시행하였다는 점은 동일하다. 지안고구려비가 광개토왕비보다 앞선 시기에 건립된 비라고 할 경우 광개토왕비의 A의 내용은 '묘상입비'라는 광개토왕의 업적에 기반하여 작성된 것이라 할 수 있다. 다시 말하면 묘상입비 조치에 해당하는 것이고, 그 조

치의 실물이 각 왕릉에 세워졌던 비석이다. 현재 그 비석들이 하나도 발견되지 않았지만, 대체로 묘상입비의 실물에는 특정 왕에 대한 서술과 함께 수묘인연호 편성에 대해 기록했을 것으로 짐작할 수 있다.[59] 다시 말하면 각 왕릉마다 입비함에 있어서 해당 왕릉 피장자를 서술한 후 그것을 수묘하는 연호 편성을 기록하였던 것이다.

B는 두 비에서 공통적으로 수묘인 매매 금지를 담고 있다. 따라서 광개토왕비에서 우제(又制)로 표현된 매매금지령은 바로 지안고구려비에 표현되고 있었던 광개토왕의 교령이라 할 것이다. 광태토왕비의 B의 내용은 바로 지안고구려비에 기반을 두고 작성된 것이라 할 수 있다. 처벌에 관한 조항이 지안고구려비에서는 '□違令者 後世繼嗣□□ 看其碑文 与其罪過'로 서술된 반면 광개토왕비에는 '有違令 賣者刑之 買人制令守墓之'로 서술되어 있다. 수묘인 매매 금지에 관한 두 문장이 다소 차이는 있지만, 전혀 다른 상황에서 다른 의미로 사용된 것으로 보기는 어렵다고 판단된다.

C에서 광개토왕비에는 광개토왕의 교언에 따라서 수묘인연호가 개편되고, 장수왕에 의해 구민 110가(家)가 재편제되는 내용을 담고 있다. 지안고구려비에 이러한 내용이 없는 것은 지안고구려비가 광개토왕비보다 이른 시기에 건립되었기 때문일 것이다. 즉 5세기 수묘제 개편의 중요 내용이 지안고구려비에는 보이지 않는 것이다. 한편으로는 장수왕이 광개토왕비를 건립하면서 부왕의 교언을 따르면서도 수묘제를 추가적으로 보완하고 있는 모습을 의

59 기경량은 묘상입비의 형태가 왕릉의 주인 이름+왕의 훈적+수묘인연호두 명단의 형태를 띠고 있었을 것으로 짐작한 바 있다[기경량(2014), 「지안고구려비를 통해 본 고구려 수묘제 운영」, 『제138회 한국고대사학회 정기발표회 자료집』]. 필자는 대체로 피장자인 왕과 행적, 그리고 수묘인연호 편제와 연호두에 대해 언급하였을 것으로 짐작하고 있다. 수묘인연호는 편제만을 기록하고 그 수묘인연호를 관리하는 연호두를 기록하였을 것이다.

도적으로 삽입한 것이라 할 수 있다.[60] 따라서 3부에 보이는 구민과 신래한예를 합친 새로운 수묘인연호 구성도 장수왕대에 완성된 것이므로 왕릉 수묘제 정비의 완결을 보이고 있다.

이렇게 놓고 보면 묘상입비, 지안고구려비, 광개토왕비의 관계는 더욱 분명해진다. 광개토왕비는 바로 수묘인연호의 차착을 방지하는 차원에서 건립한 묘상입비와 수묘인 매매 금지를 교령의 형태로 선포한 지안고구려비를 토대로 작성된 것임을 알 수 있다. 묘상입비, 지안고구려비 모두 수묘제를 정비한 광개토왕의 업적에 해당된다. 시기적으로 보면 묘상입비－지안고구려비－광개토왕비의 순서로 건립된 것으로 여겨진다. 그것은 이미 지안고구려비와 광개토왕비에 '묘상입비'의 구절이 보이고 있고, 지안고구려비의 수묘인 매매금지령도 광개토왕비에서 확인되기 때문이다. 따라서 광개토왕비의 수묘제 개편과 관련한 3부는 광개토왕의 수묘제 정비에 관한 업적인 '묘상입비'와 지안고구려비가 토대가 되었다. 그리고 거기에 부왕의 교언을 계승하면서 이를 발전시킨 장수왕의 업적까지도 포함한 내용으로 구성되었던 것으로 판단할 수 있을 것이다. 광개토왕비는 2부의 연대기적 기술을 통한 정복전쟁이라는 광개토왕의 훈적, 3부는 묘상입비와 지안고구려비에 보이는 광개토왕의 수묘제 정비 업적과 장수왕의 최종 마무리까지 포함한 전혀 다른 텍스트로 구성되었던 것이다. 따라서 적어도 광태토왕비는 그 텍스트 구성상에서 서로 다른 이질적인 조항들이 합쳐져서 구성되었기 때문에 각 텍스트 성

60 이와 관련하여 김태식은 광개토왕비가 장수왕의 친정을 알리는 신호탄으로 고구려 선대왕릉 묘역의 권리를 침범하는 당시 유력 권력자들에 대한 경고를 담고 있다고 보고 장수왕비로 불러야 한다고 주장하기도 하였다[김태식(2012), 「광개토왕비, 부왕의 운구 앞에서 청년왕이 보낸 경고」, 『한국고대사탐구』 10]. 그러나 광개토왕비는 기본적으로는 묘비의 형식이면서, 비의 내용과 목적은 광개토왕의 훈적을 과시하는 것이었기에 장수왕비로 불러야 한다는 견해에는 동의하기 어렵다.

격도 다소 차이가 있는 것으로 볼 수 있겠다.

IV. 맺음말

지금까지 지안고구려비와 광개토왕비에 대해 비의 형태, 위치, 내용 구성, 성격에 대해 알아보고 두 비의 관계에 대해서도 살펴보았다.

현재까지 지안고구려비 연구에서 가장 장애가 되고 있는 것은 국내 연구자들이 비를 면밀하게 조사하여 검토할 기회가 없었다는 데에 있다. 그러한 연유로 인해 지안고구려비의 판독안에 많은 차이가 발생하게 되었고, 특히 비의 건립 시기를 추정해볼 수 있는 대목에서 더욱 확연한 차이가 나타나고 있다. 비 건립 시기에 대한 인식의 차이는 비의 건립 목적 내지는 성격 문제까지 영향을 미치는 사항인 것이다.

두 비가 공통적으로 가지는 내용은 바로 고구려 건국과 수묘제에 관한 것이다. 특히 4~5세기경의 고구려 수묘제 운영과 정비라는 차원에서 두 비가 보여주는 내용은 거의 유사하다. 수묘제 운영과 정비라는 흐름에서 보면 두 비의 관계는 보다 선명해진다. 광개토왕비의 3부 수묘 관련 내용은 광개토왕대에 건립된 것으로 보이는 각 왕릉마다의 '묘상입비'의 내용과 매매 금지를 교령으로 선포한 '지안고구려비'의 내용을 포괄하고 있다. 광개토왕비의 '우제'로 표현된 매매 금지 조치는 바로 지안고구려비의 핵심 내용인 매매 금지에 관한 교령에 해당되는 것이다. 그리고 부왕을 계승하여 수묘제 정비의 완결을 이룬 장수왕의 행위까지를 모두 담고 있다. 따라서 광개토왕비의 3부는 4~5세기경 고구려 사회가 직면한 수묘제 운영과 정비라는 일련의 흐름 속에서 시행되었던 각종 행적들이 종합적으로 정리된 부분인 것이다. 광개토왕비의 제3부가 바로 이러한 묘상입비의 내용과 지안고구려비의 내용 그리고 최종적으로 장수왕의 수묘제 완비의 세 부분으로 이루어진 텍스트라고 할 수 있다. 따라서 광개토왕비의 3부는 성격이 다른 두 가지 텍스트로 이루어진 것이었다. 정복전쟁에 대해서는 연대기적으로 기록하고, 수묘제 정비와 관련해서는 기존에 세워졌던 2개의 비석(묘상입비+지안고구려비)의 내용과 장수왕대의 새로운 수묘제 완비 내용들을 결합시킨 것이다. 그 텍스트의 내용은 모두 광개토왕의 훈적인 동시에 그 훈적을 보다 발전적으로 계승한 장수왕의 통치 행위이기도 하다. 이러한 내용이 훈적비로서의 광개토왕비에 종합적으로 정리된 것이라 하겠다.

참고문헌

關野貞(1914), 「滿洲輯案縣及び平壤附近に於ける高句麗時代の遺跡」, 『考古學雜誌』 5-3.

池內宏(1938), 『通溝』上.

박시형(1966), 『광개토왕릉비』, 사회과학원출판사.

佐伯有淸(1974), 『硏究史廣開土王碑』.

王健群(1985), 『好太王碑硏究』.

李亨求·朴魯姬(1986), 『廣開土大王陵碑 新硏究』.

조인성(1988), 「광개토왕릉비를 통해 본 고구려의 수묘제」, 『한국사시민강좌』 3.

김현숙(1989), 「광개토왕비를 통해 본 고구려수묘인의 사회적 성격」, 『한국사연구』 65.

노태돈(1992), 「광개토왕릉비」, 『역주 한국고대금석문』 1.

임기환(1994), 「광개토왕비의 국연과 간연」, 『역사와 현실』 13.

조법종(1995), 「광개토왕릉비문에 나타난 수묘제연구」, 『韓國古代史硏究』 8.

이성시(1996), 「광개토왕비의 건립목적과 고구려의 수묘역제」, 『고구려발해연구』 2.

손영종(2000), 『고구려사의 제문제』, 사회과학출판사.

이성시(2001), 『만들어진 고대-근대 국민국가의 동아시아 이야기』.

이도학(2002), 「광개토왕릉비의 건립 배경」, 『백산학보』 65.

이도학(2006), 『고구려 광개토왕릉비문 연구』.

濱田耕策(2006), 「高句麗長壽王という時代-父王廣開土王の治績を繼いで」, 『朝鮮學報』 199·200.

백승옥(2006), 「광개토왕릉비의 성격과 장군총의 주인공」, 『한국고대사연구』 41.

이우태(2006), 「신라 금석문과 고구려 금석문의 차자표기」, 『고구려의 역사와 대외관계』.

이성시(2008), 「광개토대왕비의 건립목적에 관한 시론」, 『한국고대사연구』 50.

임기환(2011), 「울진 봉평리 신라비와 광개토왕비, 중원고구려비」, 『울진 봉평리 신라비와 한국 금석문 연구』.

정호섭(2011), 『고구려 고분의 조영과 제의』.

공석구(2011), 「광개토왕릉비에 나타난 광개토왕의 왕릉관리」, 『高句麗渤海硏究』 39.

森博達(2011), 「한일 속한문의 세계 -『일본서기』 구분론과 종결사 之」, 『고대 공아시아의 문자교류와 소통』.
김태식(2012), 「광개토왕비, 부왕의 운구앞에서 청년왕이 보낸 경고」, 『한국고대사탐구』 10.
정호섭(2012), 「광개토왕비의 성격과 5세기 고구려의 수묘제 개편」, 『선사와 고대』 37.
이영호(2013), 「集安 高句麗碑의 發見과 紹介」, 『韓國古代史硏究』 69.
공석구(2013), 「集安高句麗碑의 발견과 내용에 대한 考察」, 『고구려발해연구』 45.
공석구(2013), 「광개토왕릉비 守墓人 烟戶 記事의 考察」, 『高句麗渤海硏究』 47.
서영수(2013), 「說林-'지안 신고구려비' 발견의 의의와 문제점-『中國文物報』의 조사 보고를 중심으로-」, 『高句麗渤海硏究』 45.
高光儀(2013), 「신발견 「集安高句麗碑」의 형태와 書體」, 『高句麗渤海硏究』 45.
이용현(2013), 「신발견 고구려비와 광개토왕비의 비교」, 『신발견 고구려비의 예비적 검토』, 고구려발해학회.
조법종(2013), 「지안고구려비를 통해 본 고구려비의 특성과 수묘제」, 『신발견 고구려비의 예비적 검토』, 고구려발해학회.
이도학(2013), 「高句麗 守墓發令碑에 대한 接近」, 『韓國思想史學』 43.
尹龍九(2013), 「集安 高句麗碑의 拓本과 判讀」, 『韓國古代史硏究』 70.
여호규(2013), 「신발견 集安高句麗碑의 구성과 내용 고찰」, 『韓國古代史硏究』 70.
정호섭(2013), 「集安 高句麗碑의 性格과 주변의 高句麗 古墳」, 『韓國古代史硏究』 70.
조우연(2013), 「集安 高句麗碑에 나타난 왕릉제사와 조상인식」, 『韓國古代史硏究』 70.
李成制(2013), 「集安高句麗碑로 본 守墓制」, 『韓國古代史硏究』 70.
김현숙(2013), 「集安高句麗碑의 건립 시기와 성격」, 『韓國古代史硏究』 72.
김수태(2013), 「集安高句麗碑에 보이는 율령제」, 『韓國古代史硏究』 72.
홍승우(2013), 「集安高句麗碑에 나타난 高句麗 律令의 형식과 守墓制」, 『韓國古代史硏究』 72.
耿鐵華(2013), 「중국 지안에서 출토된 고구려비의 眞僞 문제」, 『韓國古代史硏究』 70.
耿鐵華(2013), 「集安高句麗碑考釋」, 『通化師範學報』(人文社會科學) 34-2.
集安博物館 編著(2013), 『集安高句麗碑』, 吉林大學出版社.
張福有(2013), 「集安高句麗碑碑文補釋」, 『中國文物報』(2013년 4월 10일자).
集安博物館(2013), 「集安高句麗碑調查報告」, 『東北史地』 2013-3.
林沄(2013), 「集安麻線高句麗碑小識」, 『東北史地』 2013-3.
徐建新(2013), 「中國新出"集安高句麗碑"試析」, 『東北史地』 2013-3.

魏存成(2013), 「關于新出集安高句麗碑的幾點思考」, 『東北史地』 2013-3.
張福有(2013), 「集安麻線高句麗碑碑文補釋與識讀解析」, 『東北史地』 2013-3.
孫仁杰(2013), 「集安高句麗碑文識讀」, 『東北史地』 2013-3.
耿鐵華(2013), 「集安新出土高句麗碑的重要價値」, 『東北史地』 2013-3.
耿鐵華·董峰(2013), 「新發現的集安高句麗碑初步硏究」, 『社會科學前線』 2013-5.
張福有(2013), 「集安麻線高句麗碑綜述」, 『社會科學前線』 2013-5.
董峰·郭建剛(2013), 「集安高句麗碑出土紀」, 『通化師範學院學報』 2013年 第3期.
孫仁杰(2013), 「지안고구려비의 판독과 문자 비교」, 『韓國古代史硏究』 70.
張福有(2013), 「吉林集安高句麗碑碑文補釋」, 『名家』 2013年 第2期.
集安博物館(2013), 「集安高句麗碑調査報告」, 『東北史地』 2013年 第3期.
선주선(2013), 「集安高句麗碑 판독 검토」, 『신발견 「集安高句麗碑」 판독 및 서체 검토』.
강진원(2013), 「신발견 「集安高句麗碑」의 판독과 연구 현황-약간의 陋見을 덧붙여-」, 『木簡과 文字』 11.
武田幸男(2013), 「集安高句麗二碑の硏究に寄せて」, 『プロヅェクト硏究』 9(기조강연문).
이성제(2013), 「광개토왕비의 성격과 입비의 의의」, 『선사와 고대』 39.
김현숙(2013), 「광개토왕비의 성격과 건립목적」, 『광개토왕비의 재조명』.
이용현(2013), 「광개토왕비문의 고구려와 가야-백제의 대응을 축으로」, 『광개토왕비의 재조명』.
연민수(2013), 「광개토왕비에 나타난 고구려의 남방 세계관」, 『광개토왕비의 재조명』.
이우태(2013), 「금석학적으로 본 광개토왕비」, 『광개토왕비의 재조명』.
임기환(2014), 「지안고구려비와 광개토왕비를 통해 본 고구려 수묘제의 변천」, 『한국사학보』 54.
기경량(2014), 「지안고구려비를 통해 본 고구려 수묘제 운영」, 『제 138회 한국고대사학회 정기발표회 자료집』.
여호규(2014), 「광개토왕릉비의 문장 구성과 서사 구조」, 『영남학』 25.
임기환(2014), 「광개토왕비의 건립 과정 및 비문 구성에 대한 재검토」, 『한국고대사 연구의 자료와 해석』.
張福有(2014), 『集安麻線高句麗碑』, 文物出版社.

광개토왕릉비의 건국설화와 왕위계승 기사 검토

지안고구려비와의 비교를 중심으로

여호규(余昊奎)

한국고대사 / 한국외국어대학교 사학과 교수

『한국 고대국가와 중국왕조의 조공책봉관계』(공저, 2006, 동북아역사재단), 『고구려 초기 정치사 연구』(2014, 신서원), 「신발견 '集安高句麗碑' 의 구성과 내용 고찰」(2014, 『한국고대사연구』 70), 「6~8세기 신라 왕궁의 구조와 정무·의례 공간의 분화」(2014, 『역사와현실』 94, 한국역사연구회)

여호규 | 한국외국어대학교

광개토왕릉비의 건국설화와 왕위계승 기사 검토

지안고구려비와의 비교를 중심으로

I. 머리말

주지하듯이 광개토왕릉비(廣開土王陵碑, 이하 '능비'로 약기함)는 1870년대 말에 재발견된 이래 지난 130여 년간 동북아 각국 학자들의 집중적인 관심을 받았다. 높이 6.39미터에 이르는 웅장한 모습은 보는 이를 압도할 뿐 아니라, 1,775자에 이르는 방대한 분량은 문헌사료의 절대적인 부족을 잘 보완해준다. 능비에는 고구려 건국설화를 비롯하여 왕위계승, 광개토왕의 행장과 정복 활동, 수묘인연호 등 다양한 내용이 서술되어 있어 4~5세기 고구려사 나아가 동북아 국제정세를 연구하는 데 귀중한 자료를 제공하고 있다.

종래 능비의 서사 구조는 대체로 서언(序言), 훈적(勳績) 기사, 수묘인연호(守墓人烟戶) 기사 등 세 단락으로 구성된 것으로 이해하였다.[1] 이중 20세기 전반까

1 那珂通世(1893), 「高句麗古碑考」, 『史學雜誌』 48, 28쪽; 박시형(1966), 『광개토왕릉비』, 사회과학원출판사, 81쪽; 천관우(1979), 「광개토왕릉비 재론」, 『全海宗博士華甲紀念史學論叢』, 516쪽; 이형구·박노희(1996), 『廣開土大王陵碑新硏究(2판)』, 동화출판사, 55~110쪽; 耿鐵華(1994), 『好太王碑新考』, 吉林人民出版社, 183~190쪽; 손영종(2001), 『광개토왕릉

지는 이른바 신묘년조를 중심으로 훈적 기사에 대한 연구가 활발히 이루어졌고, 1980년대 후반 이래 수묘인연호 기사를 통해 고구려 사회 구조나 지방제도를 규명하는 연구가 다각도로 진행되고 있다. 특히 2012년에 수묘인연호 관련 내용을 풍부하게 담고 있는 지안고구려비(集安高句麗碑, 이하 '지안비'로 약기함)가 발견됨에 따라 수묘제에 관한 연구가 더욱 활기를 띠고 있다.

이에 비해 그동안 능비 첫머리를 장식한 서언에 대한 연구는 다소 부진하였다. 능비 서언에는 건국설화, 왕위계승, 광개토왕의 행장 등이 서술되어 있는데, 4~5세기 고구려의 지배이념이나 왕권의 위상을 밝힐 핵심사료로 평가받고 있다. 그런데 지안비의 서언에도 건국설화와 왕위계승과 관련한 내용이 압축적으로 기술되어 있다. 지안비와 능비가 일정한 시차를 두고 건립된 사실을 고려하면,[2] 양자에 대한 비교 검토를 통해 건국설화 및 왕위계승에 대한 고구려인의 인식과 그 변화양상을 새롭게 규명할 수 있을 것으로 기대된다. 이에 이 글에서는 능비와 지안비의 건국설화와 왕위계승 기사를 비교 검토하고자 한다. 선학제현의 아낌없는 질정을 바란다.[3]

II. 광개토왕릉비 서언의 단락 구성

종래 광개토왕릉비는 대체로 서언, 훈적 기사, 수묘인연호 기사 등 세 단락으

비문연구』, 중심, 251~290쪽.

2 지안비의 건립 시기에 대해서는 광개토왕대설과 장수왕대설이 팽팽하게 대립하고 있는데, 필자는 광개토왕 재위 기간에 건립되었을 것으로 파악하고 있다(여호규(2013), 「신발견 '集安高句麗碑'의 구성과 내용 고찰」, 『한국고대사연구』 70 참조).

3 이 글은 『新羅文化』 45호에 게재된 「集安高句麗碑와 廣開土王陵碑 序言의 단락 구성과 서술내용 비교」를 수정 보완한 것이다.

로 구성된 것으로 이해하였다. 물론 능비를 일별해보면 통설처럼 누구나 쉽게 세 단락으로 구분할 수 있다. 필자도 능비의 성격이나 찬자의 찬술 의도를 고려하지 않고, 현재의 관점에서만 본다면 능비를 세 단락으로 나눌 수 있다는 데 동의한다. 그런데 종래 논의에서는 능비의 성격이 기본적으로 묘비(墓碑)라는 사실을 유의하지 않았다.

능비 서언 말미의 "以甲寅年九月廿九日乙酉, 遷就山陵. 於是立碑, 銘記勳績, 以示後世焉. 其辭曰"이라는 문장에 따른다면, 414년 9월 29일에 왕릉[산릉(山陵)]을 조영하여 장례를 마무리하면서 능비를 건립하였음을 알 수 있다. 능비 찬자는 기본적으로 능비=묘비로 인식하고 비문을 찬술하였던 것이다. 그러므로 능비는 당시 중국대륙에서 유행하던 묘비의 서사 구조를 참조하여 작성하였을 가능성이 높다.[4]

중국대륙에서는 후한(後漢) 초부터 묘비를 널리 건립했는데, 2세기 전반에는 서언과 명사(銘辭) 2단으로 구성된 묘비의 정연한 형식이 갖추어졌다. 묘비의 서언은 대체로 망자(亡者)의 적관(籍貫)과 계보(系譜)를 기술한 기수(起首), 망자의 생애와 덕행(德行)을 기술한 부분, 애도를 표한 부분 등으로 구성된다. 그리고 명사는 망자의 공덕과 애사(哀辭)를 4언(言) 운문(韻文) 형식으로 찬술하였다.[5] 이 가운데 기수는 보통 '也'라는 종결사로 마무리하여 망자의 생애를 기술한

4 鄭寅普(1955), 「廣開土境平安好太王陵碑文釋略」, 『百樂濬博士還曆紀念國學論叢』; 沈浩澤(2007), 「廣開土王陵碑文의 構造」, 『大東漢文學』 26에서도 능비가 묘비의 형식을 참조한 사실을 지적한 바 있다. 특히 정인보는 1면의 '其辭曰'을 기준으로 비문의 단락을 크게 '序'와 '記'로 나누었지만 더 이상 구체적으로 비교 검토하지 않았다. 또한 심호택은 묘 체제의 차용이라는 측면보다 변용양상을 고찰하는 데 중점을 두었다.

5 越超(2003), 『古代墓志通論』, 紫禁城出版社, 47~49쪽; 趙海麗(2007), 「北朝墓志文獻研究」 山東大學 博士學位論文, 8~9쪽; 李德品(2009), 「論東漢墓碑文的發展分期」, 『遵義師範學院學報』 11~3, 34~40쪽.

부분과 구분한다. 또한 망자의 생애 부분도 가장 마지막 문장을 '也, 矣, 焉' 등의 종결사로 마무리하여 애도 부분과 의도적으로 구분 짓는 경우가 많다. 이에 비해 명사 부분은 보통 '其辭曰'로 시작하는데, 4언 운문으로 찬술하였으며 종결사를 사용하지 않았다.[6]

〈표 1〉 지안고구려비와 광개토왕릉비 서언(序言)의 내용 비교[7]

	지안고구려비	광개토왕릉비	기사 분류
ⓐ	□□□□世, 必授天道, 自承元王, 始祖鄒牟王之創基也.」 (I행 1~22자)	惟昔始祖鄒牟王之創基也. (1면 1행)	건국 원천(集安碑), 건국 사실 선언
ⓑ	[日月之]子, 河伯之孫, 神靈祐護蔽蔭, 開國辟土. (II행 1~18자)	出自北夫餘, 天帝之子, 母河伯女郎. 剖卵降世, 生而有聖, □□□□. □□命駕,」巡幸南下, 路由夫餘 奄利大水. 王臨津言曰, 我是皇天之子, 母河伯女郎, 鄒牟王, 爲我連葭浮龜. 應聲卽爲」連葭浮龜. 然後造渡, 於沸流谷忽本西城山上, 而建都焉. (1면 1-3행)	시조의 출자(능비), 건국 과정
ⓒ	繼胤相承. (III행 19~22자)	不樂世位, 因遣黃龍, 來下迎王. 王於忽本東岡, 履」龍頁昇天. 顧命世子 儒留王, 以道興治, 大朱留王, 紹承基業. 遝至十七世孫 國岡上廣開土境平安好太王」二九登祚, 號爲永樂大王. 恩澤洽于皇天, 威武振被四海. 掃除□□, 庶寧其業. 國富民殷, 五穀豊熟. 昊天不」弔, 卅有九, 寔駕棄國, 以甲寅年九月廿九日乙酉, 遷就山陵. 於是立碑, 銘記勳績, 以示後世焉. 其辭曰.」(1면 3-6행)	왕위계승, 광개토왕의 행장(능비)

6 後漢의 武班碑(147년), 鄭固碑(158년경), 孔宙碑(164년), 鮮于璜碑(165년), 武榮碑(167년), 衡方碑(168년), 肥置碑(169년), 夏承碑(170년) 등의 묘비 참조(李檣(2009), 『秦漢刻石選譯』, 文物出版社).

7 능비의 판독문은 盧泰敦(1992), 「廣開土王陵碑」, 『譯註 韓國古代金石文(I)』, 駕洛國史蹟開發研究院, 7~16쪽을 일부 보완한 것이다. 지안비의 판독문은 여호규(2013), 앞의 글, 72쪽 참조.

그런데 능비도 한대(漢代)의 묘비와 마찬가지로 1면 6행 하단의 '其辭曰'이라는 문구를 기준으로 종결사의 용법에서 확연한 차이가 나타난다. '其辭曰'의 앞부분에는 한대 묘비의 서언처럼 종결사가 여러 차례 사용되었지만, 그 뒷부분에는 한대 묘비의 명사처럼 가장 말미의 '之'자를 제외하면 종결사가 사용되지 않은 것이다. 특히 능비의 훈적 기사와 수묘인연호 기사는 내용이 복잡하여 그 뜻을 명료하게 전달하려면 종결사가 필요함에도 불구하고 종결사를 전혀 사용하지 않았다. 심지어 훈적 기사와 수묘인연호 기사를 구분지은 흔적도 확인할 수 없다. 이는 통설과 달리 능비 찬자가 훈적 기사와 수묘인연호 기사를 구분하지 않고 양자 모두 '명사(銘辭)'로 상정한 다음, 하나의 대단락으로 작성하였을 가능성을 시사한다. 능비는 1면 6행 하단의 '其辭曰'을 기준으로 크게 한대 묘비의 서언에 해당하는 서언 및 명사에 해당하는 본문으로 대별할 수 있다.

이러한 능비의 서사 구조와 종결사의 용법을 고려하면, 서언의 단락도 종결사를 기준으로 구분할 수 있을 것으로 예상된다. 서언에는 종결사가 포함된 구문이 모두 3개 나온다. 본문에 비해서는 종결사가 비교적 빈번하게 사용되었다고 볼 수 있다. 그런데 종결사가 포함된 서언의 문구 가운데 1면 1행의 '鄒牟王之創基也'는 7자, 3행의 '而建都焉'은 4자, 6행의 '以示後世焉'은 5자로 각기 이루어져 있다. 능비의 문장 구성을 분석해보면 4자나 6자 문구가 가장 많이 사용되었음을 쉽게 알 수 있는데, 이것과 비교해보면 종결사가 포함된 서언의 문구는 기본 문구에서 다소 벗어났다고 볼 수 있다.

그렇지만 이들 문구도 종결사를 제외하면 기본 문구에 해당하는 4자나 6자가 된다는 사실에 유의할 필요가 있다. 이는 이 문구에 종결사가 없어도 뜻을 전달하는 데는 별다른 문제가 없음을 의미한다. 오히려 종결사의 사용으로 인해 이들 문장은 4자나 6자라는 기본 문구에서 이탈하는 결과를 초래했다고 볼 수 있다. 이는 이들 문구의 종결사가 해당 문장뿐 아니라, 그 앞의 다른 문장까지 포함하는 보다 큰 단락의 종결사로 사용되었을 가능성을 시사한다. 즉 개별 문장이 아니라 여러 문장으로 이루어진 단락을 구분하기 위해 종결사를 사용했다고 볼 수 있는 것이다.

종래 능비 서언의 단락 구성은 일반적으로 건국설화, 왕위계승, 광개토왕의 행장 등으로 구분하였다. 그런데 상기와 같은 종결사의 용법을 고려하면, 서언의 단락 구성을 조금 다르게 파악할 수 있다. 종래 건국설화로 분류했던 부분은 종결사가 포함된 1면 1행의 '鄒牟王之創基也'라는 문구를 기준으로 시조 추모왕의 건국 사실을 만천하에 선언한 장면 및 추모왕의 출자와 건국 과정을 묘사한 건국설화 등 두 단락으로 세분할 수 있다. 그리고 종래 추모왕의 승천(昇天) 부분까지를 건국설화로 파악하는 것이 일반적이었는데, 건국설화에 대한 기술은 1면 3행의 '而建都焉'에서 일단 끝난 것으로 볼 수 있다.

그러므로 추모왕의 승천 부분은 그 앞의 건국설화가 아니라 이어지는 왕위계승 관련 기사와 같은 단락을 이룬다고 볼 수 있다. 또한 종래 왕위계승 기사와 광개토왕의 행장 부분은 별개의 단락으로 구분하는 것이 일반적이었는데, 양자 사이에는 종결사가 사용되지 않았다는 점에서 하나의 단락이라는 전제 아래 기술되었다고 볼 수 있다. 이렇게 본다면 능비의 서언은 〈표 1〉에서 보듯이 종결사를 기준으로 추모왕의 건국 사실 선언(ⓐ), 추모왕의 출자와 건국 과정을 기술한 건국설화(ⓑ), 추모왕 승천 이후 면면히 이어진 왕위계승과 광개토왕의 행장(ⓒ) 등 세 단락으로 구분할 수 있다.[8]

8 능비의 단락 구성과 관련한 내용은 여호규(2014), 「廣開土王陵碑의 문장 구성과 서사 구조」, 『嶺南學』 25의 II장과 III장 1절의 서술 내용을 요약하고 수정 보완한 것임. 이러한 능비 서사 구조의 성립 배경 및 그 의미에 대해서는 위의 글 III장 2절 참조.

그런데 이와 같은 단락 구성은 지안비의 서언에서도 유사하게 나타나고 있다. 지안비의 전체 구성도 능비처럼 크게 서언과 본문으로 대별할 수 있는데, 서언은 다시 건국의 원천과 건국 사실을 선언한 I행ⓐ, 시조의 계보와 건국 과정 등 건국설화를 압축적으로 묘사한 II행 1~18자ⓑ, 시조 이후의 왕위계승을 '繼胤相承'이라는 단 4글자로 압축 묘사한 II행 19~22자ⓒ 등 세 부분으로 나눌 수 있는 것이다.[9]

두 비문의 ⓐ 부분을 보면 고구려의 건국 원천을 기술한 지안비의 기사가 능비에는 나오지 않지만, 건국 사실을 선언한 '始祖鄒牟王之創基也'라는 부분은 문장 자체가 거의 동일하다. ⓑ 부분은 지안비의 기사가 매우 압축적이지만, 양자 모두 시조의 계보와 건국 과정을 묘사하였다는 점에서 같은 내용으로 볼 수 있다. 그리고 ⓒ 부분은 광개토왕의 행장을 기술한 능비의 기사를 제외한다면, 양자 모두 왕위계승을 기술했다는 점에서 역시 같은 내용으로 볼 수 있다. 종결사를 기준으로 구분한 능비 서언의 단락 구성은 지안비 서언의 단락 구성과 거의 동일한 것이다.

이는 능비 찬자가 종결사를 사용하여 서언을 세 단락으로 구분하여 찬술했을 가능성을 시사한다. 그런데 지안비와 능비 서언의 단락 구성은 거의 동일하지만, 세부적인 면에서는 차이를 보이기도 한다. 가령 ⓐ 부분의 경우 고구려 건국의 원천과 관련한 기사는 능비에는 없고, 지안비에만 나온다. 더욱이 지안비에는 '천도(天道)'나 '원왕(元王)'처럼 종전에 보이지 않던 용어나 표현이 새롭게 확인되고 있다. ⓒ의 경우도 능비는 광개토왕릉에 건립한 묘비인 만큼, 왕위계승뿐 아니라 광개토왕의 행장까지 담고 있다. 다만 광개토왕의 행장은 앞의 왕위계승 기사와 구별되지 않고 같은 단락을 이루었다는 점에서

---

9 여호규(2013), 앞의 글, 73~78쪽.

왕위계승 기사의 의미를 규명하는 데 중요한 시사를 줄 것으로 기대된다.

이처럼 지안비와 능비의 서언은 전체 단락 구성에서는 거의 동일한 양상을 띠면서 세부적인 면에서 일정한 차이를 보이고 있다. 그러므로 양자의 단락 구성을 고려하면서 세부적인 차이를 비교 분석한다면, 고구려 건국설화나 왕위계승을 새롭게 이해할 단서를 확보할 수 있을 것이다. 그럼 먼저 고구려 건국설화부터 비교 검토해보자.

III. 건국설화에 나타난 유교식 용어의 수용과 변용양상

지안비 발견 이전만 하더라도 능비가 현전하는 고구려 건국설화 가운데 가장 오래된 사료로 평가받았다. 이에 종전 연구는 주로 능비를 기준으로 모두루묘지(牟頭婁墓誌), 『위서(魏書)』「고구려전」, 「동명왕편(東明王篇)」, 『삼국사기(三國史記)』「고구려본기」나 「백제본기」 등에 전하는 건국설화를 비교하는 형태로 진행되었다. 특히 시조 추모왕(주몽)의 출자가 능비나 모두루묘지 등 4~5세기 금석문에는 북부여(北夫餘)로 나오는 반면, 후대에 편찬된 「동명왕편」이나 『삼국사기』에는 동부여(東扶餘)로 나온다는 사실이 많은 주목을 받았다. 이와 더불어 「동명왕편」이나 『삼국사기』의 건국설화에는 4~5세기 금석문에 보이지 않던 해모수(解慕漱)설화와 금와(金蛙)설화가 첨가된 사실도 많은 주목을 받았다.[10]

이러한 점에 주목한 결과, 고구려 건국설화가 4~5세기에는 북부여 출자설의 형태로 성립되었다가, 5세기 후반 이후 어느 시점에 해모수설화와 금와설

10 이복규(1995), 「고구려 건국신화 연구성과 검토」, 『고구려연구』 15; 조우연(2010), 「고구려 시조신화에 나타나는 夫餘出自의 의미」, 『동아시아고대학』 22.

화가 첨가되면서 동부여 출자설로 변형된 사실을 파악할 수 있었다.[11] 종전에는 능비에 고구려 건국설화의 가장 원형적 모습이 담겨 있다는 가정을 바탕으로 그 이후의 변화양상을 추론하였던 것이다. 그런데 〈표 1〉에서 보듯이 지안비에 기술된 건국설화는 능비와 거의 동일한 것 같지만, 면밀하게 살펴보면 상당한 차이점을 발견할 수 있다.

능비나 지안비에서 건국설화를 구체적으로 기술한 부분은 〈표 1〉의 ⓑ이다. 건국설화와 관련한 능비의 서술 내용은 크게 시조 추모왕의 출자(出自北夫餘), 계보(天帝之子, 母河伯女郞), 탄생 과정(剖卵降世, 生而有聖, □□□□.), 북부여에서의 남하(□□命駕, 巡幸南下 ……然後造渡), 건국(於沸流谷忽本西城山上, 而建都焉) 등으로 분류할 수 있다. 추모왕의 출자와 계보를 명기한 다음, 탄생에서 건국에 이르는 과정을 시간 순으로 기술한 것이다.

지안비의 경우 출자(出自)에 해당하는 부분은 없지만, '[日月之]子, 河伯之孫'이라는 계보는 능비의 '天帝之子, 母河伯女郞'과 사실상 동일하다. 그 다음의 '神靈祐護蔽蔭' 부분은 이것만으로는 정확한 뜻을 파악하기 어렵다. 그런데 추모왕의 탄생과 관련하여 「동명왕편」에는 유화부인이 낳은 알(卵)을 금와왕이 버리자 '뭇짐승들이 보호했다(百獸皆護)'고 한다.[12] 또한 추모왕은 부여에서 졸본으로 남하하거나 고구려를 건국하는 과정에서 고비마다 하늘(天)의

---

11 徐永大(1991), 「韓國古代 神觀念의 社會的 意味」, 서울대 박사학위논문; 盧泰敦(1993), 「주몽의 출자전승과 계루부의 기원」, 『한국고대사논총』 5(1999, 『고구려사연구』, 사계절) 참조. 다만 해모수설화와 금와설화가 본래부터 주몽설화에 포함되었다고 보는 견해도 있다(김기흥(2001), 「고구려 건국신화의 검토」, 『한국사연구』 113, 17~25쪽; 윤성용(2005), 「고구려 건국신화와 제의」, 『한국고대사연구』 39).

12 「東明王篇」: "初生左腋生一卵, 大如五升許. 王怪之曰, 人生鳥卵, 可爲不祥. 使人置之馬牧, 群馬不踐. 棄於深山, 百獸皆護, 雲陰之日, 卵上恒有日光. 王取卵送母養之, 卵終乃開得一男."

도움[蔽蔭]을 받은 것으로 묘사되어 있다.[13]

지안비의 '神靈祐護蔽蔭' 가운데 '우호(祐護)'가 탄생 과정에서 뭇짐승의 보호를 받은 것에 해당한다면, '폐음(蔽蔭)'은 부여에서의 남하 및 건국 과정에서 하늘[天]의 도움을 받은 것을 압축적으로 기술한 것으로 볼 수 있다.[14] 또한 '개국(開國)'은 능비의 '於沸流谷忽本西城山上, 而建都焉'과 같은 표현으로 건국을 기술한 것이며, '벽토(辟土)'는 개국 이후 강토를 확장한 사실을 묘사한 것으로[15] 볼 수 있다. 지안비의 경우, 추모왕의 출자에 해당하는 부분은 없지만, 능비처럼 탄생에서 건국에 이르는 과정을 시간 순으로 압축적으로 기술한 것이다. 지안비와 능비의 건국설화는 그 내용이나 구조가 기본적으로 동일한 것이다.

한편, 추모왕의 건국 사실을 선언한 〈표 1〉의 ⓐ 부분도 건국설화와 무관하다고 보기는 어렵다. 특히 능비의 '惟昔始祖鄒牟王之創基也'라는 표현은 추모왕의 건국 사실을 만천하에 선언하면서 설화 전체를 압축하여 기술하고 있다. ⓐ는 ⓑ의 내용을 압축하여 추모왕의 건국 사실을 선언한 장면이라 볼 수 있다. 그런데 ⓐ 가운데 지안비 가장 앞의 "□□□□世, 必授天道, 自承元王"이라는 문장은 능비뿐 아니라 다른 고구려 건국설화에도 보이지 않는다.[16] 특히 '원왕(元王)'은 다른 사료에도 잘 나오지 않는 용어이다.

---

13 「東明王篇」: "南行至淹滯, (중략) 迺以策指天, 慨然嘆曰, 我天帝之孫, 河伯之甥, 今避難至此, 皇天后土, 憐我孤子, 速致舟橋, 言訖, 以弓打水, 魚鼈浮出成橋, 朱蒙乃得渡, 良久追兵至. / 西狩獲白鹿, 倒懸於蟹原, 呪曰, 天若不雨而漂沒沸流王都者, 我固不汝放矣, 欲免斯難, 汝能訴天, 其鹿哀鳴, 聲徹于天, 霖雨七日, 漂沒松讓都, (중략) 六月, 松讓擧國來降云云".

14 神靈祐護의 내용을 鄒牟[朱蒙]가 졸본으로 남하할 때 皇天의 도움을 받아 奄利大水를 건넌 것을 지칭한다고 보기도 한다(耿鐵華(2013), 「集安高句麗碑考釋」, 『通化師範學院學報』(人文社會科學) 2013-2, 3쪽).

15 辟土는 '辟'이 임금을 뜻한다는 점에서 '그 땅에서 왕 노릇을 하였다'로 풀이할 수도 있다.

16 이 구절을 "惟太王之]世, 必授天道, 自承元王"라고 추독한 다음 광개토왕의 공훈을 讚譽한 것으로 보거나(耿鐵華·董峰(2013), 「新發現的集安高句麗碑初步研究, 『社會科學戰線』 2013-5, 11쪽), '元王'을 大王으로 보아 광개토왕의 선왕인 고국양왕으로 비정하기도 한

이로 보아 지안비 가장 앞의 "□□□□世, 必授天道, 自承元王"이라는 문장은 능비를 찬술하는 과정에서 생략되거나 아니면 다른 문장으로 개변되었을 것으로 추정된다. 그리하여 능비 이후에 작성된 고구려 건국설화에서는 이 문장과 동일하거나 유사한 표현이 사라지게 되었던 것이다. 이는 "□□□□世, 必授天道, 自承元王"이라는 문장이 현전하는 사료 가운데 고구려 건국설화의 가장 초기적 모습을 반영할 가능성을 시사한다. 이와 관련하여 다음 사료가 주목된다.

> ①-㉠ 夫百濟太祖都慕大王者, 日神降靈, 奄扶餘而開國, 天帝授籙, 摠諸韓而稱王. (『속일본기(續日本紀)』권40 환무천황(桓武天皇) 연력(延曆) 9년 추(秋)7월)
>
> ①-㉡ 乃告於衆曰 我方承景命, 欲啓元基, 而適遇此三賢, 豈非天賜乎? (『삼국사기(三國史記)』「고구려본기」1 동명성왕 즉위년조)
>
> ①-㉢ 對曰 此天之與物, 何爲不取乎. 夫大王困於扶余, 誰謂大王能至於此. 今大王奮身於萬死之危, 揚名於遼左, 此天帝命而爲之, 何事不成. (『동국이상국집(東國李相國集)』「동명왕편(東明王篇)」)

상기 사료는 모두 고구려 건국설화의 일부이다. ①-㉡은 주몽이 부여에서 졸본으로 남하하는 과정에 한 말인데, 밑줄 친 구절은 "내[주몽]가 경명(景命, 천

다(梁志龍·靳軍(2013), 「集安麻線高句麗碑試讀」, 『東北史地』 2013-6, 22쪽). 그렇지만 「廣開土王陵碑」나 「牟頭婁墓誌」의 내용 구성을 참조한다면 서두인 I행은 고구려 건국과 관련된 기술이라고 보는 것이 타당하다. 또한 '元王'을 시조 추모왕과 동일시하기도 하는데(張福有(2013), 「集安麻線高句麗碑探綜」, 『社會科學戰線』 2013-5, 17쪽; 王春燕·呂文秀(2013), 「集安高句麗碑札記」, 『高句麗與東北民族硏究』 2013-1, 46쪽), 문장상 양자를 구별하는 것이 훨씬 자연스럽다.

명(天命))을[17] 계승하여 나라의 기틀[원기(元基)=국기(國基)]을 열고자 한다"로 풀이된다. ①-ⓒ은 부분노(扶芬奴)가 비류국(沸流國) 송양(松讓)의 고각(鼓角)을 훔쳐서 주몽에게 바치며 한 말인데, 밑줄 부분은 "이는 천제가 명하여 하는 것이니 무슨 일이든 이루어지지 않겠습니까?"라고 풀이된다. 주몽의 건국이 천제의 명 곧 천명(天命)에 의해 이루어지고 있음을 표현한 것이다.

①-㉠의 도모대왕(都慕大王)은 고구려 시조인 추모왕[주몽]을 지칭한다. '녹(籙)'은 부적이나 도교의 비기라는 의미로도 사용되지만, 여기에서는 '제왕이 하늘로부터 수여받은 부명지서(符命之書)'를 뜻한다.[18] 따라서 밑줄 부분은 "천제가 부명지서를 주셔서 여러 한(韓)을 총괄하고 왕을 칭하게 되었다"라고 해석된다. 상기 사료는 모두 추모왕이 천명[경명]을 계승하거나 천제의 부명지서를 수여받아 고구려를 개국하였음을 서술하고 있다.

이로 보아 지안비의 ⓐ 가운데 '必授天道'는 ①-㉠의 '天帝授籙', '自承元王'은 ㉡의 '方承景命'와 각각 유사한 표현이라고 볼 수 있다. 지안비의 가장 앞부분은 '天帝授籙'이나 '方承景命'처럼 고구려 건국의 원천을 기술한 부분인 것이다. 다만 다른 건국설화에는 건국 원천을 '녹(籙, [천제의 부명지서])'이나 '경명(景命, [천제의 명])' 등 하나만 기술했지만, 지안비에서는 '천도(天道)'와 '원왕(元王)' 등 두 가지로 표현한 것이 특징적이다. 그렇지만 '천도'와 '원왕'은 모두 고구려 건국의 원천을 표현한 것이므로 그 구체적 성격은 다를지 모르지만, 건국 원천을 각기 다른 방식으로 기술한 것으로 보아야 한다. 즉 '천도'와 '원왕'은 상호 밀접한 관계에 있다고 보아야 하는 것이다.

---

17 '景命'은 帝王의 位를 부여하는 天命을 뜻한다(『詩經』 大雅·既醉: "君子萬年, 景命有僕." 鄭玄箋: "天之大命.").

18 『文選』 권3 張平子(張衡) 東京賦: "高祖膺籙受圖, 順天行誅."

'녹(籙)'이나 '경명(景命)' 등으로 표현되는 수명지부론(受命之符論)을 이론적으로 체계화한 것은 전한(前漢)의 동중서(董仲舒, B.C. 179~104)이다. 그에 따르면 '受命之符'는 개국(開國)의 군주가 천명을 부여받아 왕자(王者)가 될 부서(符瑞)라는 것이다. 일종의 왕권신수설(王權神授說)로 황제권의 신성성과 합리성을 논증한 이론이다.[19] 그런데 그는 춘추 시기 이래 전개된 천도론을 음양오행설과 결합시키면서 '원기(元氣)'라는 개념을 설정한 다음, '원(元)'을 '만물의 본원(本源)'이자 사람의 근본이 있는 '근원적 존재'로 파악하였다.[20] 또한 '천(天)'은 만물의 조(祖)라면서[21] 사실상 '원(元)'과 동일시하고 있다. 결국 동중서에게 있어서 천과 원은 만물의 본원이자 조(祖)로서 신비한 조물주 역할을 하면서 만물과 그 발전 규칙을 관장한다고 설정되고 있는 것이다.[22]

이로 보아 지안비의 '천도'와 '원왕'이라는 표현은 동중서의 천도론과 원기론(元氣論)에서 유래했을 가능성이 높다. 동중서에게 있어서 천도는 인간세상의 운영원리인 인도의 근거로 설정되고 있다.[23] 따라서 '必授天道'는 만물의 조물주인 天=元이 인간세상을 운영하는 근거인 '천도'를 수여했다는 뜻으로서, ①-㉠의 '天帝授籙'과 같은 의미로 파악된다. 또한 '원왕'은 만물의 본원이자 조물주를 뜻하는 '원(元)'에서 유래한 단어로 다른 고구려 건국설화에 나오는 '천제'에 상응한 표현으로 파악된다.[24] 다만 '천제'라는 표현이 인격

19 劉國民(2010), 「先秦儒家思想發展的重要轉折」, 『齊魯學刊』 2010-5, 30~32쪽.

20 『春秋繁露』 권3 玉英 및 권5 重政: "故元者爲萬物之本, 而人之元在焉."

21 『春秋繁露』 권15 順命: 天者, 萬物之祖, 萬物非天不生.

22 宋錫同(2008), 「漢代經學走向管窺」, 『河北大學學報(哲學社會科學版)』 33-1, 62~66쪽; 方軍(2011), 「天道與元氣」, 『江蘇大學學報(社會科學版)』 13-1, 27~29쪽.

23 劉國民(2007), 「董仲舒以陰陽之天道解釋人道」, 『西南民族大學學報(社會科學版)』 2007-6, 117~121쪽.

24 '元神'이 '大神'뿐 아니라 '天帝'를 뜻하며, 元天은 蒼天, 元父는 元氣之父로서 天帝, 元命은 天의 大命, 元極은 만물의 본원인 '天' 등을 뜻한다는 사실도 참조된다. 한편 '天'이 천

신적 요소가 강하다면, '원왕'은 '만물의 본원인 원기'라는 뜻에서 유래한 표현으로 고구려 건국원천의 심원성(深源性)을 나타내기 위한 조어로 파악된다.[25]

이렇게 본다면 지안비의 가장 첫 부분은 한대의 유학사상을 빌려 고구려 건국의 원천을 기술한 부분이라고 볼 수 있다. 이와 관련하여 최근 능비의 '성(聖)'이라는 표현을 '유교적 왕도정치'나[26] '성인과 같은 통치능력'을[27] 뜻한다고 본 견해들이 주목된다. 이를 받아들이면, 능비의 건국설화(〈표 1〉 ⓑ)에 나오는 '生而有聖'의 '聖'은 '유교적 성덕(聖德)'을 뜻하며, 지안비의 '천도'에 상응하는 표현으로 파악할 수도 있다. 즉 지안비 ⓐ의 '必授天道, 自承元王'과 능비 ⓑ의 '生而有聖, □□□□'은 상응하는 구절로 양자 모두 시조 추모왕이 '태어나면서부터 천도(天道, [聖])를 부여받았음'을 표현했다고 볼 수 있다.[28]

지 만물의 근원인 '元氣'나 '天'을 뜻하므로 '元王'을 굳이 다른 말로 표현하자면 '天王'이라 할 수 있다. 「동명왕편」의 天王은 '元王'에 상응하는 표현으로 볼 수 있는 것이다. 다만 『春秋繁露』에서 '天王'은 '失政으로 天下를 잃어버린 왕'이라는 뜻으로 자주 쓰이는데(권4 王道편 및 권5 重政편), 지안비의 찬자가 天王이라는 단어를 피했다고 볼 수도 있다.

25 한편 '元王'을 시조 추모왕보다 이전 시기에 존재했던 인격적 존재로 상정한 다음, 전왕족인 涓奴部[消奴部]의 건국자, 始祖母인 유화부인, 부여의 건국자인 解慕漱 등으로 추정하기도 한다(조우연(2013), 「集安高句麗碑에 나타난 왕릉제사와 조상인식」, 『한국고대사연구』 70, 167~170쪽). 그렇지만 시조의 정당성이나 신성성을 강조한 부분에 전왕족이나 부여의 건국자를 기술했다고 보기는 어렵다. 더욱이 II행 상단의 "[日月之]子(또는 [天帝之]子)" 라는 표현을 고려하면, 시조 추모왕과 '日月[天帝]' 사이에 다른 인격적 존재를 상정하기는 힘들다. 그리고 시조모의 존재는 II행에 '河伯之孫'이라는 형태로 기술했다고 보는 것이 훨씬 더 자연스럽다.

26 川崎晃(2012), 「高句麗廣開土王碑の基礎的考察」, 『古代學論究』, 慶應義塾大學 出版部, 36~46쪽.

27 조우연(2001), 「고구려 제천의례의 전개」, 『고구려발해연구』 41, 63~65쪽.

28 지안비의 첫 문장 및 董仲舒의 天道論과 元氣論에 대한 이상의 서술은 여호규(2013), 앞의 글, 84~88쪽을 수정 보완한 것임. 조우연(2013), 앞의 글, 162~167쪽에서도 지안비 찬자가 동중서의 천명론에 입각한 유교적 왕권 정당화 이론을 수용하였을 가능성을 제기한 바 있다.

그러므로 능비 찬자가 지안비의 ⓐ 가운데 '始祖鄒牟王之創基也'라는 구절만 채택하여 가장 서두에 서술하고, 건국 원천에 해당하는 '□□□□世, 必授天道, 自承元王' 부분은 추모왕의 탄생과 결합시켜 '剖卵降世, 生而有聖, □□□□'라는 문장으로 개변하였다고 파악할 수 있다. 능비 찬자는 지안비의 첫 번째 문장을 완전히 생략한 것이 아니라 '剖卵降世, 生而有聖, □□□□'라는 문장으로 개변하여 서술한 것이다.[29] 그렇다면 능비 찬자는 왜 지안비의 첫 번째 문장을 개변하였을까?

전술하였듯이 지안비 첫 번째 문장의 천도(天道)나 원왕(元王) 등은 모두 동중서가 체계화한 한대의 유학사상에서 빌려온 표현이다. 그런데 동중서가 천도나 원기 등의 개념을 통해 수명지부론을 체계화한 것은 천명을 부여받은 군주가 인의(仁義)에 입각한 왕도정치[덕치(德治)] 구현을 희구하였기 때문이다.[30] 그러므로 지안비 첫 번째 문장의 천도나 원왕이라는 표현도 본래 천명사상에 입각한 유교의 이상군주론과 연관된다고 볼 수 있다. 이러한 측면은 지안비 6행의 '선성(先聖)'이라는 표현에서도 엿볼 수 있다.

'선성(先聖)'은 일반적으로 '공자로 대표되는 옛날 성인'을 뜻하며, 선왕(先王)에 대한 존칭이나 '선성왕(先聖王)'의 의미로도 사용되었다.[31] 고대 중국에서

---

29 이러한 점에서 지안비 서두의 '□□□□世, 必授天道, 自承元王' 및 능비의 '剖卵降世, 生而有聖, □□□□'라는 문장은 서로 상응한 문구일 가능성이 높다. 지안비의 '必授天道'와 능비의 '生而有聖'이라는 문장이 사실상 동일한 의미라면, 능비의 '生而有聖' 다음에는 지안비의 '自承元王'에 해당하는 문구, 지안비의 '必授天道' 앞에는 능비의 '剖卵降世'에 상응하는 구절이 각기 기술되었을 것으로 파악된다. 지안비의 첫머리는 '[惟剖卵降]世'라는 문장으로 시작되었을 가능성이 높은 것이다.

30 許家鵬(2006), 「論董仲舒'獨尊儒術'的天道與人道依據」, 『江西社會科學』 2006-11; 陳忠寧(2011), 「傳統和合思想中的天命與道德-以董仲舒'天人感應'說爲例」, 『社會科學論壇』 2011-8; 王心竹(2012), 「董仲舒王道論淺析」, 『河南社會科學』 2012-7(vol.20-7).

31 조우연(2013), 앞의 글, 171쪽.

성인(聖人)의 '聖'은 본래 '신명(神命)'을 청문(聽聞)할 수 있는 '통신지인(通神之人)'을 지칭하였는데, 춘추·전국시대를 거치면서 유학사상의 발달과 더불어 인의와 정법(正法)을 뜻하는 용어로 바뀌었다. 이에 따라 성왕은 인의를 바탕으로 이상적인 왕도정치를 구현하였다고 상정된 요·순 등 3대의 왕을 지칭하게 되고, 성인은 인의를 실천한 성현을 가리키며 공자가 그 대표적 인물로 신격화되기에 이르렀다.[32] 지안비 6행의 '선성(先聖)'도 한대의 유학사상에서 빌려온 용어이다.

이상과 같이 지안비에는 수명지부론에 입각한 천도나 원왕[원기], 인의 개념에 입각한 선성 등 유교식 용어가 거의 그대로 사용되고 있다. 물론 지안비 찬자가 이러한 유교식 용어를 사용한 것은 고구려 건국설화에 묘사된 건국의 정당성을 분식하고, 시조 추모왕 이래 면면히 이어진 왕권의 정통성을 강조하기 위해서였을 것이다. 그렇다면 이러한 유교식 용어는 고구려 건국설화의 내용이나 왕권의 성격과 얼마나 부합하였을까?

전술하였듯이 동중서는 수명지부론을 체계화하기 위해 천도나 원기 등의 개념을 설정하였다. 그리고 천명을 부여받은 군주가 인정(仁政)과 덕치(德治)를 통해 왕도정치를 구현하기를 희구하였다.[33] 그렇다면 고구려 건국설화에 나오는 시조 추모왕을 동중서가 설정한 천명을 부여받은 군주와 동일시할 수 있을까? 그리고 시조 추모왕이나 그를 이은 고구려의 왕들은 인정과 덕치를 통해 왕도정치를 구현한 군주로 볼 수 있을까?

---

32 奧崎裕司(1997), 「聖と賢」, 『中國古代史硏究』 6(硏文出版), 26~30쪽; 王順達(2002), 「論原始儒家的'聖人'理想」, 『西南師範大學學報, 人文社會科學版』 2002-9; 吳潤儀(2005), 「董仲舒"春秋"學中的孔子先知聖人形象」, 『廣東敎育學院學報』 2005-4; 白欲曉(2012), 「聖·聖王與聖人」, 『安徽大學學報(哲學社會科學版)』 2012-5; 吳震(2013), 「中國思想史上的'聖人'概念」, 『杭州師範大學學報(社會科學版)』 2013-7.

33 任剑涛(2012), 「天道·王道與王权」, 『中国人民大学学报』 2012-2.

사료 ①에서 보듯이 지안비 이외에도 현전하는 고구려 건국설화에는 수명지부론에서 유래한 표현들이 다수 등장한다. 그런데 지안비의 '[日月之]子, 河伯之孫' 및 능비의 '天帝之子, 母河伯女郎' 등의 표현에서 보듯이 시조 추모왕은 천(天)을 상징하는 일월(日月)이나 천제의 혈연적 후손으로 상정되고 있다. 능비의 '나는 皇天의 아들이고 어머니는 河伯의 따님이시다(我是皇天之子, 母河伯女郎)'라는 문장은 추모왕이 스스로 황천(皇天) 곧 하늘의 혈연적 후손임을 표방하고 있음을 잘 보여준다. 이에 따라 시조는 사후에도 '승천(昇天)' 곧 자신의 본원인 하늘로 되돌아간 것으로 묘사되어 있다.

시조 추모왕을 비롯한 고구려 왕들은 천제[일월(日月), 하늘님]의 핏줄을 이은 천손(天孫)으로 상정되고 있는 것이다.[34] 그러므로 고구려 건국설화에 '천명(天命)'을 뜻하는 '경명(景命, [천제의 명])'이나 '녹(籙, [천제의 부명지서])' 등의 표현이 사용되고 있지만, 그 실제적 의미는 왕도정치를 구현할 천명을 부여받았다는 뜻이 아니라, 천제의 핏줄을 이어받은 천손임을 강조하기 위한 필법이라 볼 수 있다. 천제와의 혈연적인 계승관계를 강조한다는 점에서 천명을 부여받아 왕도정치를 구현하는 유교적 군왕과 다소 거리가 있다.

물론 능비 서언의 '은택이 황천에 미쳤고 위무는 사해에 떨쳤다(恩澤洽于皇天, 威武振被四海)'라는 문구는 광개토왕을 유교적인 성왕에 비유한 것으로 볼 수도 있다. 일반적으로 천명을 부여받은 유교적 군왕은 인정과 덕치를 통해 왕도정치를 구현하는 것으로 상정된다. 물론 은(殷) 주왕(紂王)을 무력으로 정벌한 주(周) 문왕(文王)의 사례에서 보듯이 '불인(不仁)'에 대한 무력행사는 왕도정치를 구현하기 위한 수단의 하나로 용인된다. 그렇지만 이러한 무력행사는 어디까지나 인정과 덕치를 보완하기 위한 여러 방안의 하나로 상정된다는 점에 유

34 노태돈(1999), 앞의 책, 37쪽.

의할 필요가 있다.

그런데 능비의 훈적 기사에서는 광개토왕이 인정이나 덕치를 펼쳤다고 기술한 부분을 거의 찾아볼 수 없다. 전체적으로 인정이나 덕치보다는 사방에 위무(威武)를 떨친 정복군주의 이미지를 훨씬 더 강조하고 있다. 영락 6년조의 "백잔[殘]이 의(義)에 복종하지 않고 감히 나와서 싸우니 왕께서 크게 노하시어 아리수(阿利水)를 건너 정예병을 보내 도성을 공격하였다", 영락 14년조의 "왕의 군대가 길을 끊고 토벌하니 왜구(倭寇)가 무너져 패배하였으며, 참살(斬煞)한 적병이 헤아릴 수 없을 정도였다", 영락 17년조의 "모두 참살하였으며 획득한 갑옷이 1만여 벌이었고 다른 군수물자는 헤아릴 수 없을 정도였다" 등의 표현에서는 무위(武威)가 충만한 정복군주의 이미지가 잘 드러난다. 능비 찬자가 묘사한 광개토왕의 이미지는 인정과 덕치를 통해 왕도정치를 구현하는 유교적 성왕과는 상당한 거리가 있었던 것이다.

능비 찬자가 지안비 서두의 '□□□□世, 必授天道, 自承元王'라는 문장을 '剖卵降世, 生而有聖, □□□□'으로 개변한 이유는 바로 여기에 있다고 생각된다. 전술하였듯이 지안비 찬자는 고구려 건국 원천의 심원성과 왕권의 정당성을 분식하기 위해 유교식 용어를 차용하여 건국설화를 기술하였다. 그런데 지안비에서 차용한 유교식 용어는 고구려 건국설화에 묘사된 시조 추모왕의 성격이나 당시 고구려인의 군주관과 상당한 괴리가 있었다. 이에 따라 유교사상에 대한 이해가 깊어지면서 지안비의 천도, 원왕, 선성 등과 같은 유교식 용어를 그대로 사용하는 것이 부적절하다는 점을 깨달았을 것이다. 이에 천도, 원왕, 선성 등과 같은 유교식 용어를 시조 추모왕의 성격이나 고구려인의 군주관과 부합하는 방향으로 변용하였을 가능성을 상정해볼 수 있다.

능비의 '生而有聖'이라는 문장은 이러한 가능성을 잘 보여준다. 전술하였듯이 이 문장의 '성(聖)'을 '유교적 성덕(聖德)'이나 '성인(聖人)과 같은 통치능력'

등 유교식으로 한정하여 해석하기도 한다. 그렇지만 지안비의 천도나 선성 등이 특정한 단어로 그 뜻이 한정되는데 비해, 능비의 '성(聖)'이라는 표현은 한 글자이므로 다중적(多重的) 의미로 사용될 수 있다. 능비의 '성'은 유교적 성덕뿐 아니라, '성'의 본래적 의미인 '통신(通神)'이나 '신성(神聖)' 등으로도 풀이될 수 있다. 특히 시조 추모왕이 천제의 핏줄을 이은 존재로 상정되고 사후에도 승천한 것으로 묘사된 사실을 상기하면, 이 '성'은 유교적 성덕보다는 하늘과 핏줄로 연결된 시조 추모왕의 '신성성'을 뜻한다고 파악된다. '生而有聖'은 시조 추모왕이 태어나면서부터 천제의 핏줄을 이어받아 하늘의 신성성을 보유하였음을 뜻한다고 풀이할 수 있다.

이렇게 본다면, 지안비 단계에서는 동중서의 천명론과 왕도정치론에 입각한 유교식 용어를 그대로 수용하여 건국설화나 왕권을 분식하였기 때문에 고구려의 전통적인 시조관이나 군주관과 상당한 괴리가 발생하였다고 파악된다. 이에 능비 단계에서는 유교식 용어를 다중적 의미로 통용될 수 있는 표현으로 변용하여 전통적인 시조관이나 군주관과 부합시키려고 시도하였다. 천도, 원왕, 선성 등의 유교식 용어를 '聖'과 같은 한 글자의 한자로 변용하여 다중적인 의미로 사용한 것이다. 이러한 양상은 모두루묘지의 "천하 사방이 이 국△(國△)가 가장 성스럽다는 것을 알지니(天下四方知此國△最聖)"라는 표현에서도 확인할 수 있다.

그러므로 능비나 모두루묘지의 '성(聖)'이라는 표현이 비록 '유교적 성덕'을 뜻하는 단어에서 유래했다 하더라도, 실제로는 유교적 성덕이 아니라 천제[하늘]와 혈연 계보로 연결된 고구려 시조나 왕의 신성성을 나타낸다고 파악된다. 이러한 점에서 능비의 "유언을 이어받은 세자인 유류왕은 도로써 잘 다스렸고(顧命世子 儒留王, 以道興治)"의 '도(道)'라는 표현이나 중원고구려비의 "대대로 형제와 같이 상하가 서로 화합하여 천을 지키기를 원하여(世世爲願 如兄如弟

上下相和 守天)" 의 '천(天)'이라는 표현도 천도(天道) 등 유교식 용어를 변용한 사례로 생각된다.

결국 고구려인들은 지안비 단계까지만 하더라도 유교식 용어를 그대로 수용하여 건국설화를 기술하다가, 능비를 건립하는 단계부터 고구려의 전통적인 시조관이나 군주관과 부합시키는 방향으로 유교식 용어나 표현을 변용하였다고 파악할 수 있다. 이는 고구려인의 군주관이 유교적 군주관과 근본적으로 상이한 데서 기인하였다. 전술하였듯이 한대 유학사상의 천명론적 군주관에서 천(天)은 인세(人世)의 군주에게 인의(仁義)를 핵심으로 하는 천명을 부여하고, 인도(人道)의 근거인 천도(天道)를 수여하는 보편적 존재로 상정된다. 이러한 천도를 수여받은 군주는 인정과 덕치를 통해 왕도정치를 구현할 것을 요구받았다.

이에 비해 고구려의 혈연적 군주관에서 천은 왕실의 조상신인 천제(天帝, [인격신])로 상정되고, 고구려 시조나 왕들은 천제와 혈연적으로 연결된 신성한 존재로 설정되었다.[35] 고구려의 혈연적 군주관은 인정과 덕치를 통해 왕도정치를 구현한다는 유교적 성왕과는 상당한 괴리가 있었던 것이다. 즉 인의를 핵심내용으로 하는 천도나 선성 등 유교식 용어로는 천제와 혈연적으로 연결된 고구려 시조나 왕들의 신성성을 제대로 표현하기 힘들었던 것이다. 이에 유교식 용어를 '성(聖)', '도(道)', '천(天)' 등 다중적 의미를 지닐 수 있는 한 글자로 변용하여 고구려 시조와 왕들의 신성성을 묘사하고, 고구려적 천하의 운영원리를 표현했다고 파악된다.[36]

---

35 노태돈(1999), 앞의 책, 358~367쪽.

36 강진원(2013), 「신발견 "集安高句麗碑" 의 판독과 연구현황」, 『목간과문자』 11, 125쪽 각주 114에서도 지안비의 '天道'나 '元王' 등의 표현이 지속적으로 사용되지 못한 이유를 중국의 천명론적 군주관과 고구려의 혈연적 군주관의 차이와 연관시켜 간략히 언급한 바 있다.

VI. 왕위계승 기사에 나타난 일계적 왕통의식

종전 연구에서는 능비 서언의 기사 가운데 시조 추모왕의 승천 부분, 왕위계승 부분, 광개토왕의 행장 등을 각기 다른 단락으로 분리하여 이해하는 것이 일반적이었다. 그런데 한대의 묘비처럼 종결사를 기준으로 능비 서언의 단락을 구분하면, 이들 기사는 모두 하나의 단락을 이루는 것으로 파악된다. 실제 필자의 추론처럼 이들 기사가 하나의 단락을 이루었다면, 능비 찬자는 서로 분리된 것처럼 보이는 이들 기사를 왜 하나의 단락으로 묶어 기술하였던 것일까?

이를 파악하기 위해 먼저 고구려 왕계와 관련한 전승을 검토하여 보도록 하자. 현재 고구려 왕계는 능비를 비롯하여 『위서』「고구려전」, 『삼국사기』「고구려본기」 등에 전한다. 능비와 『위서』에는 고구려 초기 왕계만 나오지만, 현전하는 왕계 가운데 가장 오래되었다. 또한 『삼국사기』의 왕계는 고려 시기에 최종 정리된 것이지만, 각 왕의 계보를 구체적으로 기술하고 있다.

> ② 高句麗者, 出於夫餘, 自言先祖**朱蒙**. (중략) 初, 朱蒙在夫餘時, 妻懷孕, 朱蒙逃後生一子, 字始閭諧. 及長, 知朱蒙爲國主, 卽與母亡而歸之, 名之曰閭達, 委之國事. 朱蒙死, **閭達**代立. 閭達死, 子**如栗**代立. 如栗死, 子**莫來**代立, 乃征夫餘, 夫餘大敗, 遂統屬焉. 莫來子孫相傳, 至裔孫**宮**, 生而開目能視, 國人惡之. (중략) 宮曾孫**位宮**亦生而視, 人以其似曾祖宮, 故名爲位宮, 高句麗呼相似爲「位」. (중략) 其玄孫**乙弗利**, 利子**釗**, 烈帝時與慕容氏相攻擊(『위서(魏書)』 권100 「고구려전」).[37]

37 이 기사는 『周書』, 『隋書』, 『北史』, 『唐會要』, 『文獻通考』 등의 「고려(고구려)전」과 『冊府元龜』 外臣部 등에도 계보가 조금씩 변형된 형태로 전재되어 있다.

주지하듯이 능비는 414년에 건립되었고, 『위서』「고구려전」은 435년 고구려를 방문했던 북위 사신 이오의 견문을 바탕으로 편찬되었다. 양자 모두 5세기 전반에 존재했을 초기 왕계를 반영하는 것이다. 그런데 양자 사이에는 적지 않은 차이가 있다. 가령 능비에는 초기 3왕으로 시조 추모왕을 비롯하여 고명세자(顧命世子)로 도(道)로써 나라를 잘 다스린 유류왕(儒留王), 왕업을 받들어 계승한 대주류왕(大朱留王) 등이 나온다. 이에 비해 사료 ②에서 보듯이 『위서』「고구려전」에는 시조 주몽에 이어 그의 아들 여달(閭達)이 부여에서 내려와 왕위를 잇고, 그 뒤 여달의 아들 여율(如栗)과 그의 아들 막래(莫來)가 차례로 계승했는데, 막래가 부여를 정복하는 위업을 세웠다고 기술했다.

두 왕계에 나오는 각 왕의 계보, 업적, 음가(音價) 등이 합치하지 않는 것이다. 이에 계보를 중시하여 주몽을 추모왕, 여달을 유류왕, 여율을 대주류왕, 막래를 『삼국사기』의 모본왕(慕本王)으로 각기 비정하는가 하면,[38] 음가를 중시하여 여율을 유류왕, 막래를 모본왕으로 비정하기도 한다.[39] 또한 주몽과 여달은 계보를 중시하여 각기 추모왕과 유류왕에 비정하고, 막래는 업적을 중시하여 대주류왕에 비정하기도 한다.[40] 그리고 『위서』 기사의 일부를 누락시킨 『북사』「고려전」에 입각하여[41] 여달(시려해)을 제외하고 여율을 유류왕, 막래를 무휼(대무신왕)에 비정한 다음 음가와 업적 모두 상응한다고 파악하기도

38 那珂通世(1895), 「朝鮮古史考」, 『史學雜誌』 6-4, 27~28쪽; 김기흥(2005), 「고구려 국가형성기의 왕계」, 『고구려의 국가형성』, 고구려연구재단, 217쪽.

39 津田左右吉(1922), 「三國史記高句麗本紀の批判」, 『滿鮮地理歷史硏究報告』 9: 1964 『津田左右吉全集(12)』(1964), 岩波書店, 412~416쪽 및 池內宏(1941), 「高句麗の開國傳說と史上の事實」, 『東洋學報』 28-2, 170~173쪽. 이들은 莫來의 '來'는 慕本王의 '本'을 誤寫한 것으로 파악하였다. 한편 모본을 막래의 訛傳 내지 雅化로 보기도 한다(김철준(1975), 『한국고대사회연구』, 지식산업사, 47쪽).

40 盧泰敦(1993), 앞의 글; 앞의 책(1999), 44~52쪽.

41 『北史』「고려전」에는 사료 ①-㉡ 가운데 "閭達代立. 閭達死" 부분이 누락되었다.

한다.[42] 이처럼 다양한 방식으로 두 왕계의 관계를 비정했지만 어느 경우이든 계보, 업적, 음가를 모두 합치시킬 수는 없었다.[43]

가령 계보를 중시한 견해는 여율과 대주류왕, 막래와 모본왕 사이에 각기 상응하는 업적이 없다는 문제점을 안고 있으며, 음가를 중시한 견해는 여율과 유류왕, 막래와 모본왕 사이에 상응하는 업적이 없을 뿐 아니라 계보도 일치하지 않는 문제점을 안고 있다. 계보와 업적을 취사선택한 견해는 여달과 유류왕은 음가상 많은 차이가 나며, 막래와 대주류왕은 계보가 일치하지 않는다는 문제가 있다. 『북사』를 중시한 견해는 『북사』의 편찬 과정에서 누락된 여달(시려해)을 아예 제외하는 오류를 범했다. 결국 현전하는 자료만 갖고는 능비와 『위서』의 왕계를 합치시킬 수 있는 방안이 없는 것이다.

이는 5세기 전반에 초기 왕계에 대한 이전(異傳)이 존재했을 가능성을 시사한다.[44] 만약 두 왕계가 이전에 바탕을 둔 것이라면 양자를 합치시켜 이해할 방법은 없을 것이다. 다만 두 왕계의 시조가 추모왕=주몽으로 동일 인물로 추정되고, 그 밖에 업적이나 음가가 비슷한 인물도 존재하므로 양자가 전혀 다른 계보라고는 생각되지 않는다. 즉 능비와 『위서』의 왕계는 동일한 대상을 전하지만, 오랜 전승이나 재정리 과정에서 차이점이 발생했을 가능성이

---

42 박시형(1966), 앞의 책, 126~130쪽; 劉子敏(1996), 「高句麗前期王系考辨」, 『高句麗歷史研究』, 延邊大學 出版部, 134~138쪽; 耿鐵華(2005), 「王莽征高句麗兵伐胡史料與高句麗王系問題」, 『北方文物』 2005-2, 60쪽; 鄭春穎(2007), 「高句麗 閭達, 如栗, 莫來 考辨」, 『博物館研究』 2007-4, 28쪽.

43 또한 시려해(여달)=유류, 여율, 막래=대주류 등으로 비정한 다음, 「광개토왕릉비」의 '17世孫'을 혈연 계보 수로 보아 이들이 『삼국사기』 왕계에는 누락되었다고 보기도 한다(손영종(1990), 「고구려 건국년대에 대한 재검토」, 『력사과학』 1990-1: 『고구려사(I)』(1990), 과학백과사전종합출판사, 46~57쪽).

44 池內宏(1941), 앞의 글, 170~171쪽; 盧泰敦(1994), 「고구려 초기 王系에 대한 一考察」, 『李基白先生古稀紀念韓國史學論叢(上)』, 一潮閣; 앞의 책(1999), 84~86쪽.

〈표 2〉『삼국사기』「고구려본기」의 왕호표(1~19대)

代數	왕명(王名)		휘(諱)		계보관계	장지명(葬地名)
	本文	分注	本文	分注		
1	東明聖王		朱蒙	鄒牟·衆解		龍山 (忽本東岡: 능비)
2	瑠璃明王		類利	孺留	朱蒙元子, 母禮氏	豆谷 東原
3	大武神王	大解朱留王	無恤		琉璃王第三子. 母松氏, 多勿國王 松讓女.	大獸村(林)原
4	閔中王		解色朱		大武神王之弟	閔中原 石窟
5	慕本王		解憂	解愛婁	大武神王元子	慕本原
6	太祖大王	國祖王	宮	於漱(少名)	琉璃王子 古鄒加 再思之子, 母太后 扶餘人	
7	次大王		遂成		太祖大王 同母弟	
8	新大王		伯固	伯句	太祖大王之季弟	故國谷
9	故國川王	國襄	男武	伊夷模(誤記)	新大王 伯固之第二子	故國川原, 國川
10	山上王		延優	位宮(誤記)	故國川王之弟	山上陵
11	東川王	東襄	憂位居	郊彘(少名)	山上王之子. 母酒桶村人	柴原
12	中川王	中壤	然弗	若友	東川王之子	中川之原
13	西川王	西壤	藥盧	猷矢婁	中川王 第二子	西川之原 (故國原: 봉상왕8)
14	烽上王	雉葛	相夫	憂弗	西川王之太子	烽山之原
15	美川王	好壤王	乙弗		西川王之子 古鄒加咄固之子	美川之原
16	故國原王	國岡上王1	斯由	釗	(미천왕의 왕자)	故國之原
17	小獸林王	小解朱留王	丘夫	於只支	故國原王之子	小獸林
18	故國壤王		伊連		小獸林王之弟	故國壤
19	廣開土王		談德		故國壤王之子	

높다. 이 경우 두 왕계의 인물을 정확하게 대응시키는 것은 불가능하겠지만, 양자의 공통점 특히 동일한 시대적 배경 등을 추출할 수 있을 것이다.

〈표 2〉는 『삼국사기』「고구려본기」의 왕계를 정리한 것이다. 능비와 『삼국

사기』의 왕호[휘(諱) 포함]를 비교하면, 시조 추모왕은 1대 동명성왕의 휘인 주몽[朱蒙, 鄒牟], 유류왕은 2대 유리명왕의 휘인 유리[類利, 孺留], 대주류왕은 3대 대무신왕의 분주 왕명인 대해주류왕(大解朱留王)에 각각 대응시킬 수 있다. 더욱이 능비의 유류왕과 『삼국사기』의 유리명왕[孺留]은 모두 추모왕=동명성왕의 세자[태자]로 계보관계가 일치한다. 또한 『삼국사기』에 대무신왕[대해주류왕]이 부여를 정벌했다고 나오는데, '왕업을 계승 발전시켰다'는 대주류왕의 업적에 상응한다.

초기 3왕만 놓고 본다면 능비와 『삼국사기』는 동일한 왕계를 전하는 것이다. 특히 능비에 약술된 추모왕-유류왕-대주류왕의 사적은 『삼국사기』 「고구려본기」의 동명성왕-유리명왕-대무신왕의 활동 내용을 압축해놓은 것으로 추정된다. 이러한 점에서 초기 3왕과 광개토왕의 관계를 기술한 능비의 "遝至十七世孫 國岡上廣開土境平安好太王二九登祚"라는 표현 역시 『삼국사기』 「고구려본기」의 왕계와 연결시켜 합리적으로 해석할 필요가 있다. 종래 능비의 '17세손'이 세대 수인지 왕대 수인지, 기준 왕은 누구인지 등을 놓고 다양한 견해가 제시되었다. 각 견해에 대해서는 충분히 검토된 바 있으므로[45] 재론하지 않겠다. 다만 '답지(遝至)'라는 표현이 모두루묘지에도 나오고 있어 주목된다.

> ② 하백의 손자이고 일월의 아들이신 추모성왕은 원래 북부여에서 나오셨다. (중략) 성왕 노객의 조상이 북부여에서 성왕을 따라 왔다. (중략) △강상성태왕의 시기에 (중략) △조(△祖)인 대형 염모가 목숨을 다하셨다. □□於

45 武田幸男(1989), 『高句麗史と東アジア』, 岩波書店, 281~284쪽 및 노태돈(1999), 앞의 책, 64~70쪽.

彼喪亡△. 조부이신 □□ 대형 자△와 대형 □□가 대대로 관은을 입어 은혜롭게도 △조의 □도(□道) 성민과 곡민을 병령하여 전왕 시기에 이와 같이 □육(□育)하였다. 국강상대개토지호태성왕대에 이르러 조부의 △△로 말미암아 은혜롭게 노객 모두루와 □□모에게 교를 내려 영북부여수사로 파견하셨도다(河泊之孫日月之子鄒牟聖王元出北夫餘 (중략) 聖王奴客祖先□□□北夫餘隨聖王來. (중략) □△岡上聖太王之世△ (중략) △祖大兄冉牟壽盡. □□於彼喪亡△由祖父□□大兄慈△大兄□□□世遭官恩恩△祖之□道城民谷民并領前王□育如此. 遝至國岡上大開土地好太聖王緣祖父△△恩敎奴客牟頭婁□□牟敎遣令北夫餘守事(「모두루묘지」).[46]

위에서 보듯이 모두루묘지에는 노객(奴客) 모두루의 조상[祖先], △조(△祖)인 대형(大兄) 염모(冉牟), 그 다음 조부(祖父)인 대형 2명, 모두루 등의 사적이 각각 시조 추모성왕, 국강상성태왕[고국원왕], 전왕(前王), 국강상대개토지호태성왕[광개토왕] 등과 상응하여 서술되어 있다.[47] 여기서 '답지(遝至)'라는 표현은 고국원왕–광개토왕 사이에 활동했던 대형 2명의 활동이 종료된 이후 일정 시간이 흘러 모두루의 활동 시기에 이르렀음을 나타내기 위해 사용되었다. '답지'가 포함된 문장은 "그 뒤 국강상대개토지호태성왕에 이르러" 로 해석할 수 있다. 결국 '답지'라는 표현의 기준 시점은 모두루 바로 앞에 나오는 대형 2명의 활동이 종료된 시기라고 할 수 있다.

이렇게 본다면 '遝至十七世孫'의 기준 시점 역시 바로 앞의 대주류왕이라고 파악된다. 이 문장 역시 "그 뒤(대주류왕 이후) 17세손에 이르러 국강상광개토

46 판독문은 盧泰敦(1992), 「牟頭婁墓誌」, 『역주 한국고대금석문(I)』, 가락국사적개발연구원 참조.
47 武田幸男(1981), 「牟頭婁一族と高句麗王權」, 『朝鮮學報』 99·100합집.

경평안호태왕이 18세에 왕위에 오르시니"로 해석할 수 있다. 그런데 광개토왕은 능비의 대주류왕 곧 『삼국사기』 대무신왕을 기준으로 혈연 계보를 계산하면 11세손에 해당하지만, 왕대 수로는 17대에 해당한다. 그러므로 '逻至十七世孫'라는 명문은 대무신왕을 기준으로 광개토왕이 왕대 수로 17대 왕임을 나타낸 표현으로 볼 수 있다.[48] 능비에서 상정하고 있는 왕계와 『삼국사기』의 왕계는 기본적으로 동일한 것이다.[49] 이는 『삼국사기』의 왕계가 능비가 세워지던 5세기 초에는 이미 정립되어 있었음을 반영한다.

그럼 『위서』와 『삼국사기』 왕계의 관계는 어떠할까? 먼저 두 번째 여달(閭達)은 2대 유리명왕과 계보나 사적이 동일하지만, 유리명왕의 왕호나 휘 가운데 발음이 비슷한 것은 없다. 더욱이 부여를 정벌했다는 막래(莫來)의 사적은 3대 대무신왕기에 상세히 기술되어 있는데, 막래가 4대인 반면 대무신왕은 3대이다. 만약 계보와 사적을 중시하여 여달=유리명왕, 막래=대무신왕에 비정한다면, 양자 사이의 여율은 『삼국사기』에서 상응한 왕을 찾을 수 없게 된다. 또한 『위서』에서 궁(宮)을 막래의 예손(裔孫)이라 표현했는데, 통설처럼 궁을 6대 태조왕으로 비정한다면 막래를 대무신왕과[50] 모본왕[51] 가운데 누구로 비정하든 계보나 왕대 수로 보아 양자를 '예손'이라 표현할 정도로 먼 관계라고 볼 수는 없다.

---

48 今西龍(1937), 「廣開土王碑に就て」, 『朝鮮古史の研究』, 國書刊行會, 459~460쪽; 박시형(1966), 앞의 책, 135~136쪽; 王健群(1984), 『廣開土王陵碑研究』, 吉林人民出版社, 289쪽.

49 朴眞奭(1989), 「關于高句麗存在山上王與否的問題」, 『世界歷史』 1989-2, 138~140쪽; 盧泰敦(1999), 앞의 책, 91~92쪽; 박경철(2002), 「高句麗人의 '國家形成' 認識試論」, 『한국고대사연구』 28, 57~58쪽; 耿鐵華(2005), 앞의 글, 60쪽.

50 盧泰敦(1993), 앞의 글 : 앞의 책(1999), 49쪽.

51 津田左右吉(1922), 앞의 글(앞의 책(1964), 412~416쪽); 池內宏(1941), 앞의 글, 170~173쪽.

이처럼 『위서』와 『삼국사기』의 왕계는 공통점도 있지만, 차이점도 많다.[52] 이는 능비와 『삼국사기』 왕계가 동일한 것과 대조적인 현상으로, 『위서』의 왕계가 능비나 『삼국사기』 왕계와 계통이 달랐을 가능성을 시사한다. 이러한 점에서 능비가 국가적 기념비이고, 『삼국사기』 「고구려본기」 역시 고구려 시기 역사서에서 유래한 자료를 바탕으로 편찬되었을 것이라는데 유의할 필요가 있다. 능비나 『삼국사기』가 국가적 차원에서 정립된 공식 왕계를 반영한다면, 『위서』는 국가적 차원에서 정립되기 이전이나 민간[귀족사회]에 전승되던 왕계를 반영할 가능성이 높은 것이다.[53]

이상을 통해 능비의 왕계는 『삼국사기』 「고구려본기」의 왕계와 기본적으로 동일하다는 사실을 알았다. 또한 능비에는 대무신왕과 광개토왕의 관계를 혈연상의 세대 수를 의미하는 '17세손'으로 표현하였지만, 이는 실제 계보관계가 아니라 왕대 수를 뜻한다는 사실도 파악하였다. 능비 찬자는 계보관계보다는 각 왕이 선왕의 왕위를 계승한 사실에 주목하여 '17세손'이라는 표현을 사용하였던 것이다. 이는 능비의 찬자가 각 왕을 선왕의 왕위계승자라는 의미에서 '사자(嗣子)'로 상정하였을 가능성을 시사한다.[54]

이와 관련하여 지안비에서 고구려의 왕위계승을 '계윤상승(繼胤相承)'이라

---

52 이에 대해 김부식이 『魏書』가 아니라 『北史』 「고려전」의 '朱蒙-如栗-莫來'를 참조하여 초기 왕계를 설정했다고 파악하기도 한다(劉子敏(1996), 앞의 책, 134~138쪽; 鄭春穎(2007), 앞의 글, 28쪽). 그렇지만 『삼국사기』의 왕계가 「광개토왕릉비」와 일치하는 만큼 고구려 시기에 이미 정립되어 있었다고 파악하는 것이 더 타당하다.

53 이러한 점에서 당시 고구려에 복수의 王統系譜가 존재하였을 가능성이 높다(鄭早苗(1979), 「高句麗王系小考」, 『旗田巍博士古稀朝鮮歷史論集(上)』, 龍溪書舍). 한편 고대 일본의 경우에도 천황의 계보는 다양한 형태로 전승되고 있었고, 7세기 후반부터 단일한 천황 계보를 정립하기 위해 다양한 노력을 기울여 마침내 『日本書紀』를 편찬하였다(김은숙(2002), 「'古事記'·'日本書紀'의 편찬 과정」, 『강좌 한국고대사(제5권)』, 가락국사적개발연구원).

54 이상 고구려 초기 왕위계승과 관련한 각 전승에 대한 검토는 여호규(2010), 「고구려 초기의 왕위계승 원리와 고추가」, 『동방학지』 150집의 제2장 1절을 수정 보완한 것임.

고 압축적으로 기술한 사실에 주목할 필요가 있다. 왕위를 이을 후사를 '윤(胤)'으로 표현한 구절은 『삼국사기』나[55] 「동명왕편」에서도 다수 확인된다.[56] '윤'은 사전적으로 부조(父祖)의 뒤를 잇는 후사(後嗣, 子嗣), 적장자로 책립한 태자[세자] 등을 지칭한다.[57] '윤'이 적장자만을 지칭한다고 보기는 어렵지만, 사전적으로는 혈연관계에 입각하여 부조[왕위]를 승계한 후사[태자]를 지칭하는 용어로 사용되었던 것이다.

그런데 왕위계승과 관련한 제반 사료를 검토하여 보면, 1~5대의 초기 왕은 영웅적 왕자관에 입각한 비혈연적 계승 원리에 의해 왕위계승이 이루어졌고, 6~10대에는 세대주의적 계승 원리에 입각하여 방계 형제 사이에서 왕위를 계승하다가 동일 세대의 횡적 폭을 축소하면서 점차 형제계승으로 전환한 것으로 파악된다. 그리고 부자계승 원리는 11대 동천왕 이후에 비로소 성립되기 시작하였다. 그렇지만 3세기 중·후반에도 현왕의 형제나 숙부를 살해하여 직계 후손의 왕위계승을 위협할 만한 요소를 제거할 정도로 부자계승 원리가 확립되었다고 보기 어렵다.[58]

이렇게 본다면 지안비의 '윤'이라는 표현도 혈연관계에 입각하여 부조를 승계한 후사만을 지칭한다고 보기는 어렵다. 지안비의 찬자도 능비의 찬자처럼 선대왕들 사이의 계보관계보다는 각 왕이 선왕의 왕위를 계승한 사실에 주목하여 '윤'이라는 표현을 사용하였다고 보아야 하는 것이다. 왕위계승과 관련하여 지안비와 능비의 찬자는 거의 동일한 인식을 보유하고 있었던 것이다. 이는 지안비와 능비를 건립할 무렵, 고구려인들이 각 왕의 실제적 계보관

55 王喜曰 此乃天賚我令胤乎! 乃收而養之, 名曰金蛙. 及其長, 立爲太子.
56 王曰, 此天錫我令胤乎. 乃收養之, 名曰金蛙, 立爲太子. / 王謂左右曰, 得而爲妃, 可有後胤.
57 『漢語大詞典』 '胤' 항목 참조.
58 상세한 논증은 여호규(2010), 앞의 글 참조.

계와 무관하게 일계적 왕통의식을 보유하였을 가능성을 시사한다.

이러한 점에서 능비의 찬자가 시조 추모왕의 승천 부분, 왕위계승 부분, 광개토왕의 행장 등을 하나의 단락으로 묶어 능비 서언을 찬술한 사실에 유의할 필요가 있다. 시조 추모왕의 승천과 왕위계승을 하나의 단락으로 묶은 것은 고구려의 선대왕들이 시조 추모왕의 신성성을 계승했음을 강조하기 위한 필법이다. 그리고 이들 부분과 광개토왕의 행장을 한 단락으로 묶은 것은 광개토왕이 시조 추모왕 이래 면면히 이어지는 신성성을 바탕으로 '恩澤洽于皇天, 威武振被四海. 掃除□□, 庶寧其業. 國富民殷, 五穀豊熟'라는 위업을 이룩했음을 강조하기 위한 필법이라고 볼 수 있다.

결국 능비 찬자가 시조 추모왕의 승천, 왕위계승, 광개토왕의 행장 등을 한 단락으로 묶어 기술한 것은 시조 추모왕 이래 광개토왕에 이르는 일계적 왕통의 유구성을 강조하기 위한 필법이며, 그 핵심 내용은 하늘[천제]의 핏줄을 이은 시조 추모왕의 신성성이 후대 왕까지 면면히 계승되었다는 데 있다고 할 수 있다. 이와 관련하여 고대 일본에서 일계적 왕통의식이 확립되는 양상은 중요한 시사를 준다.

여러 연구 성과를 종합하면,[59] 고대 일본의 경우 대화개신(大化改新) 이전만 하더라도 천황령(天皇靈)은 선황령(先皇靈)의 집합체로 존재했고, 시조의 개별화도 진전되지 않았다고 한다. 시조를 정점으로 하는 일계적 왕통의식이 아직 확립되지 않았던 것이다. 그리하여 능묘를 권력자의 권위를 표출하는 기념물로는 인식하였지만, 정치적 조상제사의 관념은 확립되지 않았다고 한다. 그

59 北康宏(1996), 「律令國家陵墓制度の基礎的研究」, 『史林』 79-4; 吉村武彦(1996), 「古代の王位繼承と君臣」, 『日本古代の國家と社會』, 岩波書店, 105~124쪽; 北康宏(1999), 「律令陵墓祭祀の研究」, 『史學雜誌』 108-11; 今尾文昭(2006), 「考古學からみた律令期陵墓の實像」, 「日本史研究」 521(2006-1); 高橋照彦(2009), 「律令期葬制の成立過程」, 『日本史研究』 559(2009-3) 등 참조.

리고 각 군주마다 장례[빈(殯)] 기간의 계승의례를 통해 새로운 군신관계를 창출하였기 때문에 선왕의 장지에는 정치적 영위(靈威)가 남지 않았으며, 정치적 권위를 체현한 군주의 신체가 신성시되었다고 한다.

그러다가 7세기 후반 천황권의 강화와 더불어 시조를 정점으로 하는 단일 계보가 확립되고, 역대 천황령이 개별화되면서 왕릉에 대한 상시적인 관리와 제사가 이루어졌다. 이때 선왕의 여러 후손 가운데 현재의 천황이 역대 왕릉의 유일한 수호자라는 위상을 확립하였으며, 공민(公民)의 조(調)와 능호(陵戶) 차정을 바탕으로 이를 수행하였다. 역대 천황릉에 대한 관리와 제사가 천황과 공민의 복속관계를 확인하는 매개체 역할을 하였다는 것이다. 결국 시조를 정점으로 하는 일계적 왕통의식의 확립과 더불어 역대 선왕의 능묘에 대한 체계적인 관리도 이루어졌다고 볼 수 있다.[60]

그런데 지안비와 능비에 따르면 광개토왕이 역대 능묘의 수묘인연호를 체계적으로 관리하기 위해 각 능묘마다 수묘비를 건립하였다고 한다. 이는 적어도 광개토왕대에는 시조 추모왕을 정점으로 하는 일계적 왕통의식이 확립되었을 가능성을 시사한다. 그러므로 지안비의 '繼胤相承' 및 능비의 '遝至十七世孫'라는 명문은 당시 고구려인들의 일계적 왕통의식을 가장 집약적으로 표출한 문장이라고 할 수 있다.

---

60 고대 중국의 경우에도 은주대(殷周代)의 갑골문이나 금문에서는 조선 제사(祖先 祭祀)의 대상인 원조(遠祖)와 근조(近祖)만 기재하고 그 사이의 조상은 제사의 場에서 제외했다고 한다. 원조에서 근조까지의 계보를 일일이 열거한 문헌은 전국시대에 들어와 비로소 성립되었다고 한다(小寺敦(2012), 「先秦時代系譜編纂の成立過程とその意義」, 『歷史學硏究』 2012-10, 35~41쪽). 특히 이 연구자는 전국시대 이전에는 비혈연적 계승 원리 등 다양한 계승 원리가 병존했으며, 전국시대에 들어와 비로소 혈연관계에 입각한 부자[적장자]계승 원리가 확립된 것으로 파악하고 있다(小寺敦(2008), 「제2장 先秦時代系譜關係史料の檢討」, 『先秦家族關係史の新硏究』, 東京大學東洋文化硏究所).

이러한 점에서 『위서』 「고구려전」의 "여달(閭達)이 죽자 아들 여율(如栗)이 즉위하였고, 여율이 죽자 아들 막래(莫來)가 즉위하였다" 라는 표현을 다시 음미할 필요가 있다. 전술하였듯이 고구려 초기 5왕의 왕위계승은 영웅적 왕자관에 입각한 비혈연적 계승 원리에 의해 이루어졌으며, 상기 기사는 비혈연적 지위계승계보의 면모를 잘 보여준다.[61] 이러한 비혈연적 지위계승계보의 특징은 선임자와 후임자 사이에 혈연적 관계가 없지만, 양자의 관계를 '아(兒)=자(子)' 곧 사자(嗣子)로 파악한다는 것이다. 실제 『위서』의 기사에는 선왕과 차기왕의 관계가 모두 '자(子)'로 표현되어 있다.

이는 지안비나 능비의 찬자가 왕위계승과 관련하여 '윤'이나 '세손'이라는 표현을 사용한 배경을 이해하는 데 중요한 시사를 준다. 즉 지안비나 능비의 찬자는 혈연적 계보와 무관하게 선왕과 차기왕의 관계를 '사자(嗣子)'로 파악하는 인식을 바탕으로 '윤'이나 '세손'이라는 표현을 사용하였을 가능성이 높은 것이다. 이와 관련하여 『삼국지』와 『후한서』 「고구려전」의 왕위계승 관련 기사도 새롭게 검토할 필요가 있다.

> ③-㉠ 宮死, 子伯固立. (중략) 伯固死, 有二子, 長子拔奇, 小子伊夷模. 拔奇不肖, 國人便共立伊夷模爲王. (중략) 伊夷模無子, 淫灌奴部, 生子名位宮. 伊夷模死, 立以爲王, 今句麗王宮是也.(『三國志』 권30 위서 동이전 고구려전)
>
> ③-㉡ 後句驪王宮生而開目能視, (중략) 宮乃遣嗣子遂成將二千餘人逆光等 (중략) 是歲宮死, 子遂成立. (중략) 遂成死, 子伯固立. (『後漢書』 권85 동이열전 고구려전)
>
> ③-㉢ 桓帝末, 鮮卑·南匈奴及高句驪嗣子伯固並畔, 為寇鈔, 四府舉玄為度

61 상세한 논증은 여호규(2010), 앞의 글, 160~166쪽 참조.

遼將軍, 假黃鉞. 玄至鎭, 休兵養士, 然後督諸將守討擊胡虜及伯固等, 皆破散退走. 在職三年, 邊境安靜. (『後漢書』 권51 喬玄傳)

상기 기사에는 2~3세기 고구려 왕계가 나오는데, 궁(宮)은 제6대왕인 태조왕, 수성(遂成)은 제7대왕인 차대왕, 백고(伯固)는 제8대왕인 신대왕, 이이모(伊夷模)는 제10대왕인 산상왕, 위궁(位宮)은 제11대왕인 동천왕을 각기 지칭한다. 그리고 신대왕과 산상왕 사이의 제9대 고국천왕은 상기 기사에 누락되어 있다. 이에 일본학자들을 중심으로 고국천왕을 가상(假想)의 왕계로 파악하는 견해가 제기되기도 하였는데,[62] 중국 사서와 면밀하게 대비한 결과 태조왕, 차대왕, 신대왕, 고국천왕 등은 모두 실재한 왕임이 확인되었다.[63]

그런데 〈표 2〉에서 보듯이 『삼국사기』에 따르면 태조왕, 차대왕, 신대왕 등은 모두 형제관계인데, 상기 기사에는 '자(子)'로 표현하고 있다. 특히 『후한서』에서는 궁과 수성의 관계를 '사자(嗣子)'라고 명시하고 있으며(③-ㄴ), 수성과 백고의 관계도 '사자(嗣子)'로 설정하고 있다(③-ㄷ). 이러한 현상에 대해 종전에는 상기 기사의 원자료를 채록한 중국인들이 고구려 왕의 계보관계를 정확하게 파악하지 못한 결과라고 보았다. 물론 두 사서에 고국천왕이 누락되어 있고, 『삼국지』에는 수성까지 누락된 데서 보듯이 당시 중국인들이 고구려의 왕위계승 현황을 정확하게 파악하지 못했을 가능성은 매우 높다.

그렇지만 형제관계(실제로는 세대계승 원리에 의한 방계 형제)인 각 왕의 관계를 모두 '자(子)'로 파악한 것을 단순한 정보 부족이나 오인에 따른 두찬(杜撰)이라 보기

62 池内宏(1940), 「高句麗王家の上世の世系について」, 『東亞學』 3 : 『滿鮮史硏究』(1951, 上世 제1책).
63 朴鎭奭(1989), 앞의 글; 盧泰敦(1994), 앞의 글; 朴燦奎(2001), 「高句麗之新大王和故國川王考」, 『東疆學刊』 18-1.

는 어렵다. 그보다는 당시 고구려인들이 각 왕의 혈연적 계보와 관계없이 선왕과 차기왕의 관계를 '사자(嗣子)'라고 지칭하였기 때문에 중국인들도 '자'로 채록하였다고 보는 것이 더 타당하다고 생각한다. 즉 6~10대 시기에 세대계승 원리에 입각하여 방계 형제나 친형제 사이에 왕위계승이 이루어졌지만, 당시 고구려인들은 이러한 혈연관계와 무관하게 각 왕을 선왕의 왕위를 승계하였다는 의미에서 선왕의 '사자'라고 지칭했을 것으로 파악된다.

이렇게 본다면 지안비의 '繼胤相承'이나 능비의 '遝至十七世孫'이라는 표현은 기본적으로 광개토왕대를 전후하여 성립한 일계적 왕통의식을 집약적으로 표출한 문장이지만, 그 근저에는 혈연적 계보와 관계없이 선왕과 차기왕의 관계를 '사자'로 파악하던 초기 이래의 왕위계승 인식이 자리 잡고 있다고 파악할 수 있다. 즉 고구려인들은 혈연적인 계보관계가 아니라, 선왕과 차기왕의 관계를 사자로 파악하던 전통적인 왕위계승 인식을 바탕으로 시조를 정점으로 하는 일계적 왕통의식을 확립하였던 것이다.

V. 맺음말

이상을 통해 광개토왕릉비의 건국설화와 왕위계승 기사를 지안고구려비와 비교하여 다각도로 검토하였다. 그 결과 4~5세기 고구려 건국설화나 왕위계승과 관련하여 몇 가지 사실을 새롭게 파악할 수 있었다.

먼저 종결사를 기준으로 능비 서언의 단락을 구분하였는데, 추모왕의 건국 사실 선언, 추모왕의 출자와 건국 과정을 기술한 건국설화, 추모왕 승천 이후 면면히 이어진 왕위계승과 광개토왕의 행장 등 3단락으로 구분할 수 있었다. 이러한 단락 구성은 지안비의 서언에서도 동일하게 확인된다. 다만 세

부적인 면에서 양자의 단락 구성은 조금 차이가 있는데, 이 점에 주목하여 능비의 건국설화와 왕위계승 기사를 검토하였다.

그 결과 고구려인들이 지안비 단계까지만 하더라도 유교식 용어를 그대로 수용하여 건국설화나 왕권을 분식하다가, 능비를 건립하는 단계부터 이를 변용하여 전통적인 시조관이나 군주관을 표현한 사실을 확인하였다. 이러한 현상은 고구려인의 군주관이 유교적 군주관과 상이한 데서 기인하였다. 한대(漢代) 유학사상의 군주관은 천명론(天命論)과 왕도정치론(王道政治論)에 입각하고 있는데 비해, 고구려의 군주관은 시조나 그를 이은 왕들이 천제의 혈연적 후손이라는 인식을 바탕으로 성립하였다.

이에 따라 인의를 핵심 내용으로 하는 천도(天道), 원왕(元王, [원기(元氣)]), 선성(先聖) 등 유교식 용어로는 천제와 혈연적으로 연결된 고구려 시조나 왕들의 신성성을 표현하기 힘들었다. 이에 유교식 용어를 '성(聖)', '도(道)', '천(天)' 등으로 변용하여 고구려 시조와 왕들의 신성성을 묘사하고, 고구려 천하의 운영원리를 표현하였다. 고구려인들은 처음에는 유교식 용어를 그대로 수용하여 건국설화를 기술하다가, 유교사상에 대한 이해가 깊어지면서 이를 다중적 의미를 갖는 표현으로 변용하여 건국의 정당성과 왕권의 정통성을 분식한 것이다.

한편 왕위계승과 관련하여 능비의 '遝至十七世孫'이라는 표현은 시조 추모왕을 정점으로 하는 일계적 왕통의식을 집약적으로 표출한 문장이며, 지안비의 '繼胤相承'도 동일한 의미로 파악된다. 이로 보아 능비 찬자가 시조 추모왕의 승천, 왕위계승, 광개토왕의 행장 등을 한 단락으로 묶어 기술한 것은 시조 추모왕 이래 광개토왕에 이르는 일계적 왕통의 유구성을 강조하기 위한 필법으로 파악되며, 그 핵심 내용은 하늘[천제]의 핏줄을 이은 시조 추모왕의 신성성이 후대 왕까지 면면히 계승되었다는데 있다.

그런데 지안비나 능비 찬자는 혈연적 계보관계가 아니라, 선왕과 차기왕의 관계를 사자(嗣子)로 파악하던 전통적인 왕위계승 인식을 바탕으로 일계적 왕통의식을 확립한 것으로 파악된다. 능비 서언의 건국설화와 왕위계승 기사는 모두 고구려의 전통적인 군주관 및 왕위계승 인식으로 바탕으로 작성되었다는 점에서 상호 긴밀한 연관관계에 있다고 할 수 있다. 그러므로 향후 건국설화와 왕위계승을 더욱 긴밀하게 연관시켜 다각도로 검토할 필요가 있는데, 이에 대해서는 후고를 기약하고자 한다.

참고문헌

1. 한국어

강진원(2013), 「신발견 "集安高句麗碑" 의 판독과 연구현황」, 『목간과문자』11.

김기흥(2001), 「고구려 건국신화의 검토」, 『한국사연구』 113.

김기흥(2005), 「고구려 국가형성기의 왕계」, 『고구려의 국가형성』, 고구려연구재단.

김은숙(2002), 「'古事記'·'日本書紀'의 편찬 과정」, 『강좌 한국고대사(제5권)』, 가락국사적개발연구원.

김철준(1975), 『한국고대사회연구』, 지식산업사.

盧泰敦(1992), 「廣開土王陵碑」, 『譯註 韓國古代金石文(I)』, 駕洛國史蹟開發硏究院.

盧泰敦(1992), 「牟頭婁墓誌」, 『역주 한국고대금석문(I)』, 가락국사적개발연구원.

盧泰敦(1993), 「주몽의 출자전승과 계루부의 기원」, 『한국고대사논총』 5.

盧泰敦(1994), 「고구려 초기 王系에 대한 一考察」, 『李基白先生古稀紀念韓國史學論叢(上)』, 一潮閣.

盧泰敦(1999), 『고구려사연구』, 사계절.

박경철(2002), 「高句麗人의 '國家形成' 認識試論」, 『한국고대사연구』 28.

박시형(1966), 『광개토왕릉비』, 사회과학원출판사.

徐永大(1991), 「韓國古代 神觀念의 社會的 意味」, 서울대 박사학위논문.

손영종(1990), 『고구려사(I)』, 과학백과사전종합출판사.

손영종(1990), 「고구려 건국년대에 대한 재검토」, 『력사과학』 1990-1.

손영종(2001), 『광개토왕릉비문연구』, 중심.

여호규(2010), 「고구려 초기의 왕위계승원리와 고추가」, 『동방학지』 150집.

여호규(2013), 「신발견 '集安高句麗碑'의 구성과 내용 고찰」, 『한국고대사연구』 70.

여호규(2014), 「廣開土王陵碑의 문장 구성과 서사 구조」, 『嶺南學』 25.

윤성용(2005), 「고구려 건국신화와 제의」, 『한국고대사연구』 39.

이복규(1995), 「고구려 건국신화 연구성과 검토」, 『고구려연구』 15.

이형구·박노희(1996), 『廣開土大王陵碑新硏究(2판)』, 동화출판사.

조우연(2013), 「集安高句麗碑에 나타난 왕릉제사와 조상인식」, 『한국고대사연구』 70.

조우연(2001), 「고구려 제천의례의 전개」, 『고구려발해연구』 41.
조우연(2010), 「고구려 시조신화에 나타나는 夫餘出自의 의미」, 『동아시아고대학』 22.
천관우(1979), 「광개토왕릉비 재론」, 『全海宗博士華甲紀念史學論叢』.

2. 중국어

耿鐵華(1994), 『好太王碑新考』, 吉林人民出版社.
耿鐵華(2005), 「王莽征高句麗兵伐胡史料與高句麗王系問題」, 『北方文物』 2005-2.
耿鐵華(2013), 「集安高句麗碑考釋」, 『通化師範學院學報』(人文社會科學) 2013-2.
耿鐵華·董峰(2013), 「新發現的集安高句麗碑初步研究」, 『社會科學戰線』 2013-5.
朴眞奭(1989), 「關于高句麗存在山上王與否的問題」, 『世界歷史』 1981-3.
朴燦奎(2001), 「高句麗之新大王和故國川王考」, 『東疆學刊』 18-1.
方軍(2011), 「天道與元氣」, 『江蘇大學學報(社會科學版』 13-1.
白欲曉(2012), 「聖·聖王與聖人」, 『安徽大學學報(哲學社會科學版)』 2012-5.
福有(2013), 「集安麻線高句麗碑探綜」, 『社會科學戰線』 2013-53.
宋錫同(2008), 「漢代經學走向管窺」, 『河北大學學報(哲學社會科學版)』 33-1.
梁志龍·靳軍(2013), 「集安麻線高句麗碑試讀」, 『東北史地』 2013-6.
吳潤儀(2005), 「董仲舒"春秋"學中的孔子先知聖人形象」, 『廣東教育學院學報 』2005-4.
張吳震(2013), 「中國思想史上的'聖人'概念」, 『杭州師範大學學報(社會科學版)』 2013-7.
王健群(1984), 『廣開土王陵碑研究』, 吉林人民出版社.
王順達(2002), 「論原始儒家的'聖人'理想」, 『西南師範大學學報(人文社會科學版)』 2002-9.
王心竹(2012), 「董仲舒王道論淺析」, 『河南社會科學』 2012-7(vol.20-7).
王春燕·呂文秀(2013), 「集安高句麗碑札記」, 『高句麗與東北民族研究』 2013-1.
越超(2003), 『古代墓志通論』, 紫禁城出版社.
劉國民(2007), 「董仲舒以陰陽之天道解釋人道」, 『西南民族大學學報(社會科學版)』 2007-6.
劉國民(2010), 「先秦儒家思想發展的重要轉折」, 『齊魯學刊』 2010-5.
劉子敏(1996), 「高句麗前期王系考辨」, 『高句麗歷史研究』, 延邊大學 出版部.
李德品(2009), 「論東漢墓碑文的發展分期」, 『遵義師範學院學報』 11-3.
李檣(2009), 『秦漢刻石選譯』, 文物出版社.
任劍濤(2012), 「天道·王道與王權」, 『中国人民大学学报』 2012-2.
鄭春穎(2007), 「高句麗 閭達, 如栗, 莫來 考辨」, 『博物館研究』 2007-4.

趙海麗(2007), 「北朝墓志文獻研究」, 山東大學 博士學位論文.
陳忠寧(2011), 「傳統和合思想中的天命與道德-以董仲舒'天人感應'說爲例」, 『社會科學論壇』 2011-8.
許家鵬(2006), 「論董仲舒'獨尊儒術'的天道與人道依據」, 『江西社會科學』 2006-11.

3. 일본어

高橋照彦(2009), 「律令期葬制の成立過程」, 『日本史研究』 559(2009-3).
今尾文昭(2006), 「考古學からみた律令期陵墓の實像」, 『日本史研究』 521(2006-1).
今西龍(1937), 「廣開土王碑に就て」, 『朝鮮古史の研究』, 國書刊行會.
吉村武彦(1996), 「古代の王位繼承と君臣」, 『日本古代の國家と社會』, 岩波書店.
那珂通世(1893), 「高句麗古碑考」, 『史學雜誌』 48.
那珂通世(1895), 「朝鮮古史考」, 『史學雜誌』 6-4.
武田幸男(1981), 「牟頭婁一族と高句麗王權」, 『朝鮮學報』 99·100합집.
武田幸男(1989), 『高句麗史と東アジア』 岩波書店.
北康宏(1996), 「律令國歌陵墓制度の基礎的研究」, 『史林』 79-4.
北康宏(1999), 「律令陵墓祭祀の研究」, 『史學雜誌』 108-11.
小寺敦(2008), 『先秦家族關係史の新研究』, 東京大學東洋文化研究所.
小寺敦(2012), 「先秦時代系譜編纂の成立過程とその意義」, 『歷史學研究』 2012-10.
奧崎裕司(1997), 「聖と賢」, 『中國古代史研究』 6(研文出版).
鄭早苗(1979), 「高句麗王系小考」, 『旗田巍博士古稀朝鮮歷史論集(上)』 龍溪書舍.
池內宏(1940), 「高句麗王家の上世の世系について」, 『東亞學』 3.
池內宏(1941), 「高句麗の開國傳說と史上の事實」, 『東洋學報』 28-2.
池內宏(1951), 『滿鮮史研究』(上世 제1책), 吉川弘文館.
津田左右吉(1922), 「三國史記高句麗紀の批判」, 『滿鮮地理歷史研究報告』 9.
津田左右吉(1964), 『津田左右吉全集(12)』, 岩波書店.
川崎晃(2012), 「高句麗廣開土王碑の基礎的考察」, 『古代學論究』, 慶應義塾大學 出版部.

광개토왕릉비의 4면비 특성과 동북아시아적 전통

주변국가의 석비 및 기념물과의 비교

조법종(趙法鍾)

고조선·고구려사/우석대학교 역사교육과 교수
『고조선 고구려사 연구』(2006, 신서원), 「한국 고중세 백두산신앙과 만주명칭의 기원」(2006, 『韓國史研究』 147), 「高句麗 國內城의 空間과 廣開土王陵」(2012, 『高句麗渤海研究』 44), 「중국 요하문명론의 전개와 의미」(2013, 『한국사학보』 51), 「북한의 '大同江文化論'과 고조선인식 검토」(2015, 『先史와 古代』 43)

조법종 | 우석대학교

광개토왕릉비의 4면비 특성과 동북아시아적 전통[1]

주변국가의 석비 및 기념물과의 비교

I. 머리말

2014년은 광개토왕릉비가 건립된 지 1600년이 되는 뜻 깊은 해다. 광개토왕릉비(이하 능비로 약칭)가 학계에 소개된 이래 비문을 중심으로 탁본 관련 연구와 내용에 대한 연구, 그리고 광개토왕대의 대외관계를 중심으로 고구려 건국신화 및 계보와 수묘인 연구 등 다양한 방면의 연구가 진행되었다.

이 같은 연구의 중심이 비문의 내용이 되면서 상대적으로 능비 자체에 대한 연구는 적었다. 최근에야 능비의 형태와 위치 및 성격에 대한 논의가 진행되고 있으며 선돌과의 관련성 등이 제기되었다.[2]

필자는 이 같은 능비의 텍스트 중심의 논의와는 달리 형태와 입지 및 성격에 대한 특성을 중심으로 능비가 갖고 있는 독특한 형태를 밝히려 한다. 즉,

---

1 이 글은 학술 발표 이후 주최 측과의 협의를 통해 『고구려발해연구』 51(2015)에 수록된 논문임.

2 김응현(1973), 「고구려서법고」, 『書通』 1.
이우태(2013), 「금석학적으로 본 광개토왕비」, 『광개토왕비의 재조명』, 동북아역사재단.

자연석을 거의 그대로 활용한 4면비(四面碑)의 특성에 주목해 4면비문화의 연원과 특성 및 능비로서 고구려 사회에서 만들어진 의미 등을 검토하고 이 같은 문화가 동북아시아로 확대되어 새로운 4면비문화를 조성한 사실을 중심으로 논의하고자 한다.

II. 고구려에 수용된 판비형 2면비문화

1. 지안고구려비의 형식과 특성

'지안고구려비(集安高句麗碑)'[3]는 2012년 7월 29일에 발견, 신고된 후 현재 중국 측의 공식적인 보고 자료(지안문물국(集安文物局), 「吉林集安新見高句麗石碑」, 『中國文物報』, 2013. 1. 4. 제2판)에서 비문 발견 정황 및 위치, 비문 탁본 및 석독 내용이 공개되었고, 발견 정황 등에 대해서는 노홍(盧紅)이 "吉林集安發現高句麗時期記事碑"라는 제목으로 『신문화보(新文化報)』(2013. 1. 15.)에 소개했다. 이후 건립 시기와 성격 등에 대해 많은 논의가 진행되고 있다.[4]

---

3 이 비에 대해 최초 보고한 『中國文物報』(2013년 1월 4일자) 중국 측 보고자료에 표현된 '集安高句麗碑' 명칭을 준용한다. 이는 충주에서 발견된 고구려비를 '중원고구려비'로 명명한 전례에 따른 것으로 지역 명칭을 통한 구분이 필요하다고 생각된다.

4 孔錫龜(2013), 「『集安高句麗碑』의 발견과 내용에 대한 考察」, 『高句麗渤海硏究』 45.
여호규(2013), 「신발견 「集安高句麗碑」의 구성과 내용고찰」, 『韓國古代史硏究』 70.
集安市博物館(2013), 『集安高句麗碑』, 吉林大學出版社.
공석구(2013), 「『集安高句麗碑』의 발견과 내용에 대한 考察」, 『高句麗渤海硏究』 45.
윤용구(2013), 「集安高句麗碑의 拓本과 判讀」, 『韓國古代史硏究』 70, 한국고대사학회.
여호규(2013), 「신발견 「集安高句麗碑」의 구성과 내용고찰」, 『韓國古代史硏究』 70.
정호섭(2013), 「集安 高句麗碑의 性格과 주변의 高句麗 古墳」, 『韓國古代史硏究』 70.
조우연(2013), 「集安 高句麗碑에 나타난 왕릉제사와 조상인식」, 『韓國古代史硏究』 70.

지안고구려비와 관련된 논의 가운데 핵심은 이 비의 건립 시점이 광개토왕 당대에 건립된 비인가 아니면 장수왕대에 건립된 비인가 하는 점이다. 이 문제는 고구려비 형식의 정립 과정에서 매우 중요한 부분인데 필자는 광개토왕이 선왕들의 수묘제를 정비하고 건립한 수묘비로 보는 입장에서 논의를 전개하고자 한다.

중국 측에서 공개한 자료를 통해 제시된 비의 형제(形制)는 지안고구려비가 후한(後漢) 시기에 유행한 삼각형 비수(碑首)의 규형비(圭形碑)이며, 그 규모는 비석 높이 173cm, 너비 60.6~66.5cm, 두께 12.5~21.5cm, 비좌(碑座)에 꽂기 위한 돌기가 길이 15~19.5cm, 너비 42cm, 두께 21cm로 소개되었다.

한편 비문은 전면(前面) 10행으로 1~9행까지는 22자, 마지막 10행은 20자로 총 218자로 구성되었다. 현재는 비의 상단 우측 부분이 손상을 입어 9자가

이성제(2013), 「「集安 高句麗碑」로 본 守墓制」, 『韓國古代史硏究』 70.
김현숙(2013), 「지안고구려비의 건립 시기와 성격」, 『동북아역사문제』 2013-2.
금경숙(2013), 「새로 발견된 '지안고구려비'에 관한 몇 가지 고찰」, 『동북아역사문제』 2013-2.
조법종(2013), 「집안 고구려비의 특성과 수묘제」, 『신발견 고구려비의 예비적 검토』.
고광의(2013), 「신발견 「集安高句麗碑」의 형태와 書體」, 『高句麗渤海硏究』 45.
홍승우(2013), 「「集安高句麗碑」에 나타난 高句麗 律令의 형식과 守墓制」, 『한국고대사연구』 72.
강진원(2013), 「신발견 「集安高句麗碑」의 판독과 연구 현황-약간의 陋見을 덧붙여-」, 『목간과 문자』 11.
임기환(2014), 「지안고구려비와 광개토왕비를 통해 본 고구려 守墓制의 변천」, 『韓國史學報』 54.
耿鐵華(2013), 「集安高句麗碑考釋」, 『通化師範學報』(人文社會科學) 34-2).
孫仁杰(2013), 「集安高句麗碑文識讀」, 『東北史地』 2013-3.
張福有(2013), 「集安馬線高句麗碑碑文補釋與識讀解析」, 『東北史地』 2013-3.
張福有(2013), 「集安馬線高句麗碑探綜」, 『社會科學戰線』 2013-5.
徐建新(2013), 「中國新出"集安高句麗碑"試析」, 『東北史地』 2013-3.
魏存成(2013), 「關于新出集安高句麗碑文的幾点思考」, 『東北史地』 2013-3.
林澐(2013), 「集安麻線高句麗碑小識」, 『東北史地』 2013-3.
耿鐵華·董峰(2013), 「新发现的集安高句丽碑初步研究」, 『社会科学战线』 2013年 第5期.

결실되어 있는 상황이다. 후면(後面)은 글자가 있었으나 마모가 심해 판독이 곤란한 것으로 소개되고 있다.[5] 먼저 이들 자료와 탁본 및 사진 자료를 토대로 비의 제원을 재구성해보면 다음과 같다.

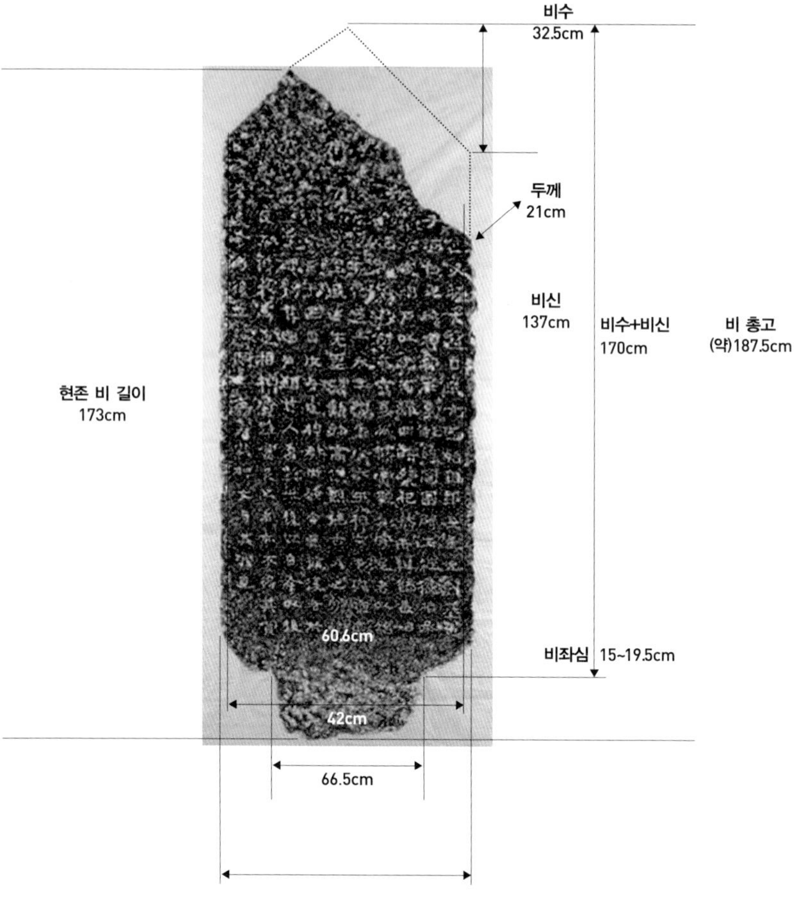

〈그림 1〉 지안고구려비 제원 추정[6](숫자는 추정치)

5 集安文物局, 「吉林集安新見高句麗石碑」, 『中國文物報』(2013. 1.4. 제2판).

6 集安市博物館(2013), 『集安高句麗碑』, 吉林大學出板部.

이상과 같은 추정을 통해 확인된 지안고구려비의 제원은 비좌에 꽂혀 있는 상태의 비신(碑身) 크기가 약 170cm이고 폭 60.6~66.5cm, 두께 21cm인 삼각형 머리의 규형비로 전형적인 후한비의 형식과 모습을 보여주고 있다.

2. 지안고구려비와 중국비와의 비교[7]

중국의 비는 기본적으로 세워진 돌, 즉 수석(竪石)이었다.[8] 그런데 이 비는 세 가지 계통으로 구분된다. 즉, 주대(周代) 궁(宮)에 있었던 궁중지비(宮中之碑)인 일경(日景, 해시계)[9]과 사당 앞에서 희생을 묶어두던 묘문 앞의 돌인 묘중지비(廟中之碑), 그리고 묘소(墓所)에서 하관용으로 사용된 녹로(鹿盧)[10]의 지지대인 풍비(豐碑)인 묘소지비(墓所之碑) 등이다.[11] 이 중 무덤 앞에 세운 '묘소지비'에 신하나 후손들이 군주와 부모의 공덕을 써 넣으면서 현재와 같은 의미의 비가 성립된 것[12]으로 나타나고 있다. 또한 진대(秦代)의 기공각석(纪功刻石)과 묘전석조(墓前石雕), 분단(坟坛), 묘표(墓表), 묘갈(墓碣) 등 묘지(墓地)에 새겨진 각종 석물에서 동한묘비(东汉墓碑) 형제가 이루어졌다. 한대에 상장례의 정형화가 이뤄지면서 "군주와 부모의 공과 미덕을 표현[追述君父之功美]" 하는 성격의 묘비가 성립되었

7 이 부분은 조법종(2013), 「지안고구려비의 특성과 수묘제」, 『신발견 고구려비의 예비적 검토』 내용을 보완하여 제시하였음.

8 許愼, 『說文解字』: 碑 竪石也.

9 『儀禮·聘禮』 東面北上, 上當碑南° 鄭玄注:"宮必有碑, 所以識日景(曩), 引陰陽也, 凡碑, 引物者, 宗廟則麗牲焉以取毛血° 其材, 宮廟以石, 窆用木."

10 『禮記·喪服大記』: "君葬, 用輴, 四綍二碑……大夫葬, 用輴, 二綍二碑……土葬, 用國車, 二綍無碑……凡封用綍去碑負引° "鄭玄注:"凡柩車及壙, 說(脫)載除飾而屬紼於柩之緘, 又樹碑於壙之前後, 以紼繞碑之鹿盧, 輓棺而下."

11 王文广(2012), 『中国古代碑之设计』, 苏州大学博士學位論文. 4쪽.

12 『釋名·釋典藝』: "碑, 被也° 此本葬時所設也° 施其轆轤以繩被其上, 以引棺也° 臣子追述君父之功美, 以書其書° 後人因焉, 故兼建於道陌之頭, 顯見之處, 名其文, 就謂之碑也."

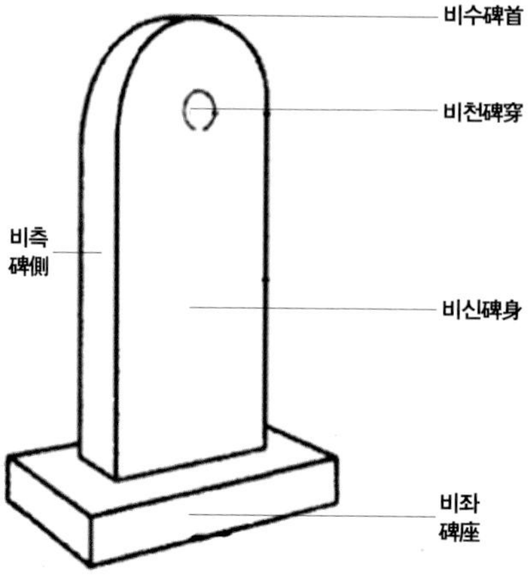

〈그림 2〉 한비(漢碑)의 전형적 형태

다. 비문의 기본적 내용은 묘주(墓主)의 성명과 관직, 공적, 생몰일, 입비인(立碑人), 서비인(書碑人)과 망자를 위한 송사(頌詞)로 이루어져 있다.[13]

한비(漢碑)의 형제(形制)는 비좌(碑座), 비신(碑身), 비수(碑首)의 세 부분으로 나뉜다. 여기서 비좌는 부(趺)라 부르는데 장방형(長方形)으로 방형부(方形趺)가 기본인데, 영제(靈帝) 시기에 귀부(龜趺)가 등장했다. 비신은 장방형의 수석(豎石)으로 정면은 양(陽)이라 불리며 비문을 새기며, 비의 반대 면은 음(陰)이라 부르며 제명(題名)을 새긴다. 한편, 비의 좌우 양면은 측(側)이라 부르는데 역시 제명을 쓰기도 한다. 비수는 액(額)이라 하는데 표제를 새긴다. 비수의 모습은 반원형(半圓形)과 규형(圭形) 그리고 방형(方形)의 세 가지 형식이 있다. 이수의 주위에는 이용(螭龍), 반리(蟠螭)를 조각하며 머리 부분에 구멍[穿]과 테두리[暈]가 있는데 이는 과거 녹로의 흔적이다. 한말위진(漢末魏晉) 이후에 천훈(穿暈)은 점차 없어졌다.

한편 삼국 시기 조조(曹操)가 입비 금지(立碑禁止)를 명한 이후 비석 건립이 축소되었다. 이 시기 비 가운데 후술할 전진의 광무장군비는 고구려의 입비와 연결 가능성이 높다. 이 비는 특히, 4면비로 전하지만 실제는 판비형의 규형비라는 점에서 그 형식은 동한비의 내용을 보여주고 있다.

13 王文广(2012),『中国古代碑之设计』, 苏州大学博士學位論文.

지안고구려비는 기본적으로 후한 시기에 유행한 규형비 형식을 띠고 있다. 따라서 후한비의 형식을 준용한 것으로 볼 수 있다. 이 같은 맥락에서 우선 고려해야 할 존재가 무구검기공비(毋丘儉紀功碑)[14]이다. 1906년 소판차령(小板岔嶺)의 도로 공사 중에 발견된 이 비는 현존 파편 크기가 세로 26.6cm, 가로 26.3cm이다. 두께는 약 5cm 내외로 글자 크기는 2.7cm이고 글씨체는 예서체이다. 현재 남아 있는 형태와 머리 부분 치석의 양상을 볼 때 후한대 규형비 형태를 띠고 있다.[15] 일반적으로 중국 후한 때부터 널리 만들어진 것으로 알려진 규형비는 비석의 윗부분을 세모꼴로 만든 비석으로 고구려 지역에서도 발견되었고 고구려를 공략했던 무구검 관련 기록이란 점에서 고구려 관련비로서 중국적 형식을 갖춘 비의 첫 모습으로 남아 있다. 비문에 나와 있듯이 이 비는 정시 2년 즉, 242년 동천왕 16년에 세워진 비이다. 그런데 이 비가 발견된 정황과 파편 형태를 고려할 때 이 비는 고구려인들에 의해 파괴되어 비에 대한 기억 및 후속 비 건립에는 직접적으로 영향을 주기 어려웠을 것으로 보인다.

지안고구려비는 기본적으로 후한 시기 유행한 규형비 형식을 띠고 있다. 그런데 지안고구려비가 건립되었을 시점인 4세기 중엽~5세기 초 중원 지역은 5호16국 시대로 고구려는 인접한 북조 지역의 비 형식을 참조한 것으로 보인다. 앞서 본 비와 인접한 시기의 남북조 시기 전진(前秦, 351~394)과 동진(東晋, 317~420)의 비를 보면 다음과 같다.

---

14 田中俊明은 중국 산서성(山西省) 태원(太原)의 도교사원 박물관인 순양궁(純陽宮)에서 '무구씨조상비(毋丘氏造像碑)'를 조사하여 관구검이 아니라 무구검임을 확인하였다. 田中俊明(2008), 『한국의 고고학』 9호.

15 高光儀(2013), 「신발견 「集安高句麗碑」의 형태와 書體」, 『高句麗渤海研究』 45.

〈그림 3〉 등태위사비(鄧太尉祠碑) 사진 및 탁본

전진의 대표적인 묘비는 현재 2기가 알려져 있다. 먼저 전진 건원(建元) 3년(367)에 세워진 등태위사비(鄧太尉祠碑)[16]는 비수가 첨두형(尖頭形)인 규형비이다. 높이 170cm, 폭 64cm의 예서체 판석형의 비로서, 비문은 양면(陽面) 19행으로 전 8행은 29자로, 후 11행은 인명이 기재되어 있다. 비의 형식과 특징을 보면 비수와 비신 부분 사이에 천공(穿孔)이 존재하며 비수의 끝은 첨두형으로 삼각형 모양으로 나타나 있다. 이 비는 전진의 풍익호군(馮翊護軍) 등능진(鄧能進)이 건립한 것으로, 합서성(陝西省) 포성현(蒲城県) 등태위(鄧太尉)인 등애사(鄧艾祠)에 설치된 것이다. 비는 본래 등태위[17]의 묘와 의관총(衣冠塚)이 있었던 입구에 세워

16 비의 명칭은 '馮翊護軍鄭能進修鄧太尉祠銘'으로 현재 곡부 비림박물관 3실에 보관되어 있다.

17 등대위(鄧太尉)는 『위지(魏志)』에 따르면 삼국시대 위(魏)의 등예(鄧艾)로, 사마의에 의해 중용되고 하남(河南)과 안휘(安徽) 지역의 수리 개발에 힘썼으며 후에 자주 무공을 세워 등후(鄧

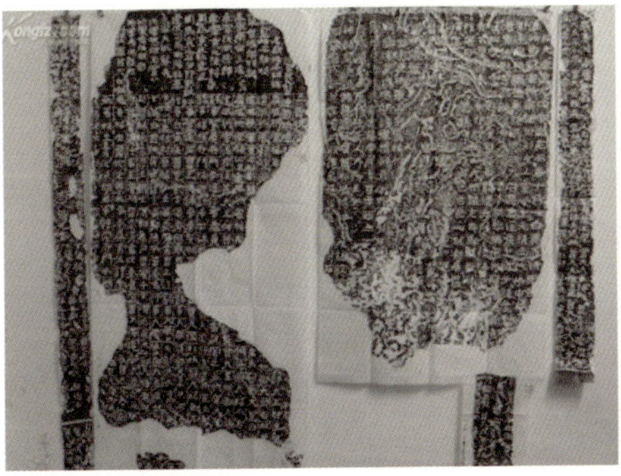

〈그림 4〉 광무장군비(廣武將軍碑)의 사진(후면)과 탁본(전면, 후면, 양 측면)

졌던 것으로 전한다. 비의 표면에는 등능진이 감로(甘露) 4년(362)에 임지에서 주변 종족과 잡호(雜戶)를 통치한 정적(政績)이 기록되어 있다. 또한 사묘 수리에 대한 간단한 기록과 비 건립에 대한 언급으로 구성되어 있다. 본문 말미에는 26명의 속관제명(屬官題名)이 기록되어 있다.

한편, 1년 뒤인 전진 건원 4년(368)에 세워진 '광무장군비(廣武將軍碑)'[18]는 등태위사비와 조금 다른 형태로 첨수평정(尖首平頂) 형태를 띠고 있다. 높이 174cm, 폭 73cm, 두께 약 12cm(추정)의 예서체 판석형의 비이다. 특이한 것은 측면에도 관련 인명을 새긴 비로 바둑판처럼 비에 눈금을 종횡으로 새겨 비

侯)에 책봉되고 마침내 촉한(蜀漢)을 정복하고 대위(太尉)가 된 자이다.

18 이 비는 비액(碑額)에 '立界山祠碑'라고 쓰여 있어 '立界山祠碑' 또는 '廣武將軍曾孫產碑' 등으로 불린다.

〈그림 5〉 찬보자비(爨寶子碑) 사진과 탁본

문을 기록하였다. 비문은 양면 17행 31자, 음면 비수 15행에 하 18행 32자, 측면 2열 42자, 8열 44자의 판석형에 측면을 활용한 4면비 형식이다.

이 비는 합서성 백수현(白水県) 의군(宜君) 지방에 있었던 것으로 흉노와의 경계를 표시하기 위해 건립된 것이다. 비문의 구성은 먼저 조상의 출자를 언급하고, 이어 본인의 정적에 대해 기록하고, 마지막으로 휘하 장군들의 이름과 함께 자신의 관할구역의 경계 및 인호(人戸)·관리의 수 등을 기록하고 있다. 이는 관할구역이 인접한 장군들이 경계를 정하고 광무장군의 증손인 산(産)이 이것을 새기며 자신의 공적을 기록한 것으로 보인다. 따라서 이 비는 묘비가 아닌 경계비이자 공적비이다. 현존하는 전진 시기의 이들 두 비는 지안고구려비에 가장 근접한 시기의 묘비 및 공적비로서 그 형태와 비문 기재 방식 및 내용 구성 방식 등으로 보아 지안고구려비가 참고했을 비 가운데 가장 유사한 것으로 파악된다.

한편 남북조 시기 남조(南朝)인 동진(東晉)의 비로서 동진 대형(大亨) 4년(405)에 건립된 '찬보자비(爨寶子碑)'[19]가 있다. 이 비는 높이 191cm, 폭 71cm, 두께 21cm인 반원형의 비수 형식을 보여준다. 비액에는 "晋故振威将軍建寧太守爨府君之墓"라 쓰여 있는데, 비문은 13행 30자의 형식이다. 비의 최하단에 건비자 13명의 관직과 성명이 새겨져 있다. 묘비에는 23세에 요절한 진위장군(振威将軍) 건령태수(建寧太守)인 찬보자(爨宝子)를 예찬하고 있다.[20]

이 같은 정황과 앞서 검토한 전진 및 동진 시기 비와 지안고구려비를 형제(形制)와 내용을 중심으로 정리하면 〈표 1〉과 같다.

이들 남북조 시대 세 개의 비는 367년(고국원왕 37), 368년(고국원왕 38), 405년(광개토왕 15)에 세워진 것이다. 당시 중국 내 왕조 부침 상황을 감안하고 전진, 후연 및 남연의 위치 등을 고려할 때 고구려와 동진과의 관계는 긴밀하지 않았을 것으로 보인다. 즉, 고구려와 동진은 장수왕 원년(413)에야 공식적인 관계 기록이 나타나고 있다.[21] 반면 이 시기 고구려와 전진과는 밀접한 관계가 진행되었다.

전진은 저족(氐族)이 세운 나라로 357년 천왕(天王)을 자칭한 3대 왕 부견(苻堅, 재위 357~385)이 국호를 대진(大秦)이라 하고 북중국 지역을 장악하였다. 부견은 특히 농업 기반을 정비하고 관료 기구를 갖추는 한편 법제를 정비하여 중앙집권화를 추진했던 왕이다. 또한 불교 승려 도안(道安)을 중용하여 불교 진흥

19 二玄社編集部編, 『爨宝子碑／爨龍顔碑』(『中国法書選』 第19卷, 二玄社刊). 「http://ja.wikipedia.org/w/index.php?title=爨宝子碑&oldid=37099133」 인용.

20 비는 현재 雲南省 曲靖市 曲靖第一中学校에 별도비각 내에 보존되고 있다.

21 元年遣長史 高翼 入晉 奉表獻赭白馬 安帝 封王高句麗王樂安郡公(『三國史記』 卷第十八 高句麗本紀 第六 長壽王).

〈표 1〉 전진 및 동진 시기의 비와 지안고구려비 비교

명칭	시대	비 형태 / 위치	크기 비문	내용 구성	비·탁본 사진
등태 위사비	전진 건원 3년 (367)	규형 판석형 / 섬서포성 / 서안비림	높이 170cm, 폭 64cm 예서체 판비형 1면비/ 양면 19행 전 8행 29자 후 11행	공적, 사묘 수리, 속관인명	 
광무 장군비 (입계산 사비)	전진 건원 4년 (368)	규형 판석형/ 섬서백수현 사관촌창힐 묘/서안비림	높이 174cm 폭 73cm, 두께 약12cm 예서체 판비형 4면비/ 양면 17행 31자, 음면 비수 15행 하 18행 32자, 측면 2열 42자, 8열 44자	출자, 공적, 휘하 장군명, 구역 경계, 인호 수	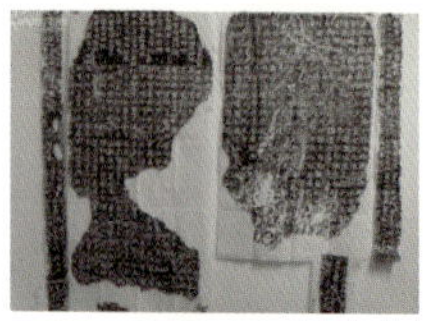 
찬보 자비	동진 대형 4년 (405) 진진위장군 건녕태수 찬보자비	반원형 판석형/ 운남성 곡정 현양 기전촌	높이 191cm, 폭 71cm, 두께 21cm 예서체 판비형 2면비/ 총 15자, 비문 13행 30자 비 최하단 건비인명 13행 4자	공적, 건비 인명	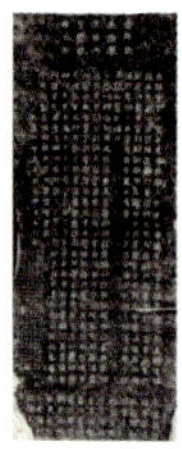 
지안 고구려비	?	규형(?), 판석형/ 지안 마선향	높이 (약) 170cm 폭 60.1~66.5cm 두께 12.5~21.5cm 판비형 2면비 전면 10행, 총 218자 1~9행 22자 (10행 20자) 후면 판독불가	출자, 훈적(?), 수묘제 내용, 금령 연호두 인명(?)	 

을 추진하였다. 또한 국내 학교를 부흥시키고 학문 발달을 촉진하는 정책을 추진하였다.[22] 이 시기 고구려와 전진과의 관계를 보여주는 사료를 보면 다음과 같다.

> 40년(370)에 진(秦)의 왕맹(王猛)이 연(燕)을 정벌하여 이를 무너뜨렸다. 연의 태부(太傅) 모용평(慕容評)이 도망해오자 왕이 잡아서 진(秦)으로 보냈다[23] (『삼국사기』 권18 「고구려본기」 제6 고국원왕).

> 2년(372) 여름 6월에 진(秦)왕 부견(符堅)이 사신과 승려 순도(順道)를 보내 불상과 경문(經文)을 주었다. 왕이 사신을 보내 사례하고 토산물을 바쳤다[24] (『삼국사기』 권18 「고구려본기」 제6 소수림왕).

> 3년(373)에 처음 율령(律令)을 반포하였다[25](『삼국사기』 권18 「고구려본기」 제6 소수림왕).

> 7년(377) 11월에 남쪽으로 백제를 정벌하고, 사신을 부진(符秦)에 들여보내 조공하였다[26](『삼국사기』 권18 「고구려본기」 제6 소수림왕).

---

22 『晋書』 苻堅載記上
川本芳昭(2005), 「中華の崩壊と拡大, 魏晋南北朝」, 『中国の歴史』 5, 講談社.

23 40年(370) 秦 王猛 伐燕破之 燕太傅慕容評 來奔 王執送於秦.

24 2年(372) 夏六月 秦王 符堅 遣使及浮屠 順道 送佛像經文 王遣使迴謝以貢方物 立太學 教育子弟.

25 3年(373) 始頒律令.

26 7년(377) 十一月南伐百濟 遣使入符秦 朝貢.

> 2년(385) 여름 6월에 왕이 병력 4만 명을 내어 요동을 습격하였다. 이에 앞서 연왕 모용수가 대방왕 모용좌에게 명하여 용성(龍城)을 지키게 하였다. 모용좌가 아군이 요동을 습격하였다는 것을 듣고 사마(司馬) 학경(郝景)을 보내 병력을 이끌고 가서 구하게 하였다. 아군이 이를 쳐서 패배시키고, 마침내 요동과 현도를 빼앗고, 남녀 1만 명을 포로로 잡아 돌아왔다. 겨울 11월에 연(燕)의 모용농(慕容農)이 병력을 거느리고 침략해와서 요동·현도 2군을 다시 차지하였다. 처음에 유주(幽州)와 기주(冀州)의 유민이 많이 투항해오므로 모용농이 범양(范陽) 방연(龐淵)으로 요동태수를 삼아 이들을 불러 어루만지게 하였다.[27] (『삼국사기』권18 「고구려본기」제6 고국양왕)

사료에서 확인되는 것처럼 고국원왕이 전연(前燕)을 물리치고, 소수림왕대에 추진된 불교 수용 및 불교사찰 건립, 율령 반포, 유교 관련 태학(太學)의 설립 등은 당시 전진왕 부견이 진행했던 일련의 정책과 밀접히 연결되어 있음을 보여준다. 특히, 383년 전진 왕 부견이 동진을 공략하다 패한 비수지전(淝水之戰) 이후 전진이 혼란에 빠져 385년 부견이 살해당하고 후연(後燕)이 성장하는 과정에서 많은 유이민이 고구려로 유입된 고국양왕 2년(385) "幽冀 流民多来投" 기록이 주목된다. 즉, 전진의 붕괴와 함께 전진에서 진행되었던 여러 문물제도가 이 시기 유민들에 의해 고구려에 유입되었을 가능성이 높다. 이 같은 사실은 고구려가 새롭게 묘상입비를 추진하는 과정에서 자연스럽게 전진이 이미 시행하고 있는 묘비제도를 수용했을 것으로 추정된다.

---

27 故國壤王 2年(385) 夏六月王出兵四萬襲 遼東 先是 燕王垂命帶方王 佐 鎮 龍城 佐 聞我軍襲 遼東 遣司馬 郝景 將兵救之 我軍擊敗之遂陷 遼東 玄菟 虜男女一萬口而還 冬十一月 燕 慕容農 将兵来侵復 遼東 玄菟 二郡 初 幽冀 流民多来投 農以 范陽 龐淵 為 遼東 太守招撫之.

따라서 지안고구려비의 외양과 비문 형식을 볼 때 이 비는 고구려가 전진과의 활발한 교류 상황에서 전진이 후한의 묘비 형식을 수용해 세웠던 비 형식을 수용한 것으로 보인다. 즉, 광개토왕이 수묘비를 세우기 위해 기존의 고구려 전통 방식과 달리 무덤 옆에 비를 세울 때[墓上立碑] 전진의 묘비 설립 방식을 참조하여 지안고구려비와 같은 형식으로 고구려 최초의 비를 세운 것으로 파악된다.

II. 고구려에서 시작된 석주형 4면비문화

1. 광개토왕릉비, 중원고구려비의 형식과 특성

능비는 높이 6.39m로 1면(동남) 1.48m, 2면(서남) 1.35m, 3면(서북) 2.00m, 4면(동북) 1.46m, 기단 길이 3.35m, 너비 2.7m의 4면비이다. 각 면당 1면 11행, 2면 10행, 3면 14행, 4면 9행으로 총 44행 41자로 글자는 1,775자로 여겨진다. 이 중 150여 자가 판독 불능 상태이다. 비석 각 면의 외곽에 홈을 파서 비문이 들어갈 윤곽을 긋고, 다시 그 안에 세로선을 그어 각 행을 표시하였다. 능비의 4면비의 비면 크기 비율은 1.48(200/135)–1.35(200/148)이다.

능비는 연한 녹회색의 기공을 가진 안산암질 또는 석영 안산암질 용결 래필리 응회암으로 조성되었다. 능비 원석과 같은 재질의 암석이 파악된 곳은 주변 5개 후보지 중 집안시 운봉–양민 일대의 석질이 가장 근접한 것으로 보아 이곳에서 채석되어 운반되었을 가능성이 가장 높은 것으로 파악되고 있

〈그림 6〉 광개토왕비 4면 모습

다.[28] 현재 능비는 1면과 2면 사이 중상부 모서리에 자갈을 사용한 시멘트로 보수한 흔적이 있으며 4면에 긁힌 자국이 상단에서 중단까지 10여 줄 정도 이어져 있다.[29] 또한 1면 상단 부분 2면 상단 및 3면과 4면 사이 모서리 부분에 중국 측이 균열 방지를 위해 주입한 합성수지 형태의 접착제가 흘러나와 있다.

비문의 내용은 크게 세 부분으로 구분된다. 즉 1) 고구려 건국신화와 족보, 2) 광개토왕의 공적, 3) 광개토왕 사후 수묘제도, 또 능비의 비문 서술 방향은 동-남-서-북으로 태양의 진행 방향을 따르고 있다.[30] 한편 1960년대 및 1970년대, 1980년대, 1990년대 능비 탁본과 사진을 비교해볼 때 1970년대 비정 철거 과정에서 4면 부분이 손상되었을 가능성이 있는 것으로 파악된다.[31]

28 고구려연구재단편(2005), 『환인집안 지역 고구려 유적 지질조사 보고서』, 105~106쪽.

29 고구려연구재단편(2005), 『환인집안 지역 고구려 유적 지질조사 보고서』, 103쪽. 이 부분은 기존 탁본에서는 잘 확인되지 않던 부분이란 점에서 원래부터 이 같은 상황이었는지에 대한 조사가 필요한 부분이다.

30 이 같은 특성은 천신을 상징하는 태양의 진행을 염두에 둔 것으로 추정된다.

31 국립문화재연구소(1996), 『광개토대왕릉비 탁본도록(국내소장)』, 국립문화재연구소; 박진석편(2001), 『호태왕비탁본연구』, 흑룡강조선민족출판사. 이 문제는 별도의 검토를 진행하

능비는 414년 장수왕에 의해 세워졌다. 앞서 살펴본 지안고구려비의 입비 시점에 대한 논란이 여전하지만[32] 형식론적 측면에서 보면 광개토왕대에 세워진 선왕들을 위한 수묘비로 파악된다. 이 같은 4면비는 당시 동북아시아의 어느 곳에서도 나타나지 않은 독특한 비 형식이란 점에서 주목된다.

능비의 특성은 4면비로서 중원 지역에 존재하는 널판 같은 판석(板石), 즉 전면과 후면은 널찍하고 측면은 좁은 모양이 아니라 비의 4면 면의 크기가 비슷한 규모의 선돌 형식이란 점이다. 능비의 선돌적 특성은 이미 지적되었고,[33] 원래부터 현재 자리에 있던 선돌에 능비를 조영했을 것이란 견해도 제시되었다.[34] 필자도 능비가 기본적으로 선돌 형식을 유지했다는 점에서 이에 동의하면서도 원래부터 이 비가 선돌 형태로 이곳에 있었다고 보기에는 문제가 있다고 보인다. 선돌이었다면 비좌가 필요 없고 바로 땅에 매립하는 형식으로 세우는 형식을 취했을 것으로 보이기 때문이다. 태왕릉 및 장군총 등 거대한 적석총을 조성한 상황에서 이 비가 원래부터 이곳에 있었다고 보기에는 전체 구도와 내용상 곤란하다. 특히, 주목되는 점은 4면에 비문이 작성된 점이다. 이 같은 형식은 중국의 비문과는 완전히 다른 형식이란 점에서 유의되며 앞서 제기된 고구려의 토착적 전통과 연결된 선돌문화와 연결될 가능성이 높다.

이 같은 4면비인 능비의 형식은 광개토왕대에 형성된 고구려의 독자적 정체성 확립과 장수왕에 의한 변혁의 단행이 연결되어 나타난 것일 가능성이

고자 한다.

32 지안고구려비의 입시 시기에 대해 크게 광개토왕 시기와 장수왕 시기로 나뉜다. 이 글에서는 광개토왕 시기의 비석으로 보고 논의를 전개한다.

33 김응현(1973), 「고구려서법고」, 『서통』 1.

34 이우태(2013), 「금석학적으로 본 광개토왕비」, 『광개토왕비의 재조명』, 동북아역사재단, 166쪽.

높다. 즉, 광개토왕은 새로운 수묘제 정비 및 수묘비 건립이란 개혁을 추진하였고 장수왕은 광개토왕의 개혁을 근거로 새로운 정책을 수행하였다. 예컨대 수묘인연호 책정을 부친인 광개토왕은 국연 20·간연 200가를 원칙으로 정하였는데 장수왕은 이들이 신래한예(新來韓濊)이기 때문에 법칙을 모르는 것을 염려해서[不知法則] 법칙을 잘 아는 구민 110가를 추가하였다. 비문에서 이 같은 장수왕의 판단과 결정이 강조되고 있다는 점에서 행위의 주체가 장수왕일 것으로 파악된다. 또한 주목되는 것은 장수왕의 이후 행적에 나타난 사실이 고구려의 독자성을 부각한 사실과 연결되기 때문이다.

먼저, 개로왕이 북위(北魏)에 보낸 국서에서 장수왕 통치하의 고구려에서 낙랑의 수구지심을 표현한 내용이다.

> 지금 연(璉)은 죄를 지어 나라가 스스로 남에게 잡아먹히게 되었고, 대신과 호족들의 살육 행위가 그치지 않고 있습니다. 그들의 죄악은 넘쳐나서 백성들은 뿔뿔이 흩어지고 있으니, 지금이야말로 그들이 멸망할 시기로서 폐하의 힘을 빌릴 때입니다. 또한 풍족(馮族)의 군사와 군마는 집에서 키우는 새나 가축이 주인을 따르는 것 같은 심정을 가지고 있고, 낙랑의 여러 군은 고향으로 돌아가고자 합니다(樂浪諸郡懷首丘之心)[35] (『삼국사기』 권25 「백제본기」 3 개로왕(蓋鹵王) 20년).

개로왕이 보낸 위 사료의 내용 중 '낙랑 수구지심'의 내용은 북위에 대한 외교적 언사일 수 있으나 당시 고구려 사회에 팽배한 반중국적 자주적 국가

35 今璉有罪國自魚肉大臣彊族戮殺無已罪盈惡積民庶崩離是滅之期假手之秋也且馮族士馬有鳥畜之戀樂浪諸郡懷首丘之心.

〈그림 7〉 중원고구려비(높이 135cm, 전면 폭 55cm)

분위기를 반영한 상황일 수 있다. 즉, 장수왕이 고구려의 자주적 정체성을 강조하고 중국계 세력을 차별하는 양상이 전개되면서 이런 표현이 나타난 것으로 보인다. 또한 천도(遷都)와 함께 대신강족(大臣彊族)을 육살(戮殺)한 사실은 장수왕의 정치적 과단성과 새로운 국가체계의 정립으로 연결된다.[36] 따라서 장수왕이 새로운 군주로 등장한 이후 탈중국적 독자화 선언의 상징으로 중국적 형식을 벗어난 석주형 4면비인 능비를 조영한 것으로 파악된다. 특히, 427년 천도와 관련되어 고려로 국명 전환이 상정되는 사실[37]도 이 같은 고구려의 원천에 대한 지향을 반영한 것으로 이해된다. 따라서 장수왕은 당시 고구려가 포용한 다양한 북중국 및 주변 국가의 문화와 사회 풍습 등에 대한 천착과 고

36 徐永大(1981), 「高句麗 平壤遷都의 動機－王權 및 中央集權的 支配體制의 强化 과정과 관련하여」, 『韓國文化』 3.
37 鄭求福(1992), 「高句麗의 '高麗' 國號에 대한 一考; 三國史記의 기록과 관련하여」, 『호서사학』 19·20합집.

민을 통해 광개토왕릉비와 같은 훈적비와 수묘비를 창안하여 설치하였을 것이다.

한편, 한반도에서 발견된 중원고구려비는 국내에 유일하게 남아 있는 고구려 석비로, 고구려가 남한강 유역의 여러 성을 공략하여 장악한 후 세운 기념비로 추정된다. 석비는 돌기둥 모양의 자연석을 이용하여 4면에 글을 새긴 것으로 파악되며 그 형태가 광개토왕릉비와 비슷하다.

전면과 좌·우 측면에서 문자가 확인되며, 그중에서도 가장 넓은 면인 전면에 새긴 글씨가 가장 잘 남아 있다. 한 글자의 크기는 3~5cm 정도이며 1행은 23자로 되어 있는데, 전면 10행, 좌측면 7행, 우측면에 6행이 있었던 것으로 추정된다. 형태는 넓적한 돌기둥처럼 보이며 자연석을 그대로 비석으로 활용하고 있다. 높이 135cm, 폭 56cm, 두께 33cm인 화강암의 4면에 예서체 글씨가 1행 23자 꼴로 528자 새겨져 있다.[38]

구체적으로 비의 제원을 보면 〈표 2〉와 같다.

〈표 2〉 중원고구려비의 제원

단위 (cm)	총고 (總高)	비면고 (碑面高)	비면폭(碑面幅)		
			상	중	하
3면(전면)	203	144	55	53	49
1면(후면)	188	126	52	48	44
4면(좌측면)	197	141	37	36	38
2면(우측면)	178	136	32	35	31

비의 크기에서 나타난 4면의 크기 비율은 최대 1.7(55/32)−1.5(55/37)이다. 이

38 한국역사연구회 고대사 분과(2004), 「중원고구려비」, 『고대로부터의 통신』, 푸른역사, 211~228쪽.

비율은 능비의 비율과 큰 차이가 나지 않는 4면비 형식임을 보여준다. 비문에 '고려(高麗)'란 국명과 '대사자(大使者)'·'발위사자(拔位使者)'·'대형(大兄)' 및 광개토대왕 비문에서와 같이 '고모루성(古牟婁城)' 등의 글자가 보이고, '신라토내(新羅土內)' 등 고구려가 신라를 불렀던 말들이 쓰여 있어 고구려비임을 확인하게 되었다.

또 발견된 곳이 충주 지역이란 점에서 비의 건립 시기를 고구려가 이 지역을 차지한 5세기 전후로 좁혀볼 수 있다. 그러나 비문의 마멸이 심하여 전면(前面)에 대한 판독조차 이견이 많다. 중원고구려비 비문의 전면에 대해서는 앞면이 '오월중(五月中)'으로 시작되고 왼쪽 면의 '고모루성수사(古牟婁城守事)'가 보이는 부분을 최종면으로 보아 뒷면을 1면으로 보는 입장과 앞면 상단부에서 '년(年)'자를 판독해 제액(題額)의 존재 가능성을 제기하고[39] 있다. 건립연대에 대해서는 광개토왕대설, 장수왕 37년(449)설, 장수왕 68년(480)설 ,문자명왕대설 등으로 나뉜다.[40]

중원고구려비는 고구려비 가운데 한반도 지역에서 발견된 유일한 비석으로 능비에서 시작된 고구려 4면비문화가 한반도 중남부 지역까지 확산되어 그 형식과 내용이 체계화되었음을 보여준다. 건립연대가 장수왕대 이후로 파악되어 고구려 4면비문화의 대외적 확산 양상을 보여주며, 특히 묘비가 아닌 척경, 순수, 기공적 성격을 담은 중원고구려비에 이러한 형식이 투영되어 고구려의 4면비문화의 특성과 확산을 보여주고 있다.

---

39 李丙燾(1979), 「中原高句麗碑에 대하여」, 『史學志』 제13집(中原高句麗碑特輯號), 단국대학교 사학회, 22쪽,

40 鄭雲龍(2006), 「中原高句麗碑의 建立 年代」, 『白山學報』 第76號.
張彰恩(2006), 「「論壇」 中原高句麗碑의 연구동향과 주요 쟁점」, 『歷史學報』 第189輯.

2. 4면비문화의 연원, 사슴돌과 선돌

〈그림 8〉 몽골 홉스골 아이막의 오시깅 오브레(폐의 계곡)에 있는 사슴돌 4호. 주변에 다른 사슴돌과 적석묘 14기가 함께 존재함.

광개토왕릉비와 중원고구려비로 상징되는 4면비는 중국의 판비형 2면비와는 기본적인 성격과 의미가 다르다는 점에서 중국의 묘비나 기공기와는 다른 계통에서 그 연원을 찾아야 한다. 이 같은 맥락에서 주목되는 점이 광개토왕비나 중원고구려비의 형태적 특성이 공통적으로 석주형 4면비라는 것이다. 이러한 특성과 연결되는 가장 대표적인 유적이 몽골평원을 중심으로 대규모로 분포하고 있는 사슴돌이다.

사슴돌 유적은 몽골과 중앙아시아 및 러시아 남부 지역의 초원지대에 분포하는데 청동기 시대–초기 철기 시대인들이 그들의 영웅적인 조상들을 기념해 세운 거석기념물이다.[41] 중앙아시아와 시베리아와 몽골에 약 700여 개가 분포한다고 한다. 이 중에서 550여 개가 몽골에 있다. 홉스골 아이막의 오시깅 오브레(폐의 계곡)에는 18개가 집중 분포하고 있어 유적지로 보호되고 있다. 사슴돌의 성격은 고분군 앞 제단

41 국립경주문화재연구소(2008), 「사슴돌」, 『돌에 새긴 유목민의 삶과 꿈–몽골의 암각화, 사슴돌, 비문탁본–』, 148쪽.

의 동쪽편이나 거대한 적석 제사 유적인 케렉수스(히르기수르)의 동쪽 모퉁이에 서 있다.[42]

사슴돌의 일반적인 형태는 4면으로 다듬은 기둥 모양의 돌을 위에서 아래로 세 부분으로 나누어 무늬를 새긴 것이다. 중간부분에는 사슴돌의 주된 문양인 양식화된 형태의 사슴이 새겨져 있는데 여러 동물도 새겨져 있다. 하단부에는 도끼 단검, 망치, 창 등의 무기나 도구류가 띠에 매달린 것처럼 새겨져 있다. 규모는 높이 100~300cm, 두께 20~50cm, 너비 30~100cm 내외의 석주형이다. 문양은 4면 전체에 새겨진 것이 많으며 사슴 한 마리를 입석 전체를 돌아가며 새긴 것도 있다. 사슴돌은 종류에 따라 새김 방향이 여러 가지이지만 오른쪽을 시작으로 왼쪽으로 진행되며 그림의 순서는 남면→서면→북면→동면으로 전개된다.[43]

사슴돌의 의미는 사슴-조상에 대한 숭배물로서 크게 세 부분으로 나뉜다. 윗부분은 윗세계와 천체와의 관련성을 상징하고 있으며 중간부분은 지상세계를 그리고 아랫부분은 지하세계를 상징하는 것으로, 사슴돌의 세 부분은 우주의 구조와 탄생에서 죽음까지의 연결성을 상징한 것으로 파악되고 있다.[44]

이 같이 세 부분으로 나뉜 구성 방식은 광개토왕릉비의 구성 방식과 연결된다는 점에서 매우 주목된다. 즉, 광개토왕릉비는 첫 부분이 고구려 건국시조와 계승관계 족보가 수록되고 두 번째 광개토왕 생시의 훈적이, 그리고 세 번째가 광개토왕 사후세계와 관련된 수묘인조 기록이란 점에서 기본적인 내용

42 E.A.노브고라도바, 정석배 역(1995), 『몽고의 선사시대』, 학연문화사, 264쪽.
이 부분은 광개토왕릉비가 주인공 고분으로 파악되는 태왕릉의 동쪽에 위치한다는 점과도 연결된다는 점에서 주목된다.

43 국립경주문화재연구소(2008), 앞의 책, 152쪽.

44 E.A.노브고라도바, 정석배 역(1995), 『몽고의 선사시대』, 학연문화사, 318쪽.

〈그림 9〉 오녀산성박물관 복제 대은보(大恩堡) 석주(石柱)

구성의 동일성을 보여주고 있다.

그런데 사슴돌은 그 존속 시기와 분포 범위가 서몽골 지역에서 기원전 6세기~서기 3세기에 축조되어 광개토왕릉비와 시공간적 격차가 존재한다는 점에서 그 연결성을 찾기가 쉽지 않다는 문제점이 있다. 그런데 이들 사슴돌이 후대인들에 의해 판석묘의 일부로 활용되거나 흉노 고분을 축조하는 데 활용되면서 그 상징성과 의미가 재연 유지되었을 가능성이 높다.[45] 특히, 몽골 지역에서는 돌궐 시대에 귀족의 추모 울타리나 약수터, 산신령을 기리는 제단 근처에 옮겨져 세워졌으며 특히, 사슴돌에 표현된 이미지가 후대에 탐가로 계승되는 것으로 파악되고 있어[46] 훨씬 후대인 돌궐 비의 상징성과도 연결된다. 따라서 사슴돌 관념 및 상징성은 5호16국 시대 수많은 종족의 이동과 교류 과정에서 고구려에 전해졌을 가능성이 농후하다. 특히 사슴돌이 선행한 선돌과의 관련성에 의해 파악되고 있다는 점이 이 같은 연결성을 짐작하게 한다.[47]

45 E.A.노브고라도바, 정석배 역(1995), 『몽고의 선사시대』, 학연문화사, 264·318쪽.
46 위 책, 319~327쪽.
47 위 책, 262쪽.

특히, 고구려 사회에 존재한 사슴 숭배신앙이 사슴돌과 연결될 수 있다. 사슴은 한국 고대사회에서 제천희생의 대표적인 존재로서 일반적 의례와 연결될 수 있는 존재이다. 즉, 사슴은 인간과 하늘을 이어주는 신령스런 매개자, 또는 하늘의 사자인 우주록(宇宙鹿, Cosmic Deer)으로서,[48] 또 동북아시아 고대사회에서 샤먼의 보조령으로서[49] 가장 대표적 존재였다. 더욱이 샤먼의 전통을 계승한 정치적 지배자와도 밀접히 연결되어 제천희생, 상서, 공물 등으로서의 기능을 유지하였다.[50] 이들 사슴 등을 희생으로 한 수렵제의는 샤먼의 전통을 계승한 왕이 의무적으로 주관하지 않으면 안 되는 상징적 의미의 국가행사였다.[51] 이 같이 고구려 사회에 존재한 사슴 관련 인식과 제의는 사슴돌에 표현된 내용과 바로 연결된다는 점에서 사슴돌 문화와 고구려 사회가 밀접히 연결되고 있다. 특히, 다음 사료는 이 같은 상황을 더욱 구체화시켜준다.

> 西水獲白鹿 倒懸於蟹原 呪曰 天若不雨而漂沒沸流王都者 我固不汝放矣 欲免斯難 汝能訴天 其鹿哀鳴 聲徹于天 霖雨七日 漂沒松讓都. 王以葦索橫流乘鴨馬 百姓皆執其索 朱蒙以鞭畫水 水卽減 六月松讓擧國來降云云(『동국이상국집(東國李相國集)』 3 「동명왕편(東明王篇)」).

위 사료는 주몽이 비류국의 왕도를 장악하기 위해 사슴을 나무에 매달아

48 김열규(1977), 『한국신화와 무속연구』, 일조각, 29~30쪽.

49 M.Elide, 문상희 역(1982), 『샤마니즘』, 삼성출판사, 119~124쪽.

50 조법종(1998), 「청산별곡에 나타난 새와 사슴의 한국고대 종교문화적 전통」, 『한국고대사연구』 14, 474~481쪽.

51 김영하(1988), 『삼국시대 왕의 통치형태연구』, 고려대 박사학위논문, 20~26쪽. 사슴과 돼지는 고구려 사회에서 가장 풍부하게 수렵될 뿐만 아니라 고구려의 경제생활에도 매우 유용한 동물이란 점에서 제천희생용으로 활용되는 종교적 의미를 갖게 된 것으로 파악하였다.

〈그림 10〉 석호석주자(石湖石柱子)

하늘에 비를 기원하는 종교행위를 묘사한 내용이다. 이는 사슴돌에 묘사된, 사슴이 하늘을 향해 올라가 천신에게 인간의 소원을 전달하는 것과 같은 모습을 보여주고 있다.[52]

한편, 이 같은 사슴돌과 같은 맥락에서 파악될 수 있는 유적이 선돌이다. 특히, 고구려의 석주형 조형물의 경우 주몽의 첫 도읍인 환인 지역에서 발견되는 석주형 선돌에서 그 내용을 볼 수 있다. 즉, 환인 지역의 대은보(大恩堡) 석주(石柱)는 고구려 조기(早期) 제사와 관련된 유적으로 파악되고 있는데 현재 중국 요녕성 환인현(桓仁县) 화협진(华来镇) 대은보촌(大恩堡村)에 있는 것으로 그 모형이 오녀산성박물관에 전시되고 있다.

요녕성의 청동기 시대 입석(立石) 유적으로 다른 유적도 소개되고 있다. 즉, 1982년 발견 보고된 안산시(鞍山市) 수암(岫岩) 조양현(朝阳乡) 석호촌(石湖村)에서 확인된 석주(石柱)는 요동반도 지역에서 확인된 청동기 시대 2개의 석재 입주(立

52 조법종(2001), 「고구려 사회의 檀君認識과 종교문화적 특징－蘇塗文化와의 관련성을 중심으로」, 『한국고대사연구』 21, 202~204쪽.

柱) 유적으로 땅 속에 하부가 묻혀 있으며 지면(地面) 부분은 높이 2.76m, 두께 28cm 2개의 석주 사이 거리는 18m이다. 이것은 신석기 시대에서 청동기 시대의 유적으로 파악되고 있다. 이 같이 고구려 초기 발상지인 환인 및 수암 지역에서 입석 계통의 유적이 확인되고 있어 문화적 연원과 내용이 연결된다.

한편 고구려의 중심 지역인 지안 지역에서도 무문자 묘비로 보고된 석주형 석비가 확인되고 있다. 즉, 산성하 고분군 M1411호와 우산 묘구 M1080에는 묘비형 석주가 존재한다. M1411호는 봉토석실 쌍실분으로 비는 화강암제의 8각형으로 전체 높이 1.16m, 저부 둘레 85cm, 상부 둘레 48cm로 각자 흔적은 없는 석주형이다. M1080은 대형 봉토석실분으로서 1976년 도굴된 고분 정상부에 함몰된 것으로 분묘 정상에 설치되었던 것으로 파악된다. 비는 상원하 방형으로 높이 1.6m, 비의 밑 부분은 장방형으로 정면 97cm, 측면 73cm (대비97/73=1.32)이다. 이 비에는 8각 능선형의 손질이 보고되었다. 이들 비는 5~6세기 귀족묘로 파악되어 이 시기에 귀족묘에도 수묘 목적의 묘상입비 전통이 존재했음을 보여준다고 보고되었다.[53] 그런데 1990년대 오회분 자료 및 산성하 고분군 자료에서도 고분 정상 부분에 석주 형태의 돌들이 존재했음을 알 수 있다. 이는 이들 두 고분 외에도 많은 고분에서 이 같은 석주형 표석이 존재했음을 추정케 한다. 이는 묘비 이전 또는 전통적인 묘석으로 묘비의 역할을 했을 것으로 추정되며 입석적 전통의 모습으로 보인다.

한편 이 비석 이외에 고구려의 무문자 석주들이 보고되고 있다. 즉, 태왕향 민주촌 지안역 500미터 거리에 두 개의 석주가 보고되었다. 석주는 방추형으로 보고되었는데 전형적인 석주형의 모습으로 동쪽 석주는 높이 2.2미터, 폭 33cm에서 63cm(대비 63/33=1.9)이고 서쪽 석주는 높이 3.6미터, 폭 40cm

53 『집안현문물지』, 95~96쪽.

〈그림 11〉 지안시 석주 1·2

에서 77cm(대비77/40=1.92)이다. 맨 윗부분은 가공하지 않았고 사면은 일부 손질이 가해졌으며 1962년 9월 조중 연합 발굴조사 시 동쪽 석주를 발굴해 석주의 매장 깊이가 1.2m임을 확인하였다. 주변에서 고구려 유적이 확인되었으며 중국 측 조사자는 이를 중국의 궐(闕)[54]과 관련된 고구려 시기 제사 관련 유적으로 파악하였다.[55] 그런데 석주의 상부 부분이 전혀 가공되지 않았다는 점에서 궐과 관련된 석재로 보기에는 문제가 있다. 오히려 석주의 다른 기능성이 더 부각될 수 있다고 생각된다. 즉 이는 무문자비였거나 그와 비슷한 입석적 기능을 갖는 종교적 상징물일 가능성이 높다고 생각된다.

따라서 고구려의 공간 내에 석주형 제사 및 종교적 상징물로서의 기능이 추측되는 석주형 조형물이 이미 신석기-청동기시대에 존재했으며 이 같은 석주형 조형물은 능비나 중원고구려비로 연결되는 석주형 4면비의 토대문화로서 존재했던 것으로 파악된다.

54 闕은 皇宫门 앞의 양쪽에 있는 瞭望楼를 말한다.
55 『집안현문물지』, 96~97쪽.

또한 오환과 선비 및 신라 관련 기록에서 나타난 것처럼 문자가 없는 상황에서 각목위신하던 전통[56]이 선돌이나 입석으로 확대되어 나타날 가능성이 높다. 또한, 옥저에서 나타나는 망자의 얼굴을 새기는 전통[57]과 거란의 장례 전통에 나타난 망자 얼굴을 금속판으로 만드는 전통은 사슴돌에 표현된 인물상을 새기는 전통과도 연결되어 문화적 전통의 맥락을 확인할 수 있다.

III. 4면비문화의 확산

1. 신라 지역으로의 확산

영일 신라 냉수리비는 자연석의 앞면, 뒷면, 윗면 3면에 글을 써넣었으며, 앞면 12행 152자, 뒷면 7행 59자, 윗면 5행 20자 등 총 231자가 쓰여 있다. 비문은 지증왕을 비롯한 신라 6부의 대표 7명이 논의를 통해 진이마촌의 절거리라는 개인의 재산 취득을 인정하며, 절거리가 죽은 뒤에는 아우(혹은 아우의 아들)에게 재산을 상속하고 다른 관련자가 상속에 대해 이의를 제기하지 못하게 한다는 내용으로 되어 있다. 이는 다른 사서에서 보기 드문 신라 시대 재산 분쟁에 관한 내용이라는 데에 의의가 있다. 영일 신라 냉수리비의 크기 제원은 폭 70cm, 높이 60cm, 두께 30cm이다.

---

56 烏丸, 鮮卑即古所謂東胡也° 其習俗, …… 百千落自爲一部, 大人有所召呼, 刻木爲信, 邑落傳行, 無文字, 而部衆莫敢違犯° 三國志 魏書 30 烏丸鮮卑東夷傳 30.
新羅者 其先本辰韓種也辰韓亦曰秦韓 …… 無文字 刻木爲信 梁書 54 列傳 48 諸夷 新羅.

57 其葬作大木槨, 長十餘丈, 開一頭作戶. 新死者皆 假埋之,皮肉盡, 乃取骨置槨中 擧家皆共一槨, 刻木如生形, 隨死者爲數 三國志 魏書 30 東夷傳 東沃沮.

〈그림 12〉 울진 봉평 신라비(높이 204cm, 글자가 새겨진 부분 위쪽 너비 32cm, 가운데 너비 36cm, 아래쪽 너비 54.5cm 자연석 이용 석주형 석비)

영일 신라 냉수리비의 형태를 보면, 석주형 비석이라기보다는 오히려 지안 지역 고분 정상에 있는 무문자비 성격의 석표(石表) 형식과 유사하다. 또한 비문이 기재된 공간이 전·후면과 상면에 기록한 점에서도 이 같은 석표 형식의 느낌을 주고 있어 상관성을 추측케 한다.

울진 봉평 신라비는 법흥왕(法興王) 11년(524)에 건립된 것으로 추정되는 신라비로서 고구려비와의 형태적 유사성이 제기되었다.[58] 이 비의 재질은 변성화강암이며, 크기는 전장 204cm로 1면은 상폭 32cm, 중폭 36cm, 하폭 54.5cm이고, 2면은 상폭 57cm, 중폭 62cm, 하폭 70cm이며, 3면은 상폭 21cm, 중폭 15cm, 하폭 5cm, 4면은 그 크기가 이면과 대체로 같다. 전체적으

58 임기환(2011), 「울진 봉평리 신라비와 광개토왕비, 중원고구려비」, 『울진 봉평리 신라비와 한국 고대 금석문』, 울진군·한국고대사학회.

로는 불규칙한 4각비로 1면에만 비문을 새겼다. 비문은 총 10행 398자로서 1행 31자, 2행 42자, 3행 41자, 4행 42자, 5행 25자, 6행 46자, 7행 45자, 8행 44자, 9행 40자, 10행 42자로 구성되었으며, 서체는 예서체에서 해서체로 넘어가는 과도기의 글씨이다.[59]

하단부의 측면 돌출부가 비를 세우는 받침대 역할을 하고 있는 점에서 독특한 모습인데 형태상 4각비로서 비문은 1면에만 기록된 특성을 보여주고 있다. 하부를 제외한 부분의 비면 대비를 보면 약 4(62/15)–2.9(62/21)로 대비 편차가 크나 자연석의 절단 상태를 그대로 이용한 점에서 보면 석주형 석비임을 알 수 있다.

한편 마운령 진흥왕순수비는 16세기 말에 발견되어 17세기 초 한백겸이 『동국지리지』에 고려 윤관의 비로 소개하였으나, 1929년에 최남선이 함경남도 이원군 마운령 만덕산 산중에 파묻혀 있던 것을 찾아낸 후 진흥왕순수비라는 사실을 고증하였다.[60] 지금은 함흥시 사포 구역 소나무동에 있는 함흥본궁 뜰 안에 옮겨놓았다. 건립 시기는 진흥왕 29년(568)으로 파악된다. 비석은 화강석으로 네모나게 다듬어서 만들었는데 비 몸돌의 높이는 1.46m, 너비는 44cm, 두께는 30cm이며, 별도로 비개(碑蓋)와 비부(碑趺)를 갖추었다. 비의 면당 크기 대비를 보면 1.46(44/30)으로 각 면당 대비 양상이 석주형 석비의 모습을 잘 보여주고 있다. 그런데 앞서 냉수리비나 봉평비와는 달리 기본적인 석부(石趺)와 석개(石蓋)를 갖추어 후한 비의 형제를 갖추고 있는 모습을 보여주어 석비형 석비에 한비 형식이 결합된 양상이다.

비에는 앞면에 26자씩 10줄, 뒷면에 25자씩 8줄, 모두 415자의 글이 새겨

59 이명식, 「울진봉평비」, 『역주한국고대금석문』.
60 崔南善(1930), 「新羅眞興王の在來三碑と新出現の磨雲嶺碑」, 『靑丘學叢』 2.

〈그림 13〉 마운령 진흥왕순수비

져 있다. 앞에서 10자, 뒤에서 19자가 없어졌거나 잘 보이지 않는데 '황초령 순수비'에 의하면 앞의 10자 가운데 7자까지는 알 수 있으므로 결국 393자를 읽을 수 있다. 글씨체는 해서체이다. 또한, 황초령 진흥왕순수비는 신라 진흥왕이 마운령비와 함께 568년(진흥왕 29) 황초령에 건립한 순수비로 함경남도 장진군에 있는 비석이다. 원래 함경남도 장진군 황초령에 있었으나, 1852년에 차령진으로 옮겨졌으며, 그 후 함흥역사박물관 본궁 분관에 옮겼다가 마운령 진흥왕순수비와 나란히 보관하였다. 황초령비는 마운령비와 달리 몸돌만으로 되어 있는데 현존 높이는 1.30m이다. 이마니시 류[今西龍]에 의하면 원석의 높이는 약 151.5cm 내외이고, 비석의 높이는 전면에서는 130.3cm, 후면에서는 138.2cm, 폭은 약 50cm, 두께는 상부가 32cm, 중앙부가 27.6cm, 하부가 약 24.5cm이며, 하부 비면의 폭은 42.7cm이라고 한다. 이 내용대로라면 이 비는 측면이 상부로 갈수록 큰 가분수형의 비석으로 면당 대비가 1.56(50/32)인 석주형 석비 형식을 보여준다.

비면에는 대략 121.2cm 정도의 윤곽선을 긋고 그 안에 12행, 행당 약 33~35자 정도의 글자를 새겨 최대 420자로 되어 있었다고 한다. 비의 재료는 화강암으로 처음 발견될 때 이미 세 조각으로 나뉘어져 있었다. 제3석은 윤정현(尹定鉉)이 진흥리(眞興里)로 옮길 당시 소재 불명 상태로 탁본만이 전해졌는데, 1931년에 함흥군 하기천면(下岐川面) 은봉리(隱峰里)의 계곡에서 이 마을의 엄재춘(嚴在春) 씨(당시 18세)가 발견하여 1, 2석과 접합하였다(가츠지로 스에하루[葛城末治], 1935). 이 단석(斷石)의 발견으로 60자에 가까운 글자가 보완되었다.

〈그림 14〉 황초령 진흥왕순수비

이 같이 동해안선으로 연결되는 신라 지역의 초기 비석인 냉수리비와 봉평비에서 고구려 석주형 석비문화의 흔적을 발견할 수 있으며 진흥왕대에 건립된 마운령, 황초령비에서도 석주형 비석 건립의 전통이 연결되었음을 볼 수 있다. 이러한 사실은 북한산 진흥왕순수비의 형식이 높이 약 155cm, 폭 71.5cm, 두께 약 16.6cm로서 폭과 두께의 비율이 4.3(71.5/16.6)으로 전형적인 한비의 형태를 띤 것과 대조된다.

2. 고구려 4면비와 돌궐비와의 관계

톤유쿠크비는 돌궐 제2제국(682~745) 부흥의 주역 빌개 톤유쿠크의 묘비로서 720년대 중반 그의 사후에 건립된 것으로 추정된다. 무덤과 사당 유구 및 노획한 적을 상징하는 석주 모습의 발발 유적이 함께 존재하고 있다. 비문은 돌궐어로 작성되었는데 자전적인 말투로 당조에 대한 반감과 건국 과정의 어려움, 업적 등을 기술하고 있다.

톤유쿠크비는 4m 간격을 두고 남북으로 두 개의 비석으로 이뤄져 있다. 남비는 높이 236cm, 서면 34cm, 남면 44cm, 동면44cm, 북면 45cm이다. 북비는 211cm, 서면 51cm, 남면 33cm, 동면 50cm, 북면 28cm이다.[61]

각 면당 대비를 보면 1.32(45/34)–1.02(45/44)로 거의 각 면 폭의 크기가 비슷한 석주형 비석임을 알 수 있다. 형식상 비좌가 없이 바로 매립된 형식으로 입석의 형태를 보여준다. 이 비의 특징은 비문 내용의 시작 부분을 무덤에서 바라보는 면에 새기고 있고 비의 위치는 무덤이 서쪽에 위치해 반대편인 동쪽에 자리하고 있는 점이 주목된다.

돌궐 제2제국(682~745) 3대 카간인 빌개카간과 그의 동생인 퀼테긴의 묘비로 무덤은 비의 서쪽에 위치하고 있다. 퀼테긴과 빌개카간 묘비는 모두 당 왕조의 지원을 받아 건립된 것으로 중국 비의 기본 형식을 띠고 있어 전면에는 한문으로 각각의 공적을 칭송하는 내용이 새겨져 있다. 나머지 3면에 돌궐어로 비문이 기록되어 있는데 두 비문은 공통적으로 71행 중 31행에서 빌개카간의 언급이 기록되었다. 특히, 빌개카간이 1인칭의 입장에서 고관과 백성에게 말하는 투의 내용으로 구성되어 있다. 특히, 동면 31행에 걸쳐 천지창조와 돌궐의 역사가 시작된 이래 당시까지의 역사를 서사적으로 기록하고 있으며 퀼테긴의 업적을 기록하고 있다.[62] 그리고 마지막에는 조문한 나라에 대한 내용과 비문 건립과 관련된 기록이 남아 있다.

61 국립경주문화재연구소(2008), 『돌에 새긴 유목민의 삶과 꿈–몽골의 암각화, 사슴돌, 비문 탁본』, 국립경주문화재연구소, 216쪽.

62 위 책, 332쪽.

〈그림 15〉 톤유쿠크 묘비(남비) 4면비(서–남–동–북)

〈그림 16〉 톤유쿠크 묘역 시설물 판석묘와 묘비(좌측은 북비, 우측은 남비), 사당 및 석인상 유구 쿨테긴 묘비와 빌개카간 묘비

〈그림 17〉 쿨테긴 묘비(좌측 사진은 복제된 비로 분리되었던 귀 부위에 비를 올린 모습, 우측은 돌궐의 탐가가 새겨진 뒷면 모습, 비면은 당 제작 한문 비문(서면)에 돌궐 비문 추가)

이들 3개의 돌궐비를 대비해 정리하면 다음과 같다.

〈표 3〉 돌궐비의 비교표

명칭 (제작 시기)	비문 구성 및 서술 방식	특징				
		제작국	이수 유무	귀부 유무	비면 장식 (종족문장)	현재 위치 및 상태
톤유쿠크 비문 (726년)	4면비, 2기, (판석묘)	돌궐	×	×	종선 표시, 행 구분, 우→좌기록	유적지, 원상태 유지
쿨테긴 비문 (732년)	2면비(당)→ 4면비(돌궐)	당(현종), 돌궐	○	○	종선 표시, 행구분, 탐가 존재	전시관 이동, 원래 위치에 복제비 건립
빌개카간 비문 (735년)	2면비(당)→ 4면비(돌궐)	당(현종), 돌궐	○	○	우→좌 기록	세 토막으로 절단→최근 복원, 전시관 이동

쿨테긴 비문과 빌개카간 비문 내용은 〈표 3〉에서 보듯이 기본 구성과 내용이 거의 동일하다. 또한 비의 첫 시작 지점을 어디로 보느냐에 따라 논란이 있지만 ① 천지창조와 건국시조 및 조상, ② 주인공(쿨테긴 및 빌개카간)의 공적, ③ 주인공의 사망과 능묘 조성, 왕의 유훈의 세 부분으로 구성되어 있다. 이 같은 3단계 구성 방식과 내용은 앞서 광개토왕릉 비문 내용의 구성 방식과 동일하며 사슴돌의 세 부분 구성 방식과도 연결된다.

또한 고구려비와 돌궐비의 가장 큰 공통점은 4면비라는 점이다. 즉, 중국의 전통적인 비에는 석주형의 4면비는 존재하지 않는다. 이에 비해 고구려비와 돌궐비 및 위구르비는 모두 4면비로서 비석 제작 전통이 중국과는 전혀 다르다. 그런데 동북아시아 지역에서 첫 4면비의 효시가 고구려 광개토왕릉비였다. 4면비문화의 연원은 앞서 검토한 것처럼 돌궐비가 존재한 몽골초원 지역의 사슴돌과 연결 지을 수 있다. 사슴돌은 기본적으로 4면의 석주에 4면 또는 1~3면을 활용해 사슴 등 관련 이미지를 새긴 돌이다. 크기와 모양이 최초의 돌궐문자로 제작된 톤유쿠크비의 모습과 흡사하다는 점에서도 연관성이 주목된다. 이러한 돌궐비와 고구려비와의 연결은 고구려와 돌궐과의 관계 및 관련 유물인 부그트비와의 관계를 감안할 때 시기적으로 돌궐 제1제국 시대 이후일 가능성이 높다.

고구려와 돌궐은[63] 고구려 양원왕(陽原王) 7년(551)에 신흥 돌궐이 고구려의 신성과 백암성을 공격해 고구려가 이들을 격퇴한 사실에서 첫 관계[64]가 진행되었다. 그런데 이 돌궐 제1제국 시기 건국시조인 부민(Bumïun)과 이스타민(Istäsmi) 카간의 장례식에 조문 온 뷔클리(Bökli)가 고구려[65]를 가리킨다는 사실에서 고구려가 돌궐세력과 관계를 맺고 있었음을 보여준다. 또한 영양왕 18년(607)에는 돌궐 계민카간(啓民可汗)의 장막에서 고구려 사신과 수 양제가 마주친 사건이 있었는데, 이로써 돌궐과의 관계가 지속되었음을 알 수 있다. 또한 당 태종의 고구려 공격 시 동원된 돌궐병들의 존재에서도 고구려와 돌궐의 관계가 상정된다.

그런데 현존 돌궐비 가운데 최고(最古) 비로, 돌궐 제1제국 시기 카간의 일족인 마한테긴의 일대기를 소그드 어로 기록한 부그트비가 전형적인 한비(漢碑) 형태를 띤 비석으로 나타나고 있어 이 시기 고구려 4면비문화가 돌궐 지역으로는 전해지지 않은 것으로 파악된다.

---

63 李龍範(1959), 「高句麗의 遼西 進出 企圖와 突厥」, 『사학연구』 4집, 한국사학회.
朴元吉(2002), 「高句麗와 柔然·突厥의 關係」, 『高句麗研究』 14, 高句麗研究會.

64 李龍範(1959), 「高句麗의 遼西 進出 企圖와 突厥」, 『사학연구』 4집, 한국사학회.
이재성(2005), 「6세기 후반 突厥의 南進과 高句麗와의 충돌」, 『북방사논총』 5, 고구려연구재단.

65 岩佐精一郎(1933), 「古突厥碑文のbökli及びPar Purumに就いて」, 『岩佐精一郎遺稿』;
노태돈(1989), 「高句麗·渤海人과 內陸아시아 住民과의 交涉에 관한 一考察」, 『대동문화연구』 23, 236~237쪽.

〈표 4〉 쿨테긴 비문과 빌개카간 비문 내용 대조표

면	행	쿨테긴 비문 내용
S	1–4	빌개카간의 영역 총괄
	5–10	중국에 대한 경계, 자신의 공적 언급
	11–13	비석,능묘 조성/ 카간의 말 천하에 공지
E	1–4	천지창조신화/ 건국시조 장례(뷔클리 조문)
	5–10	중국의 분열책과 붕괴, 부흥 노력(뷔클리 출정)
	11–15	부친 일테리시카간, 모친 일빌개 부흥 건국
	16–24	숙부 카간의 즉위 영토 확장
	25–30	빌개카간의 즉위와 국가 회복
	31–40	동생 쿨테긴의 공적
N	1–9	동생 쿨테긴의 공적
	10–13	쿨테긴 서거와 애도
NE		쿨테긴 장례, 능묘, 비석 건립
SE		비문 작성자 욜루그 티긴, 애도문
SW		쿨테긴 재산
W	1–2	쿨테긴 공적

면	행	쿨테긴 비문 내용
N	1–3	빌개카간의 영역 총괄
	4–6	중국에 대한 경계
	7–15	자신의 공적과 비석, 능묘 조성/ 카간의 말 천하에 공지
E	1–5	천지창조신화/ 건국시조 장례(뷔클리 조문)
	6–13	중국의 분열책과 붕괴와 부흥 노력 부친 일테리시카간, 모친 일빌개 부흥 건국 뷔클리 출정
	14–20	숙부 카간의 즉위 영토 확장
	21–41	빌개카간의 즉위와 국가 확장 공적 서술
SE	1	
S	1–8	
	9–15	빌개카간 통치 총괄, 부친 장례식, 능묘 조성
SW		비문 작성자 욜루그 티긴
W	1–9	빌개카간 승하, 하늘..북..사슴.. 묘비

이는 마치 지안고구려비가 후한비 형태를 띤 것과 같은 양상으로 파악된다. 즉, 돌궐인들이 처음 공덕비를 세울 때 중국 한비 양식을 수용해 비를 건립했다가 돌궐의 독자적 문화를 부각하는 과정에서 문화적 계통과 내용을 동북아시아적 전통과 연결지었을 가능성이 높다. 즉 이 같은 한비 형태의 기공비 건립 방식의 변화는 톤유쿠크가 687년경에 세운 석인상 사각기둥 형태의 초이렌 명문비에서 나타났으며 이후 자신의 4면비 묘비로 연결되면서 4면비

적 체제가 완성되어 나타났다.[66]

〈그림 18〉 호우총 호우 명문

톤유쿠크비에서 처음 나타난 돌궐어와 4면비 형태의 돌궐비 건립은 당에 대항하던 돌궐인들의 자주성과 독자적 문화 강조와 깊은 연관이 있다고 파악된다. 그리고 그 비의 형태를 감안할 때 돌궐 4면비의 연원은 고구려와의 연결성이 가장 높다고 판단된다. 그런데 현실적인 고구려 4면비 문화의 돌궐 전파 가능성은 고구려 붕괴 후 진행된 고구려 유민들의 돌궐 지역으로의 이동에서 찾을 수 있다고 생각된다.[67] 즉 714년 돌궐로 망명했던 고문간(高文簡)의 당나라로의 투항사례 등에서 고구려 유민들에 의한 4면비문화의 전파 가능성이 상정된다.

한편 돌궐 제2제국 붕괴 후 이들 계승한 위그르제국(744~840)에서도 4면비문화는 계승되었다. 즉, 위그르의 2대 카간인 카를륵카간[葛勒可汗, 747~759]의 기공비인 테스 비문은 돌궐비와 같은 4면비로서 비면의 내용 순서는 서면→북면→동면→남면으로 진행되었다. 또한 같은 카를륵 카간이 753년에 세운 기공비인 타리아트 비문도 4면비로서 비문이 서면→북면→동면→남면으로 기록되었는데, 특히 귀부가 함께 발견되고 있다. 주목되는 것은 이들 비는 4면비로서 앞서 돌궐 제2제국 시기에 세워진 돌궐비들과 달리 비문 내용의 서술 방향이 광개토왕릉비와 중원고구려비와 같은 시계 진행 방향으로 나타나고 있다는

66 국립경주문화재연구소, 앞의 책, 328~330쪽.
67 盧泰敦(1981), 「高句麗 遺民史 硏究-遼東·唐內地 및 突厥方面의 集團을 중심으로-」, 『韓沽劤博士 停年紀念 史學論叢』, 지식산업사.
盧泰敦(1989), 「高句麗·渤海人과 內陸아시아 住民과의 交涉에 관한 一考察」, 『대동문화연구』 23.

〈그림 19〉 지안시 석각 석인상

〈그림 20〉 찬쿨테긴비에 나타난 탐가 모습

점이다.[68]

한편 돌궐비에서 특징적으로 나타난 특성은 한비의 비액 부분에 유목민 돌궐인의 상징문양인 탐가를 표시한 점이다. 능비에서는 이 같은 상징이 나타나고 있지 않지만 413년에 제작된 호우에 나타난 '#'문양을 보면 돌궐비에 나타난 탐가와의 관련 가능성을 제기할 수 있다. 이는 사슴돌의 상단에 존재하는 문양과 돌궐비 상단의 탐가에 대응되는 상징문양이 광개토왕 관련 유물에 나타나고 있다는 점에서 유의된다. 즉, 신라 호우총에서 발견된 호우에 표현된 문양은 돌궐비에 나타난 탐가와 같은 유형으로 이는 사슴돌에 나타난 문화와도 연결되고 있다고 생각된다. 흥미로운 점은 환도산성이나 지안의 민주 유지, 천추묘 등에서도 '#' 문양이 나타나고 있다는 것이다. 이 문양에 대해서는 태양을 상징한다든지, '#'자의 이체형 문양으로 광개토왕의 문장 또는 무덤을 나타내는 표지[69] 등으로 보고 있다. 그런데 호우에 표시된 양상은 돌궐비에 표현된 탐가 문양과의 관련성이 상정된다.

68 이 같은 사실은 같은 언어와 문자를 쓰고 있는 상황에서도 종족적 계통이 다르면 비면의 전개 방식은 다를 수 있음을 보여주고 있다.

69 박찬규(2005), 『集安 지역에서 최근 발견된 고구려 문자 자료: 1990~2003년 조사보고를 중심으로』, 『고구려발해연구 19집』.

또한 고구려 인면 석각이 우산 3319호 앞에 존재하는데 약 4세기경에 제작된 것으로 추정된다. 현존 유일한 고구려 인면석각이다. 높이가 104cm, 넓이가 54cm인 인면석각은 고구려의 석각 예술을 그대로 엿볼 수 있다.[70] 이는 돌궐 적석무덤 앞에 있는 석인상과도 연결될 가능성이 있다.

V. 맺음말

고구려가 새로운 수묘 방식을 정립하면서 후한비 형식을 수용해 처음으로 세운 수묘비가 지안고구려비이다. 지안고구려비의 형식적 특징은 상단 우측 부분이 결락되었지만 비신은 판석 형태의 모습에 비수 부분이 삼각형인 규형비 형식으로 전면과 후면에 기록을 남긴 양면비라는 점이다. 따라서 지안고구려비의 형식은 후한비 형식과 유사하나 실질적으로는 고구려와 가장 인접하고 인적·문화적 교류가 빈번하였던 전진(前秦)의 등태위사비(367)·광무장군비(368)와 거의 비슷한 크기와 모습을 띠고 있다. 즉 고구려에 불교를 전하고 태학 건립 및 율령 반포 등에 가장 큰 영향을 미친 전진 왕 부견 시기의 교류와 전진 붕괴 이후의 유이민의 고구려 유입을 통해 이 시기 전진에서 유행하였던 후한식 묘비 형식이 전달되었을 가능성이 크다. 따라서 광개토왕릉비문에 기록된 것처럼 광개토왕이 고구려 역사상 처음으로 조선왕묘(祖先王墓)에 세운 비는 후한대에 정립된 판비형 2면비 형식으로 파악된다.

그런데 장수왕 2년(414)에 건립된 광개토왕릉비는 지안고구려비와는 형식이 완전히 달라진 새로운 석주형의 4면비로 바뀌었다. 광개토왕릉비는 고구

---

70 『집안현문물지』, 93~94쪽.

려가 중국적 묘비 형식과는 다른 새로운 4면비 전통을 세워 중국과는 다른 차원의 묘비문화를 이룩한 것이다. 즉, 장수왕은 고구려 석비문화를 새롭게 정립하여 동북아시아 석주형 4면비의 전통을 처음으로 세운 것이다. 이는 동북아시아 입석 및 사슴돌로 상징되는 종교적 신성조형물의 4면비 전통을 계승한 새로운 비로서 이후 5세기 기공비적 성격의 중원고구려비로 계승되어 그 형식을 확대 발전시켰다. 또한 6세기 신라의 울진 봉평비, 마운령과 황초령비 등의 형식에도 영향을 미쳤다. 특히, 8세기 돌궐의 톤유쿠크비, 쿨테긴비, 빌개카간비 등 돌궐비와 위그르의 4면비문화에도 연결되어 중국의 판비형 2면비문화와는 전혀 다른 동북아시아 지역의 독자적 4면비문화 전통을 수립하였다.

이같이 광개토왕 말기에서 장수왕 즉위 시점에 진행된 고구려적 정체성 확립과 장수왕의 확산은 새로운 동북아시아적 전통의 재현과 부각으로 나타나게 되었다. 즉 고구려가 중국문화를 수용하면서 동시에 동북아시아의 새로운 천손의식을 반영한 독자적 세계관을 표출한 대표적 상징물이 광개토왕릉비였다.

김육불의
광개토왕비 연구

김현숙(金賢淑)

고구려사/동북아역사재단 책임연구위원

『다시 보는 고구려사』(공저, 2004, 고구려연구재단), 『고구려영역 지배방식연구』(2005, 모시는 사람들), 「高句麗 守墓制 硏究의 現況과 爭點」(2005, 『국학연구』 26), 『왕조의 마지막 풍경』(공저, 2007, 동녘출판사), 『중국의 동북공정과 한국고대사』(공저, 2007, 주류성), 『광개토왕비의 재조명』(공저, 2013), 동북아역사재단), 『당신이 알아야할 한국사』(공저, 2013, 엔트리 메가북스), 「集安高句麗碑의 건립시기와 성격」(2013, 『한국고대사연구』 72), 「광개토왕비, 지안고구려비를 통해 본 고구려의 수묘제 정비」(2014, 『영남학』 26)

김현숙 | 동북아역사재단

김육불의 광개토왕비 연구

I. 머리말

1880년대 지금의 중국 지린성[吉林省] 지안[集安] 지역에서 광개토왕비가 발견된 것을 계기로 중국학자들은 고구려의 역사와 그들이 남긴 문화유산에 대해 관심을 갖게 되었다. 잘 알려져 있듯이 광개토왕비는 회인현(懷仁縣)의 설치위원인 장월(章樾)의 부하 관월산(關月山)이 처음으로 발견하여 부분적으로 탁본을 떠 북경의 지인들에게 나누어주기 시작하면서 금석학자들의 주목을 받게 되었다.[1] 중국의 금석학자들은 광개토왕비의 문자를 살펴 고석(考釋)하는 데 주력하였다. 비석을 세운 연대나 고구려 왕계 등 비문 내용과 관련된 역사 사실들에 대해 부분적으로 연구를 진행하여 석문 뒤에 첨부하기도 했다. 이들의 연구는 일제의 만주국이 수립된 이후 잠시 중단되었다가, 신중국 성립 후 비(碑)에 대한 보호를 강화하고 더욱 많은 조사를 거치면서 좀 더 활발히 진행되

1 박시형(1966), 『광개토왕릉비』, 사회과학출판사; 耿鐵華(1994), 『好太王碑新考』, 吉林人民出版社, 1~2쪽.

었다.[2] 이에 따라 광개토왕비에 대한 중국학계의 연구는 자연스럽게 1930년대 이전과 이후로 시기가 구분되었다.

1930년대까지 진행된 중국학계의 광개토왕비 관련 연구에서는 나진옥(羅振玉), 유절(劉節), 김육불(金毓黻)의 고증 내용이 가장 풍부하다. 따라서 이들의 연구가 이후 중국학계 광개토왕비 연구의 기초가 되었다.[3] 이들 가운데 김육불의 경우 광개토왕비문에 대한 검토를 한 차례만 진행한 것이 아니라 여러 차례에 걸쳐 수정하고 보완했다.

그런데 그의 연구 성과를 살펴보면 1930년대를 기점으로 연구 내용과 역사인식 면에서 큰 변화가 생겼다는 것을 알 수 있다. 그 변화의 배경 가운데 하나가 일본의 만주 침략이었다. 김육불은 처음에는 동북 지역의 문화적 토양을 무시하던 청말 유로(遺老) 정효서(鄭孝胥) 등에 대한 불만에서 연구를 시작했지만, 나중에는 외국 열강들의 동북사 왜곡 및 국가 운명에 대한 우려에서 동북사 연구를 했다.[4] 그는 『동북통사(東北通史)』 머리말에서 "오늘날 기이한 현상이 생겼다. 동북사 연구의 중심이 우리나라에 있지 않고 일본에 있다. 한 나라의 역사를 다른 나라 사람이 서술했기 때문에 관찰이 세밀하지 못하고 판단이 공정하지 못한 점은 일단 논하지 않겠다. 심하게는 견강부회 방식으로 다른 의도를 가지고 사실을 왜곡하는 것인데, 세계 독자들이 읽는다면 어떻게 생각하겠는가? 그 영향과 폐해를 어찌 지켜보기만 할 수 있단 말인가?" 라고 개탄했다. 이를 통해 그가 고향과 나라를 사랑하고 걱정하는 마음에서

---

2 王健群(1984), 『好太王碑研究』, 吉林人民出版社; 王健群 著/林東錫 譯(1985), 『廣開土王碑研究』, 역민사, 120쪽.

3 馬大正(2000), 「中國學者高句驪歷史研究的百年歷程」, 『中國邊疆史地研究』 2000년 제1기.

4 『金毓黻文集』 編輯整理小組(1992), 「金毓黻與『靜晤室日記』」, 『社會科學戰線』 1992년 2기, 221쪽.

동북지방사를 연구하기 시작했다는 것을 확인할 수 있다.[5] 이런 상황은 김육불의 동북지역사 인식 정립에 큰 영향을 미쳤을 뿐 아니라 고구려사를 보는 시각과 서술 방식에도 변화를 가져왔다.

현대 중국학계의 고구려사 인식과 연구의 계통 및 근간은 김육불이 형성했다고 볼 수 있다.[6] 따라서 현 중국학계의 고구려사 연구의 기본 방향을 이해하기 위해 김육불의 역사인식과 내용에 대해 정밀하게 검토할 필요가 있다.

이에 이 글에서는 김육불의 광개토왕비 연구 내용을 1920년대와 1930년대 이후로 나누어 분석해보고, 그것을 통해 그의 고구려사 인식이 어떻게 변화했는지 살펴보기로 하겠다. 김육불이 매일의 일상과 학문 연구 내용을 꼼꼼히 기록한 『정오실일기(靜晤室日記)』[7]와 광개토왕비 석문(釋文) 및 검토 내용을 최초로 수록한 『요동문헌징략(遼東文獻徵略)』, 그리고 1930년대 이후 편찬한 『봉천통지(奉天通志)』와 『동북통사(東北通史)』가 주요 검토 대상이 될 것이다. 이 과정

5 范壽琨(1987), 「金毓黻先生治學道路初探」, 『社會科學戰線』 1987년 3기·東北人物志, 212쪽.

6 馬大正(2000), 「中國學者高句驪歷史研究的百年歷程」, 『中國邊疆史地研究』 2000년 제1기.

7 『정오실일기(靜晤室日記)』는 김육불이 일생동안 연구한 성과를 정리한 일기로서 높은 학술적 가치를 지닌 거작으로 평가받고 있다. 이 책은 김육불이 1920년 3월 6일부터 1960년 4월 30일까지 40년간 쓴 일기를 묶어 편찬한 것이다. 모두 17박스로 170책이다. 종이는 통일된 규격의 세로 격지로서 붓으로 단정하게 작성하였고, 박스와 권 수, 연월일, 표지와 문장목록 등을 표시하였고, 페이지마다 '정오실일기'라고 표시하였다. 글자 수는 대략 400여만 자로서 과거의 행적, 독서하면서 작성한 글, 답사하면서 느낀 점, 시문, 잡저(雜著) 등을 망라한 거작이다. 일상생활 중의 자질구레한 것들도 들어 있지만 분량은 오히려 매우 적고, 대부분 학술 활동을 기록하였다. 이것은 상당수가 학술 저작 혹은 저술의 원형이 되었다. 역사학의 경우 대체로 동북 고대민족, 동북 역사유적 고증, 동북 인물, 동북 개발, 동북 장고(掌故), 금석비지, 단대사적, 경제사, 외교사, 문화사, 관제, 역사서목, 학술교류, 기타 지식 등으로 분류하였다. 김육불의 바람에도 불구하고 여러 상황으로 인해 오랫동안 편찬되지 못하다가 1993년에 마침내 10권의 책으로 출판되었다. 이에 대해서는 范壽琨(1987), 「金毓黻先生治學道路初探」, 『社會科學戰線』 1987년 3기·東北人物志, 215~216쪽과 『金毓黻文集』編輯整理小組(1992), 「金毓黻與『靜晤室日記』」, 『社會科學戰線』 1992년 2기, 225쪽 참조.

에서 김육불의 고구려사 인식뿐 아니라 그의 학문적 경향, 연구방법론 등도 자연스럽게 밝혀지리라고 본다.

II. 1920년대 김육불의 광개토왕비 연구

김육불은 1920년 4월 9일에 학생 양개미(楊介眉)로부터 광개토왕비 탁본을 선물 받았다.[8] 1885년 비의 재발견 이후 광개토왕비는 부분적으로 탁본이 진행되어 북경 지역으로 퍼져 갔다. 이에 당시 금석학자들이 비상한 관심을 갖게 되었고, 마침내 애호가의 자금 지원으로 1889년에 유리창(流璃廠)의 전문 탁본가인 이운종(李雲從)이 지안으로 가서 본격적으로 탁본을 해왔다. 이운종이 두 차례에 걸쳐 지안으로 가서 수십 벌의 탁본을 만들어왔기 때문에 여러 사람들에게 탁본이 배포될 수 있었다.[9] 물론 이후 현지인들이 제작한 탁본도 여러 벌 있었을 것이다. 아마도 이런 탁본들 가운데 한 벌이 학생에 의해 김육불의 손에 들어가게 되었던 것 같다. 아무튼 이를 통해 1920년대까지도 광개토왕비 탁본이 지식인 사회에서 아주 좋은 선물용품이었다는 것을 알 수 있다.

---

8 金毓黻(1927), 『靜晤室日記』 권9(1993, 遼沈書社), 322쪽; 梁啓政·黃偉宏(2011), 「金毓黻先生與高句麗史硏究」, 『東北史地 』 2011-2, 36쪽.

9 그럼에도 불구하고 수요를 감당하지 못하자 다시 지안으로 가려 했으나 무산되었다고 한다. 6.39m에 달하는 거대한 비석 4면을 탁본한다는 것은 쉬운 작업이 아니었을 것이다. 작업대를 높이 설치해야 하고 종이를 붙이고 먹을 가하는 작업들이 수행되기 위해서는 한 두 명의 인력으로는 불가능하고 한 무리의 작업팀이 함께 작업했을 것이다. 따라서 현재 원석탁본으로 지칭되는 4면 완본의 탁본은 이운종이 뜬 탁본일 가능성이 높다. 이때 이운종은 북경에서 탁본을 할 고급종이를 가지고 갔지만 비석면이 고르지 않아 찢어지는 등 작업을 할 수 없어서 '고려지'라 지칭되는 현지의 조악한 종이로 탁본을 했다. 따라서 광개토왕비 탁본의 연대를 분석할 경우, 원석 탁본과 석회 도포 이후 탁본의 구분 외에 종이와 탁본 기술의 차이 등을 비교 분석할 필요가 있다.

김육불은 탁본을 선물 받고 바로 광개토왕비 연구를 시작하지는 않았다. 당시에는 동북사에 대해 크게 관심이 없었기 때문이었다. 그는 1923년 하반기에 동북 문헌과 사지(史地) 연구로 학문의 중점을 돌렸다. 그리고 1925년 12월 21일 광개토왕비를 연구하여 「고구려호대왕비고증(高句麗好大王碑考證)」이라는 글을 쓰고, 광개토왕비 석문과 함께 『정오실일기』 권35 말미에 실었다. 이 글은 1927년 7월에 출판한 『요동문헌징략』 권3 금석(金石) 상(上)에 「무구검환도기공비(毋丘儉丸都紀功碑)」와 함께 수록되었다. 그는 이후에도 광개토왕비에 계속 관심을 가지고 연구를 지속하여 내용을 보충해나갔고, 그 결과물들을 『봉천통지』[10]와 『동북통사』에 담았다. 그는 광개토왕비 석문을 제시하고 선학자들의 검토 내용을 소개한 후 자신이 분석한 내용을 덧붙이는 방식으로 서술했다. 이 세 책에 실려 있는 내용이 거의 비슷해 보이기 때문에 학계에서 선행연구를 정리할 때 간단하게 소개하고 넘어가는 경우가 많았다.[11] 그러나 이 세 책의 광개토왕비 관련 서술 내용을 상세히 검토하면 저서마다 다른 내용이 담겨 있다는 것을 알 수 있다. 중국 정사의 외국열전 서술 방식과 마찬가지로 앞의 책에 수록했던 관련 연구를 정리해 담은 뒤 새로 검토한 내용을 첨가하는 식으로 서술했기 때문이다.

김육불은 동북 만주지역사 연구의 대가였다. 일찍부터 지역사를 서술했고, 관련 자료를 수집하는 데 많은 노력을 쏟았다. 그 성과 중 하나가 『요동문헌징략』이었다. 그는 이 책에 광개토왕비에 대한 글을 실었는데, 이 글에 「고

10 藏式毅·王樹楠·金毓黻(1934), 「晉高句麗好太王碑釋文」, 『奉天通志』.

11 왕젠췬[王健群]은 『요동문헌징략』에 수록된 김육불의 광개토왕비 석문과 검토 내용을 소개한 다음, "1934년에 김 씨 등이 편찬한 『봉천통지』의 금석편에도 호태왕비에 대한 글이 있는데 『요동문헌징략』의 것과 같으므로 여기서는 재론하지 않는다"라고 했다(王健群著/林東錫譯(1985), 『廣開土王碑研究』, 역민사, p.120).

구려호대왕비(高句麗好大王碑) - 일명 영락대왕비(一名永樂大王碑)」라는 제목을 붙였다.[12] 일명 영락대왕비라고 한 것은 광개토왕비의 "遝至十七世孫國罡上廣開土境平安好太王二九登祚號爲永樂大王恩澤洽于皇天武威振被四海"라는 구절에 의거한 것이다. 이에 대해 "號爲永樂大王 恩澤洽于皇天"이라고 보아 "칭호를 영락대왕이라 하였다. (대왕의) 은택이 황천에 미쳤고"로 해석하는 설[13]과 "號爲永樂 大王恩澤洽于皇天"으로 보아 "연호를 영락이라 한다. 대왕의 은택이 황천에 미쳤고"로 해석하는 설이 있다.[14] 김육불은 전자에 해당한다.

김육불의 광개토왕비 석문도 그동안 중국학계에서 비중 있게 거론되어온 석문에 들어간다. 그의 석문에는 탈락된 곳에 글자를 보충해 넣고 기호를 붙여 원자(原字)가 아니고 뒤에 보충한 것임을 표시해두었다. 이때 보충한 글자는 모두 영희(榮禧)의 석문을 그대로 반영한 것이며 그 자신이 직접 석독하여 채워 넣은 것은 아니었다.[15] 그런데 문제는 영희가 비문을 틀리게 해석한 곳도 있고, 또 문자가 완전히 탈락된 곳이나 원래 글자가 없는 곳에 임의로 글자를 보충해 넣기도 했는데,[16] 이런 부분을 지적하지 않고 무비판적으로 수용했다는 것이었다. 전대의 석문 성과를 검토하지 않고 무비판적으로 받아들이

---

12 金毓黻(1927), 『遼東文獻徵略』(2002, 『中國少數民族古籍集成』 제31책, 四川民族出版社 再收), 3쪽.

13 盧泰敦도 "칭호를 영락대왕이라 하였다"로 해석했다. 盧泰敦(1992), 「廣開土王陵碑」, 『譯註 韓國古代金石文(1)』, 駕洛國史蹟開發硏究院, 17쪽.

14 서영수 교수가 오래전부터 제기해온 설이다. 학술 논저에 수록되지는 않았고 강연회나 학술회의 등에서 여러 차례 언급한 내용이다.

15 王健群 著, 林東錫 譯(1985), 『廣開土王碑硏究』, 역민사, 119쪽.

16 이에 대하여 왕젠췬[王健群]은 영희(榮禧)의 석문이 발표된 『난언(讕言)』보다도 8년 더 일찍 출간된 왕지수의 『高句麗永樂太王古碑歌』에 비슷한 내용이 있다는 점을 들어, 이를 참고하였음을 증명하고, 문자가 완전히 탈락된 곳이나 원래 글자가 없는 곳에 임의로 글자를 보충해 넣기도 한 것은 아주 잘못된 것이라며, 영희의 자의적 석문 태도에 대해 강하게 비판하였다. 王健群 著, 林東錫 譯(1985), 위의 책, 103쪽.

는 것은 청말민국(清末民國) 시기 석문들에서 나타나는 문제점 가운데 하나로 지적되고 있다. 이 때문에 오류를 범하는 사례들이 발견되곤 하는데, 김육불의 광개토왕비 석문도 그 한 예로 지목되고 있다.[17] 중국학자들의 광개토왕비 석문을 대조하여 표로 작성한 선행연구[18]를 보면 김육불의 석문이 영희의 석문과 매우 유사하고, 특히 비면이 훼손되어 자형결구를 거의 알아보기 힘든 제3면 제1행을 비롯하여 영희가 자의적으로 석문한 부분을 거의 대부분 답습하고 있다는 것을 확인할 수 있다.[19]

『요동문헌징략』에서는 석문 제시 이후 나진옥의 『고려호태왕비발(高麗好太王碑跋)』과 『용려일찰(俑廬日札)』, 엽창치(葉昌熾)의 『어석(語石)』, 고섭광(顧燮光)의 『몽벽이석언夢碧簃石言』, 장연후(張延厚)의 『발어(跋語)』를 수록하고, 비석의 위치와 발견 경위 등에 대해 서술했다. 이들 금석학자들의 글은 이때 김육불에 의해 수집, 정리됨으로써 보존되어 오늘날까지 전해질 수 있게 되었고,[20] 이후 중국학계의 광개토왕비 연구에 기본 토대가 될 수 있었다.

---

17 고광의(2005), 「중국의 廣開土王碑 釋文 연구의 현황과 검토」, 『중국의 한국고대문화연구 분석』, 고구려연구재단, 148~149쪽.

18 고광의(2005), 위의 글, 65~129쪽 (표 1) 중국학자 석문대조표 참조.

19 고광의는 중국학계의 광개토왕비 석문 연구의 연구사와 현황을 살펴 학자들 간에 서로 다른 석문에 대해 검토한 바 있다. 그는 "특히 영희(榮禧)의 석문을 보면 다른 연구들과는 다르게 석문된 것이 많이 보이고 있어 초기 석문으로 평가되기도 하는데 그의 석문은 납득되지 않는 부분이 많다는 것이다. 즉 그는 비면이 훼손되어 자형결구를 거의 알아보기 힘든 제3면 제1행을 비롯한 대부분을 거의 완벽하게 석문하고 있다. 영희가 처음으로 탁본을 얻은 것은 1882년으로 이미 이끼를 제거하기 위해 마분을 칠해 불을 질러 비가 심각하게 훼손당한 이후였다. 따라서 영희가 입수한 탁본 역시 화마를 입은 비석에서 탁출한 것으로 현재 전해지는 여타의 원석탁본 혹은 쌍구가묵본의 상태를 크게 벗어나지 못하였을 것으로 생각된다. 현재 전해지는 원석탁본에서는 제3면 1행 부분의 글자는 거의 알아보기 힘든 상태인데 영희가 무엇을 근거로 이 부분의 글자들을 확신하였는지 궁금하다"고 지적했다. 고광의(2005), 위의 글, 148~149쪽.

20 梁啓政·黃偉宏(2011), 「金毓黻先生與高句麗史研究」, 『東北史地』 2011-2, 36쪽.

김육불은 여기에 비평적인 발어를 덧붙였는데, 여기에서 광개토왕비문의 내용을 약간 분석해놓았다. 그는 광개토왕비와 『문헌통고(文獻通考)』 등의 중국 사서 및 동적(東籍)을 비교 검토한 후, 이 비가 광개토왕의 서거 후 건립되었고, 광개토왕은 바로 중국 사서에 기록된 '구려왕 안(安)'이라고 결론을 내렸다. 그리고 동적에 서술된 바 고구려 왕의 세차(世次)가 가장 명료하다고 지적하고, 광개토왕은 유류왕 이후 17세로서 비석에 기재한 바와 합치된다고 논했다. 여기서 말하는 동적은 『삼국유사』, 『동국사략』, 『한국소사(韓國小史)』 세 책을 지칭한다. 그리고 광개토왕비에 나오는 '十七世孫國罡上廣開土境平安好太王'의 17세를 세대가 아닌 왕대 수로 보고, 대무신왕대부터 왕대 수를 헤아려 17세로 본 것이다. 이와 관련하여 많은 설이 있는데 김육불은 그 가운데 '유리왕 이후부터의 왕대 수'라는 하나의 설을 제시했던 것이다.

그는 여러 사서들을 비교 검토한 후 『문헌통고』에 장수왕인 연(連)이 광개토왕인 안(安)의 손자라고 한 것은 잘못이라 하여 이를 아들이라고 정정하면서, 나진옥의 비문 분석상의 오류를 지적하기도 했다. 그리고 『통고』와 광개토왕비에 나오는 고구려 건국신화를 비교한 후 두 기사가 합치됨을 지적했다. 또 『북사(北史)』와 『문헌통고』의 주몽 이후 왕위계승 관계 서술 내용을 비교한 후, 비석과 『통고』의 내용이 같으므로 당연히 『통고』의 내용이 올바른 것이라고 지적했다. 그의 이러한 분석방법은 사서와 금석문의 서술 내용에 차이가 있을 경우 당대 자료인 금석문을 우선 믿고 따라야 한다는 인식에 바탕을 둔 것이다.

또한 사서들에 서로 다른 내용이 기재되어 있을 경우 사서들을 상호 비교하고 고증하여 가장 합리적인 결론을 내리는 방식으로 연구를 했다. 김육불은 사학의 길에 발을 들여놓은 초기에 청나라의 유명학자 전대흔(錢大昕)의 학문 연구의 길을 따라 경전을 연구하는 방식으로 역사를 연구하였다. 또한 청나라의 건가(乾嘉)학파를 따르기도 하였는데, 이에 대해 늘 영광으로 여겼다고 한다. 그는 나중에 일기에서 "내가 역사를 연구하게 된 계기는 청나라의 유학자 때문이다. 청나라의 혜정우(惠定宇)와 대동원(戴東原) 등 선현들은 고증의 학풍을 세우고 실사구시를 바탕으로 학계에 새로운 바람을 일으켰다. 이들 학파의 경전을 연구하는 방법으로 사학을 연구하니 물이 흐르듯이 자연스럽다. 또한 고증학으로 경전을 연구하는 것은 사학을 연구하는 것과 같다. 옛 경전은 모두 사료나 마찬가지다. 나는 그 방법으로 여러 학자들의 사서를 연구하였다. 주로 고증의 방법을 채택하였다"라고 했다. 그는 아주 열심히 연구했고 자료 수집도 게을리 하지 않았으며 학문에 있어서 매우 조심스럽고 실사구시적인 태도를 취했다고 한다.[21]

『요동문헌징략』에 서술된 광개토왕비 관련 내용은 비록 소략하고, 자의적으로 판독한 선학의 석문을 무비판적으로 수용하기도 했지만, 이후 연구에서 논란이 지속되는 문제들을 짚어내 자신의 견해를 밝히고 실증적으로 분석해 들어가는 모습을 보여주었다는 점에서 의미가 적지 않다고 본다.

이 외에 고구려신화와 부여신화를 비교 분석하기도 했고, 흘승골성과 구려, 백잔, 한예에 대한 고찰도 해두었다. 그는 "흘승골성은 대개 홀본 서성이니 흘과 홀은 음이 가까우며, 승골은 또한 본(本)자의 음이 변한 것이다"라고 하며 이를 전석(傳譯)으로 인해 달라진 것으로 보았다. 또한 "구려(句麗)가 구루(溝婁), 구모(勾牟), 모루(牟婁), 모로(模盧), 모룡(模龍), 누리(婁利), 주루(住婁)와 모두 하나의 음의 전(轉)인지 의심스럽다"고 하기도 했다. 그리고 "고구려는 처음에 구려라고 칭했다. 고로 『통고』에서 구려 왕이라 한 것이다. 구의 음은 고에 가깝다. 또 칭하기를 고려라 했는데 진 안제가 연(連)을 봉하여 고려 왕이라 한

21 『金毓黻文集』編輯整理小組(1992), 「金毓黻與『靜晤室日記』」, 『社會科學戰線』 1992년 2기, 221쪽.

것이 그것이다"라고 했다.[22]

김육불은 비문에 나오는 백잔(百殘)은 즉 백제인데, 이것은 다른 책에는 없다고 지적하고, 광개토왕비에서 백제를 백잔이라고 한 것은 광개토왕의 고조 쇠(釗)가 백제에게 피살되었기 때문에 구려가 대대로 원수로 여겨서 그렇게 칭한 것이라고 했다.[23] 또 한예는 삼한인 및 예맥을 합하여 칭한 것이라 보고, 예(濊)가 곧 예(穢)라고 했다.[24] 이 외에 백잔을 공파하여 공취한 58성 가운데 56성이 기록되어 있는데, 빠진 글자를 계산하면 마땅히 58성이 될 것이라고 했다. 또 광개토왕이 대방을 정복했기 때문에 모용보(慕容寶)가 광개토왕을 '遼東帶方二國王'에 봉한 것이라고 보았다. 압로(鴨盧)는 성(城)의 이름이고, 마자수(馬訾水)는 일명 압록강(鴨綠江)이라고 했으며, 신성(新城)은 하나의 대성으로서, 당(唐)이 고구려를 멸하고 안동도호부를 평양에 설치했다가 요동 옛 성[遼東古城]으로 옮겼고 다시 새로운 성으로 옮겼는데, 그곳이 바로 신성(新城)으로서 지금 신민현(新民縣) 동북쪽에 있었다고 지적했다.

최근 지안고구려비의 발견으로 인해 학계의 주목을 받고 있는 수묘인연호(守墓人烟戶)에 관한 언급도 했다. 그는 "수묘인연호에는 국연(國烟)과 간연(看烟)의 구분이 있다. 연(烟)은 즉 연(煙)으로 6종(宗)의 연(煙)인 것 같다"라고 하고, "국연과 간연은 모두 경공사사(敬共祀事)를 직(職)으로 삼는 자이다"라고 하여 국연과 간연의 업무가 제사를 섬기는 것이라고 했다.[25]

그는 『요동문헌징략』의 말미에 이상 고찰한 바가 상세하지 않지만 후에 다

22 金毓黻撰(1927), 『遼東文獻徵略』 권3, 20쪽.
23 金毓黻撰(1927), 위의 책, 20쪽.
24 金毓黻撰(1927), 앞의 책, 20쪽.
25 金毓黻撰(1927), 앞의 책, 20쪽.

시 보충하겠다고 하며 글을 마무리했는데,[26] 이를 허언으로 돌리지 않고, 실천에 옮겼다. 그는 『요동문헌징략』을 완성한 이후에도 광개토왕비와 관구검기공비 관련 자료를 광범위하게 찾아 고찰했다.[27] 이전에는 중국 사서 외에 『삼국유사』, 『동국사략』, 『한국소사』만 참고했는데, 미진함을 느꼈는지 장자 장우(長佑)를 시켜 일본에 가서 『삼국사기』, 『만주발달사』, 『조선문화사연구』, 『만몽총서』, 『만주조선역사지리연구보고』 등 관련 서적을 사오게 했다.[28] 그리고 이 중 『삼국사기』를 주의 깊게 검토한 후 1928년 3월 28일 일기에 「고구려호태왕비고증」이란 제목으로 광개토왕비에 대한 글을 썼다.[29] 이 글은 네 개 부분으로 나뉜다. 제1부분은 「고구려 제왕의 세차(世次)」로서 『삼국사기』와 『세계연표』(일본 삼성당 간)에 나오는 고구려 제왕의 기재에 관해 검토한 것이다. 고구려 시조 주몽의 건국에서부터 당 고종(高宗) 총장(總章) 원년에 멸망할 때까지 고구려 28대 왕의 선후 순서와 재위 기간을 배열하고 기재했다. 제2부분은 「고구려, 백제, 신라 삼국연표」인데 이는 『세계연표』에 의거하여 고구려 광개토왕의 재위 시기 때 고구려, 백제, 신라 삼국의 연표를 배열한 것이다. 제3부분은 「광개토왕시대의 대사(大事)」인데, 이 부분은 『삼국사기』에서 광개토왕비와 관련된 내용을 찾아 정리한 것이다. 제4부분은 이전에 광개토왕비에 대한 자신의 고증을 보충한 내용이다.[30] 뒤에 『봉천통지』를 편찬하면서 이것을 수록했다.[31]

---

26 金毓黻撰(1927), 앞의 책, 21쪽.
27 梁啓政·黃偉宏(2011), 「金毓黻先生與高句麗史硏究」, 『東北史地 』 2011-2, 36쪽.
28 金毓黻(1927), 『靜晤室日記』 권52(1993, 遼沈書社), 2231~2232쪽.
29 金毓黻(1927), 『靜晤室日記』 권48(1993, 遼沈書社), 2060~2067쪽.
30 梁啓政·黃偉宏(2011), 앞의 글, 36쪽.
31 『奉天通志』 卷254 金石2 石刻1 晉.
이 글에서는 2004년 全國圖書館文獻縮微復制中心에서 펴낸 『東北史志』 제2부 12권에 수록된 『봉천통지(奉天通志)』를 참고했다. 이 책의 5608~5610쪽에는 관구검기공비, 5611~5623쪽에는 광개토왕비, 5624쪽에는 태왕릉 출토 명문전에 대한 내용이 실려 있다.

이에 대한 상세한 내용은 다음 장에서 살펴보기로 하겠다.

III. 1930년대 이후 김육불의 광개토왕비 연구

『봉천통지』[32] 권254 금석(金石) 2 석각(石刻) 1 진조(晉條)에는 "晉高句麗好大王碑 一名永樂大王碑, 義熙 10年"이라는 제목으로 광개토왕비에 대한 고찰 내용이 실려 있다. 이는 앞에서 보았듯이 『정오실일기』에 썼던 내용을 수정, 보완한 것이다. 이 글에서는 앞부분에 『요동문헌징략』의 내용을 전제한 다음 아래에서 새롭게 분석한 내용을 덧붙였다. 보충한 내용만 살펴보면 다음과 같다.

이 책에서는 "광개토왕대의 대사"라는 제목 아래 『삼국사기』 「고구려본기」와 「신라본기」, 「백제본기」의 광개토왕대 관련 기사를 발췌하여 연대 순으로 정리했다.[33] 그런 다음 이 문장들을 비교한 후 알아낸 사실이라며, 연세(年世), 정벌(征伐), 국토(國土) 세 가지로 나누어 설명했다. 첫째, 연세에 대해서는

32 『봉천통지』는 원래 민국 초기에 봉천성의 인사들이 만들려고 했었다. 1922년 관련 부서를 설치하여 편찬을 준비하였다. 당시 총리였던 장지한이 편찬을 맡아달라고 김육불에게 요청하였지만 그는 많은 고민 끝에 거절하였다. 1928년 통지관이 정식으로 설립되었고 장학량이 총재를 맡고 장사이가 부총재, 백영정이 관장, 원금개가 부관장, 왕수남, 오정섭, 김량이 총편집, 김육불과 진사, 우성오 등 14인이 편집으로 임명되면서 작업에 착수하였다. 9·18사변 후 편집인원은 대부분 내지로 피신하였고 김육불은 백영정, 원금개의 추천으로 통지전직총편을 맡았다. 그리하여 김육불은 통지관에 거주하면서 전적으로 이에 매달렸다. 이미 완성된 원고에 대해서는 대량의 정리, 증삭과 수정을 하였고 편집하는 대로 바로 인쇄에 들어가는 방법을 취하였다. 1937년이 되기 전에 인쇄를 마쳤다. 『봉천통지』는 모두 260권으로 600여 만 자이다. 김육불은 총편집을 맡은 외에도 「예문지」, 「산천지」와 「예속지」의 전례, 상장 등의 찬술을 맡았다(『金毓黻文集』 編輯整理小組(1992), 「金毓黻與 『靜晤室日記』」, 『社會科學戰線』 1992년 2기, 221~222쪽).

33 『奉天通志』 卷254 金石2 石刻1 晉, 23~25쪽.

기사들을 비교 검토한 후 고구려에서 유년칭원법(踰年稱元法)이 아닌 즉위년칭원법(卽位年稱元法)을 실시했다는 것을 밝혔다. 즉 광개토왕이 즉위한 해는 진(晉) 태원 17년 임진 5월이고, 이는 국양왕 9년 5월에 해당하며, 광개토왕이 서거한 해는 재위 22년으로 의희 9년 계축이고 이때 그 아들 장수왕이 즉위하여 원년으로 삼았다는 것을 밝혀 나진옥의 분석이 오류였음을 규명했다. 그는 『동국사략』과 『삼한기략(三韓紀略)』에 재위 22년이라는 것은 서거한 해를 합하여 기재한 것이고, 『삼국유사』에 재위 21년이라 한 것은 돌아가신 해를 빼고 기록한 것이므로 둘 다 틀리지 않는다고 했다. 그리고 비문에는 영락 5년이 을미로서 사서와 1년 차이가 나는데 이는 비석이 옳은 것이라고 했다. 그러면서 이처럼 고구려의 고사를 살필 때는 마땅히 이웃한 신라와 백제, 양국의 동시대 일을 함께 살펴보고 증명을 해야 한다고 지적했다.[34]

둘째, 정벌에 대해서는 이른바 신묘년조 기사를 비롯하여 광개토왕의 훈적 기사 내용을 검토했다. 그중 주목되는 몇 가지를 살펴보면 다음과 같다. 즉 『봉천통지』에서는 신묘년 기사에 대해 "살피건대 신묘년은, 즉 광개토왕 즉위 전 해인데, 역사에는 왜인이 도해한 일이 언급된 것이 없다. 그러나 「신라본기」에 의하면 신묘 후 2년에 왜인이 와서 금성을 포위하고 5일이나 풀지 않았다라고 하니, 그 우환을 당한 것이 반드시 처음이 아님을 이것으로 알 수 있다"고 했다.[35]

또한 영락 6년 병신에 왕이 몸소 수군을 이끌고 이잔(利殘)을 토벌하고 일팔성을 취했다는 기사에 대해서는 『삼국사기』 「고구려본기」 광개토왕 4년조에 백제와 더불어 패수에서 싸워 그것을 대패시켰고 포로 8천여 급을 획득했다

34 『奉天通志』 卷254 金石2 石刻1 晉, 25~26쪽.
35 『奉天通志』 卷254 金石2 石刻1 晉, 26~27쪽.

는 기사가 나오고, 「백제본기」에 보다 상세하나 대략 같은 내용이 나온다고 설명했다. 그러면서 광개토왕비에 이잔(利殘), 백잔(百殘)이라 한 것은 모두 백제를 가리킨다고 하면서, "그 뜻은 상세하지 않다. 혹 역음이 다른 건지 모르겠다"라고 하며 "원수를 표현하는 글자일 것이다"라고 추측하기도 했다. 병신 6년조에서 '이잔(利殘)'이란 글자를 판독해낸 것이다. 그리고 사서에 기재된 4년의 일은 즉 비에 실린 6년의 일이라고 보고, 『삼국사기』는 뒤에 편찬된 것이어서 연대가 약간 틀리므로 비에 기록된 것으로 판단해야 한다고 했다. 또 사서에는 신라의 경우 질자가 있다고 했으나 백제는 없는데 이것도 빠트리고 싣지 않은 것으로 보았다.[36]

흥미로운 것은 오늘날까지도 대(對)백제전인지, 대(對)후연전인지를 두고 학계에서 논란이 계속되고 있는 17년 정미년 기사에 대해 "보기 5만을 보내어 왜를 소탕하고 추격하여 평양을 지났다"라고 풀이한 점이다. 그는 이 기사 자체를 분석해서 왜를 정벌한 기사라고 결론 내리지는 않았다. 다만 영락 14년 왜의 대방계 침입 시 격퇴 기사와 함께 "이상 각사(各史)는 모두 『삼국사기』에 실리지 않았다. 삼가 「백제본기」 아신왕 6년에 가로되 왕이 왜국과 결호하고 태자를 인질로 했다고 한다. 즉 버리고 싣지 않은 것이 많았다는 것을 알 수 있다. 「신라본기」에 또한 몇 번 왜인이 내침했다고 기록했는데, 연대가 앞에 있고 또 고구려가 구원한 사실이 없다. 이는 그것을 정벌했음을 증명하는 것이다"[37]라고 설명했을 뿐이다.

셋째, 국토에 대해서는 "「신라본기」에는 내물왕 18년 백제 수산성주(秀山城主)가 300인을 데리고 내투하니 왕이 받아들였다고 한다. 이에 의거하면 즉 수

36 『奉天通志』 卷254 金石2 石刻1 晉, 27쪽.
37 『奉天通志』 卷254 金石2 石刻1 晉, 27쪽.

산성은 처음에 백제에 속해 있었는데 신라로 들어간 것이다. 「고구려본기」에 광개토왕 18년 국동(國東)에 수산(秀山) 등 6성을 쌓았다고 한다. 이는 즉 수산성이 또한 고구려에 속했다는 것이다. 처음에 백잔 18성을 취했고, 후에 58성을 취했는데 이는 필시 그중 하나일 것이다. 특히 사문(史文)에 빠뜨리고 생략한 것이 많아 비에 기록한 바의 상세함에 미치지 못한다. 이것이 국토를 가히 증명한 것이다"라고 했다.[38] 여기서 수산성은 독산성(禿山城)의 오각이다.

『봉천통지』에서는 광개토왕비 외에 무구검기공비, 태왕릉과 천추총 출토 명문전(銘文塼)을 소개하고 해당 탁본을 수록하기도 했다.[39] 여기에서 "환도의 호대왕릉 전문에는 '願太王陵安如山固如岳'이란 글자가 있다"고 함으로써 태왕릉을 광개토왕릉으로 비정했다는 점이 주목된다. 당시 이 지역을 본격적으로 발굴, 조사했던 일본인들 대다수가 장군총을 광개토왕릉으로 본 것과 달리 김육불은 태왕릉을 광개토왕릉으로 본 것이다. 이에 대해서는 아래에서 다시 논하기로 한다.

한편, 김육불은 명대 고염무(顧炎武) 등의 인치학(人治學)의 학풍을 계승했다. 인치학은 전적을 중시할 뿐 아니라 고고자료를 중시했다. 따라서 김육불도 직접 현장을 답사하여 유적을 고찰하는 것을 중시했다. 이에 그는 광개토왕비가 있는 국내성(國內城, 지금의 중국 지린성 지안시)을 답사하여 현지에 있는 고구려 유적을 조사했다. 중국학계의 광개토왕비 연구는 주로 금석학에 치중했기 때문에 비석의 실견보다 탁본 수집에 더 열중했다. 따라서 현장에 가서 직접 비석을 보고 주변 고분들과의 연관성을 고찰한 학자는 드물었다. 그로 인해 중국학자들은 광개토왕비의 실체에 대해 더 빨리 인지했음에도 현지조사는 도

38 『奉天通志』 卷 254 金石2 石刻1 晉, 27~28쪽.
39 『奉天通志』 卷 254 金石2 石刻1 晉, 28쪽.

리이 류조[鳥居龍藏], 세키노 다다시[關野貞] 등을 비롯한 일본학자들이나 프랑스의 샤반느보다 더 늦게 진행했다. 현재까지 관련 문헌이 남아 있는 바에 의거하는 한 김육불이 광개토왕비 조사 외에 고분이나 환도산성, 국내성 등 고구려 유적들을 직접 답사하고 학술적 고찰을 진행한 최초의 중국학자였다.

김육불은 『정오실일기』 권87에 지안 지역의 고구려 유적을 답사한 내용을 일자별로 상세하게 서술해 놓았다. 그는 1935년 10월 18일 심양(瀋陽, 지금의 중국 랴오닝성 선양시)에서 출발하여 지안으로 간 뒤 10월 21일부터 25일까지 이 지역의 고구려 유적을 답사했다. 그는 오전 7시에 심양에서 출발하여 하오에 안동(安東, 지금의 중국 랴오닝성 단둥시)에 도착한 뒤, 다음 날 새벽 압록강 다리를 건너 신의주에 이르렀다. 그리고 압록강 동안을 따라 북행하여 의주, 삭주, 창성, 벽동을 거쳐 밤늦게 초산에 도착해 숙박을 한 다음 20일 새벽에 출발하여 중오에 만포(滿浦)에 도달했다. 20일 오후에 만포 맞은편에 있는 고구려의 두 번째 수도였던 국내성, 즉 지금의 중국 지안시에 도착했다. 21일부터 고구려 유적을 조사했는데, 먼저 염모묘(冉牟墓), 즉 모두루묘와 오회분을 조사했다. 22일에는 일본인 다케시마[竹島] 등과 함께 계속 오회분을 고찰한 다음 사신총을 발굴조사하기 시작하여, 다음 날인 23일에 사신총 정문 발굴을 끝내고 실내로 들어가 고찰했다. 같은 날 또 무용총과 각저총을 조사하고 반 리(里)쯤 떨어져 있는 광개토왕비로 가서 관찰한 후 비면 문자가 손상된 원인에 대해 살폈다. 24일 오전에 산성자산성을 돌아보고 오후에는 장군총을 답사하고 일몰 후 성으로 돌아왔다. 25일 오전에는 사신총 안에서 기념촬영을 한 후, 마선구로 가서 천추총을 고찰했는데 이때 문자가 새겨진 전돌을 몇 개 수습했다. 다음 날인 26일 오전에 지안을 떠나 만포로 건너가 증기선을 타고 압록강을 따라 남하하여 오후 3시에 위안(渭岸)에 이르렀다. 여기서 하룻밤 묵은 후 다음 날 새벽 6시에 배에 올라 계속 남하하여 당일 오후 3시에 단동에 도착했다. 그리고

28일 단동에서 출발하여 심양으로 돌아왔다. 이때 김육불은 매일 당일 고찰한 내용과 활동 내용을 일기에 상세히 기록했고, 삼실총과 사신총, 각저총, 산성자산성, 장군총의 도면, 오회분 일대의 약도, 장군총과 광개토왕비, 태왕릉의 위치도 등을 간단하게 그려 넣기도 했다.[40] 왕복 10박 11일이 소요된 답사 기간 중 지안에서 6박 하면서 조사를 했다. 일본학자들이 만포에 있는 숙소에 묵으면서 매일 지안으로 출퇴근하며 조사한 것과 달리 김육불은 지안성 안에서 숙박을 했다. 지안에는 그의 지인들도 많이 있었다. 때문에 거의 매일 저녁 식사초대를 받기도 했다.

그런데 『통구(通溝)』에 의하면 1935년 10월에 이케우치 히로시[池內宏] 등이 당시 조사의 1차 목적이었던 무용총과 각저총을 비롯하여 지안 지역 고구려 유적들을 조사하고 돌아간 후,[41] 바로 이어 김육불이 만주국 교육부의 파견에 의해 지안으로 왔다고 한다.[42] 그에 따르면 통구 사신총의 최초 발굴조사자가 김육불이었다는 것을 알 수 있다. 그래서 사신총이란 이름도 그가 붙였던 것 같다.[43] 그는 오회분 4호묘 조금 북쪽에 있는 무덤에 벽화가 그려져 있다고

---

40 金毓黻(1927), 『靜晤室日記』 권87(1993, 遼沈書社), 3689~3707쪽.

41 1935년의 지안 고구려 유적 조사는 池內宏와 濱田耕作이 이끌고 梅原末治, 水野淸一, 三上次男 등이 참여한 가운데 전문 사진사를 대동하고 9월 30일부터 10월 4일까지 대대적으로 이루어졌다. 이때의 상황은 일만문화협회(日滿文化協会, 1938), 『通溝 巻上(高句麗国通化省輯安縣高句麗遺蹟)』, 3~8쪽, 80~83쪽, 정인성(2009), 「일제강점기 고구려유적조사·연구재검토 II」, 『일본 소재 고구려유물 II-일제강점기 고구려 유적조사 재검토와 關西地域 소재 고구려 유물1』, 동북아역사재단, 62~64쪽 참조.

42 日滿文化協会(1938), 『通溝 巻上』, 82쪽, "十月中 文教部復遣金毓黻氏至其地".

43 金毓黻(1927), 『靜晤室日記』 권87(1993, 遼沈書社), 3697쪽에 "다케시마 군이 평양에 이와 같은 형태의 사신총이라고 하는 무덤이 있는데 이 무덤도 사신총이라고 이름을 지을 수 있다고 하니 나도 그의 의견에 동의하였다"라는 구절이 나온다. 그런데 25일자 일기에 "오전에 사신총에서 기념촬영을 하였다. 다케시마 군이 사신총과 낙랑고분의 명칭이 같고 "嗽宍不知"란 글자를 발견한 것을 이유로 嗽宍塚으로 이름을 바꾸자고 하였다"는 내용이 나온다. 이로 보아 김육불이 사신총이란 이름을 고수한 것으로 추측된다.

하는 현지인의 제보를 받고 이 무덤을 발굴했고, 거기에 사신도가 그려져 있다는 것을 확인했다. 김육불은 모두루묘와 환문총에 대한 조사도 실시했다. 무용총, 각저총에 이어 사신총, 모두루묘, 환문총이 새로 발견되었으므로 이에 대한 본격적인 조사가 필요하게 되었다. 이에 1936년 다시 이케우치 히로시 등의 2차 조사가 이루어지게 되었다. 재미있는 것은 비슷한 시기에 동일한 묘지명을 판독했지만, 김육불과 일본학자들이 무덤의 주인공을 전혀 달리 파악했다는 점이다. 이케우치 등은 모두루를 무덤 주인공으로 보고 그 무덤에 모두루총이라 이름을 붙였다. 첫 번째 줄에 나오는 '大使者牟頭婁'와 마흔여섯 번째 줄에 나오는 '奴客牟頭婁'에 주목하여 모두루를 묘주라고 보았던 것이다. 그러나 김육불은 모두루 뒤의 희미한 부분을 '部'자로 읽고 모두루를 부족 이름으로 파악했다.[44] 그래서 무덤 주인공을 대형(大兄) 염모(冉牟)라고 보았던 것이다. 중국학계에서는 이에 따라 지금까지도 이 무덤을 염모총이라 부르고 있다. 현 중국학계의 고구려사 인식과 고구려 역사 연구에 미치고 있는 김육불의 영향력을 여기에서도 확인할 수 있다.[45]

여하튼 이 답사에서 김육불은 광개토왕비도 조사했다. 그러나 조사 시간이 길지 않았다. 샤반느가 광개토왕비 실견을 주목적으로 삼고 지안 지역 고구려 유적 답사를 갔기 때문에 지안 도착 후 바로 광개토왕비부터 보러 갔던

44 김육불은 묘지의 제명을 "大使者牟頭婁部"라고 읽었다. '部'자는 흐릿하다고 주석을 달았다. 그리고 "대사자는 관명이고 모두루는 부족명이다. 광개토왕비에 모루성(牟婁城), 고모루성(古牟婁城)이 등장하고 또한 모로성(牟盧城)도 있다. '牟頭婁'는 대체로 牟婁의 煩稱이다. 『삼국지』「고구려전」에 의하면 고구려 말로 '溝漊'란 성(城)을 의미한다. '溝漊'의 음 역시 '牟婁'에 가깝다. '牟頭婁'는 처음에 성의 명칭이었다가 나중에는 부족의 명칭이 되었다"라고 했다. 이런 인식에 따라 그는 이 무덤의 주인공을 모두루 부족 출신의 대형 염모라고 보았다. 金毓黻(1927), 『靜晤室日記』 권87(1993, 遼沈書社), 3715~3716쪽.

45 『靜晤室日記』에 서술된 김육불의 고구려 유적 답사기에 대해서는 후고에서 상세히 검토할 예정이다.

것과 달리, 김육불은 지안 답사 3일째인 23일에 사신총 발굴을 완료하고 무용총과 각저총까지 둘러본 후에야 광개토왕비로 갔다. 『정오실일기』에 수록된 광개토왕비 관찰 내용은 다음과 같다.

> 비의 재질은 응성암(凝成巖)으로 높이가 약 6.21m이다. 직립이 아닌 정방형이고 동남향이 정면이고 서남, 서북, 동북 순이다. 비의 네 면의 길이가 모두 다른데 동남쪽 비면은 너비가 1.73m이고 글자가 11행이고 서남쪽 비면은 너비가 1.54m이고 글자가 10행이고 서북쪽 비면은 너비가 1.85m이고 글자가 13행이며 동북쪽 비면은 너비가 1.4m로 글자가 9행이다. 석질을 자세히 살펴보니 비록 거칠지만 그다지 나쁘지 않았고 위아래로 네모를 이루었고 높이가 2장(丈)이나 되어 역시 보기 드문 귀한 비였다. 멀리 인적이 없는 곳에서 거의 2천 년 동안 비바람을 맞았지만 아직도 많은 글자들이 식별 가능하고 비의 넋이 살아있어 동방의 보배라 부를 수 있다. 광서 초년에 중국인들이 처음으로 이 비를 알게 되었는데, 어떤 사람이 말똥으로 비면의 이끼를 태운 바람에 비가 갈라져서 제대로 된 보물을 얻을 수 없었다고 한다. 지금 광개토왕비를 살펴보니 가로로 갈라진 자국이 여러 곳 있어 글자가 훼손되었다. 제1면의 오른쪽 중간, 제2면 좌측 가운데 및 오른쪽 상단, 제3면 좌측의 상단과 하단, 제4면의 좌상단 모서리는 모두 균열로 인해 글자가 없어졌는데 꼭 말똥을 태운 것 때문이라고 할 수 없다. 탁본으로 장사하는 상인들이 기거(奇居)[46]하기 위해 일부러 비 글자 일부를 훼손하는 경우

46 기화가거(奇货可居)를 말한다. 『사기』 「여불위열전전(吕不韋列傳传)」에 나오는 성어로 진기한 물건을 쌓아 두고 고가의 매출을 기다린다는 의미이다. 즉 김육불은 탁본을 판매하는 상인들이 자신들이 보유한 탁본의 상품가치를 높여 훗날 더 높은 값을 받기 위해 광개토왕비의 글자 일부를 훼손했을 것이라고 추측하고, 그것을 광개토왕비 훼손의 이유 가운데 하나로

가 종종 있었는데, 이 비가 훼손되고 결자가 많은 것도 아마 이런 연유 때문인 것 같다. 그러나 거의 2천 년 동안 비바람을 맞고 햇빛에 쬐이면서 전혀 균열이 생기지 않았다고 한다면 이치에 맞지 않을 것이다. 비의 재질이 거칠고 수없는 탁본 과정을 거치면서 견디기 힘든 상태가 되었을 것이다. 비의 파손된 곳을 보니 석회를 바른 흔적이 있는데, 원문과 다른 결과를 초래한 것도 이런 연유 때문이다.[47]

1935년 10월 23일 일기에 쓴 광개토왕비 관람 소감을 보면 비석의 재질과 각 면의 방향을 살피고, 전체 규모를 실측한 다음 비석의 균열 상태를 점검하는 정도에 그쳤을 뿐 글자를 한 자 한 자 읽고 탁본과 대조하는 작업을 본격적으로 진행하지는 않았다는 것을 알 수 있다. 아마도 출장의 주된 목적이 광개토왕비 조사가 아닌 현지인이 제보한 사신총의 기초 조사와 이케우치 등이 와서 존재를 확인했던 모두루묘와 환문총의 확인에 있었기 때문일 것이다.

그렇지만 김육불은 답사를 통해서도 오늘날까지 중국학계에 영향을 강하게 미치고 있는 학설을 하나 더 세우는 성과를 올렸다. 광개토왕릉을 태왕릉으로 비정한 것이 그것이다. 그는 이에 대해 다음과 같이 단호한 입장을 보였다.

장군총은 광개토왕비와 동북, 서남쪽으로 일직선을 이루고 있어 여러 가지 설이 있는데 광개토왕비가 태왕릉 근처에 있기에 왕비가 이 능을 위해 세워진 것이라고 주장하는 이가 있고, 왕비가 장군총과 일직선을 이루기에 장군

지목했다.

47 金毓黻(1927), 『靜晤室日記』 권87(1993, 遼沈書社), 3698쪽. 유적 답사 부분에 대한 번역 작업에는 동북아역사재단에 재직 중인 윤선화 씨의 도움을 받았다. 이 기회를 빌려 감사드린다.

총이 바로 태왕릉이라고 하는 이도 있다. 그러나 내가 살펴본 결과 전자의 설이 맞았다. 그 증거로 세 가지를 들 수 있다. 첫째, 왕비가 태왕릉의 동북쪽에서 0.5리도 채 되지 않은데 장군총과는 3리나 떨어져 있었다. 둘째, 왕비의 정면이 동남향이고 태왕릉도 약간 동쪽으로 치우친 남향인 점이 서로 맞아떨어진다. 장군총의 경우 서남향으로서 왕비의 제2면에 상당하여 방향이 서로 어긋난다. 셋째, 태왕릉에서 '願大王陵安如山固如岳'이란 글자가 새겨진 벽돌이 발견되었는데, 이는 더더욱 이곳이 태왕릉임을 증명하는 근거이다. 장군총에서는 아직까지 이런 벽돌이 발견되지 않았다. 반대 의견을 제시한 이들은 묘비가 마땅히 능 앞 혹은 약간 동쪽으로 치우친 곳에 세워져야 하는데 광개토왕비가 태왕릉의 동북쪽에 세워졌기에 장군총의 정면과 어울린다고 하였다. 옛사람들이 비를 세워 그 공을 기릴 때 오늘날과 같은 묘제를 고집하지 않고 먼 곳을 버리고 가까운 곳을 취하여 큰길 가의 사람들이 보기 편한 곳에 비를 세웠을 가능성도 있다. 또한 어떤 이들은 태왕릉의 동북쪽에 수십 개의 작은 고분이 듬성듬성 있는데 장군총과 광개토왕비 근처에는 다른 무덤들이 없기에 왕릉 근처에 배총이 있는 고대 묘제를 생각해볼 때 의아한 점이 있다고 한다. 또한 예전에 누가 비의 방향을 살펴보면서 비의 정면이 동북향이기에 태왕릉과 방향이 맞지 않다고 하였다. 하지만 내가 비를 두 번 살펴본 결과 동남향이었고 태왕릉과 방향이 맞지 않는 것이 아니었다. 비를 살핀 사람이 아마 잘못 기록한 듯하다. 만약 비의 정면이 동북향이어서 태왕릉과 맞지 않는다면 장군총과는 방향이 맞단 말인가? 이 주장이 통하지 않음을 여기에서 특별히 밝힌다.[48]

48 金毓黻(1927), 『靜晤室日記』 권87(1993, 遼沈書社), 3702쪽.

위의 글을 통해 볼 때, 오늘날 중국학계에서 광개토왕릉을 태왕릉으로 보는 것과 그때 제시하는 근거가 모두 김육불의 견해에서 나왔다고 볼 수 있을 것 같다. 그는 광개토왕비의 방향과 장군총, 태왕릉의 위치를 간략하게 그린 도면도 『정오실일기』에 그려두었다.

김육불은 9·18사변 이후 3개월간 투옥되었다가 풀려난 후 1932년 여름에 만주 봉천공서참사관(奉天公署参事官)으로 임명되었고, 겨울에 만주 봉천도서관의 부관장이 되었다. 1936년 4월에 문물을 고찰하러 간다는 명목으로 도쿄[東京]로 갔다가 탈출해서 상하이[上海]로 도망가 자유를 찾았다. 그리고 이 해 9월 이후부터 중앙대학과 동북대학에서 동북사를 강의했고, 그때 동북사 관련 자료에 대한 계통 정리를 진행했다. 이 강의안을 고쳐 1941년 9월에 삼태 동북대학에서 『동북통사』(상편)를 편찬했다.[49] 그는 그간 고구려사 방면에서 얻은 연구 성과를 이 책에 집대성했다.

김육불은 『동북통사』 총론에서 동북의 함의 및 동북사와 지방지, 민족, 지리, 범위, 분기 등 여러 많은 문제에 대해 설명했다. 이 책에서는 동북 지역과 중원의 정치세력과의 관계에 대해 집중적으로 설명하였다. 이것은 이 책의 시대구분에서 잘 나타난다. 중국학자가 지방사를 통사의 형식으로 편찬할 경우 제일 먼저 부딪히는 문제가 시대구분이다. 시대구분에서 또 중요한 문제는 지방과 중앙과의 관계이다. 김육불이 이 문제를 해결한 방법은 중국의 후대 학자들에게 중요한 시사점을 던져주었다고 평가받고 있다.[50] 『동북통사』의 시대구분에서 제1기는 한족개발시대: 상고시대부터 한위시대, 제2기는 동호, 부여 두 종족이 상호 경쟁하는 시대: 진대부터 수대, 제3기는 한족부흥시

49 金毓黻(1941), 『東北通史』(上篇), 三台東北大學 石印出版.

50 榮文庫(1999), 「詩評金毓黻的東北地方史硏究」, 『遼寧大學學報』 1994년 제5기, 49쪽.

대: 수당시대, 제4기는 말갈, 거란, 여진, 몽골 정권교체시대: 당대 중기부터 원말로 나누었다. 이러한 시대구분만 보아도 한족이 동북 지방에 언제, 어떻게 진출했고, 어떻게 발전했는가라는 관점에서 동북 지역의 역사를 서술하려 했던 김육불의 의도를 파악할 수 있다. 그는 동북 지방 각 민족의 투쟁, 변화, 융합 등 역사의 전개 과정을 통사로 서술했는데, 이 과정에서 일관되게 동북 지방 국가들의 중원 왕조에 대한 종속관계를 강조했다.[51]

이런 원칙과 시각은 고구려사 관련 내용 서술에도 그대로 적용되었다. 그래서 고구려 민족 및 정권의 역사가 중국의 동북고대사의 범주 안에 들어간다는 것을 명확히 하면서 여러 해 동안 연구한 내용을 『동북통사』(상편)에 집대성해 넣었다. 고구려사 관련 내용은 모두 39개의 제목 아래 서술했다. 이 가운데 직접적으로 광개토왕비에 대해 검토한 내용은 "建立好太王碑之年", "好太王碑中史所紀之何王", "好太王碑不在攻略遼東之考"이라는 제목 아래 서술했다. 글의 제목에서 알 수 있듯이 김육불은 광개토왕비가 언제 건립되었는지, 광개토왕비에 기록된 왕이 누구인지, 왜 광개토왕비에는 요동을 공략한 내용이 담겨져 있지 않은지에 대해 고찰했다. 이 중 앞의 두 문제는 이전에 이미 검토했던 내용을 재정리한 것이다. 이 책에서 새롭게 고찰한 것은 왜 광개토왕비에 요동 점령 관련 내용이 없는가 하는 점이다. 아래에서 이 부분에 대해 살펴보겠다.

김육불은 고구려의 요동 진출 시기를 밝히기 위해 여러 기사를 상호 비교 검토했다. 『진서(晉書)』 제24권 재기(載記)에 나오는, 고구려가 연군(燕郡)을 침략하여 백여 명을 죽였다는 기사와 『북사』 「고려전」에 요동군을 침략하여 차지하였다는 기사, 그리고 『자치통감』 제115권 원흥(元興) 3년(404) 겨울 12월조에

51 榮文庫(1999), 위의 글, 50쪽.

나오는 고구려가 연나라를 침략했다는 기사를 상호 비교한 후 사건을 다음과 같이 정리했다. 즉 융안(隆安) 4년(400) 모용희(慕容熙)가 스스로 군대를 거느리고 고구려를 정벌하여 신성과 남소성 두 성을 빼앗았는데, 이 해 2월에 연나라의 양평(襄平) 현령인 은등(殷登)이 모반을 일으켰다가 도리어 죽임을 당하였다. 신성과 남소성은 요동군의 동쪽에 있었고 양평은 요동군의 의곽현(倚郭縣)이니 이때는 아직 고구려가 요동을 차지하지 않았던 것으로 보았다. 그리고 의희(義熙) 원년(405) 정월 모용희가 요동성을 공격할 때 장병들에게 먼저 성(城)으로 올라가지 말도록 명령하여 이기지 못하였으니, 이것은 곧 전년(404) 겨울부터 요동이 고구려에게 함락되어 있었다는 것을 말해준다. 이런 상황을 종합하여 김육불은 고구려가 진 원흥 3년(404)에 요동을 함락했었다고 결론을 내렸다.

그러면서 이후 끝내 수복할 수 없었다가 당 고종 총장 원년(668) 고구려를 멸망시킨 날에 이르러 요동 옛 땅이 비로소 수복되었다며 265년이라는 오랜 시간 동안 요동을 고구려에게 빼앗겼던 것에 대해 유감을 표시했다. 그는 『삼국사기』 「고구려본기」에 나오는 광개토왕이 태어나면서부터 용모가 걸출하고 기개가 있었다고 하는 기사와 「백제본기」에 나오는 진사왕이 담덕(談德)이 용병에 능하다고 들었다며 두려워했던 기사, 그리고 『동국사략』에 나오는 왕이 걸출한 용모에 출중한 재주가 있어 싸우면 이기고 공격하면 얻었다고 하는 기사 등을 두루 인용했다. 그리고 광개토왕비에 백제, 신라, 왜인들과의 여러 전쟁에서 모두 이기고 공격하여 차지하였다는 내용이 나오는 것을 들어 광개토왕을 '廣開土境平安好太王'이라 일컬은 것은 실로 명실상부한 것이라고 서술했다. 그러면서 광개토왕이 '廣開土境'했다고 한 것은 요동을 공략하여 빼앗은 일이 있었기 때문이라고 강조했다.

이와 함께 김육불은 요동의 군사적, 전략적 중요성을 설명했다. 요동은 동북의 군사적인 요충지이니, 요동을 잃지 않으면 서쪽으로 유주(幽州), 기주(冀州)

와 연결될 수 있고, 남쪽으로 등주(登州), 청주(青州)와 잇닿을 수 있어 서로 간에 성원이 되어 동이를 제어하는 효과를 거둘 수 있다는 것이다. 그는 그 역사적 실례로 후대의 명나라가 천하의 군사력과 재력을 총동원하여 요동을 보전하였기 때문에 건주(建州)와 해서(海西)의 제위(諸衛)들이 뜻을 펼 수 없었는데, 요동의 심양을 상실하면서 명나라 군대가 힘을 잃게 되어 결국 청 태조 누르하치의 왕업이 이루어졌다고 지적했다. 요컨대 "고구려의 강성은 요동을 점거하면서부터 시작되었으며, 그 후 수 양제와 당 태종이 모두 천하의 힘을 다하여 고구려와 다투었으나 끝내 이기지 못하였고, 그들이 점거하여 차지한 형세가 됨으로써 손님이 도리어 주인이 되는 연유가 되었다"는 것이다.[52]

이러한 김육불의 요동 관련 서술 내용을 보면 그가 중원왕조의 입장에서 고구려를 제어 대상으로 간주했었다는 것을 알 수 있다. 그리고 요동의 주인은 중원왕조인데 손님인 고구려가 이 땅을 265년간이나 차지하고 있어서 도리어 주인 노릇을 했다고 한탄한 것을 통해 그가 고구려를 중국의 지방정권이 아닌, 수당(隋唐)과 대적하여 끝까지 요동을 고수했던 강적으로 간주했다는 것을 알 수 있다. 중원의 중앙정부와 동북 지방 정치세력과의 관계를 중앙과 지방의 관점 아래 고찰한다는 기본 틀을 세우고 그에 따라 동북 지역의 통사를 서술하면서도, 고구려를 오랑캐, 중원세력을 중국으로 보아 대립적 관계로 인식했던 것이다.

그런데 고구려의 요동 점령과 관련해서 김육불은 하나의 의문을 제기했다. 『삼국사기』 어느 곳에도 진 원흥 3년, 즉 광개토왕 14년에 있었던 요동 점령 사실을 발견할 수 없다는 점에서 그 배경에 대해 의문을 던진 것이다. 광

52 김육불 저·동북아역사재단 번역(2007), 『김육불의 동북통사』 상, 동북아역사재단, 339~340쪽.

개토왕비 영락 14년조에도 왜가 대방 지역을 침입함에 따라 광개토왕이 군대를 이끌고 가 적을 헤아릴 수도 없이 죽인 일에 대해서만 기록했을 뿐 요동 장악에 관한 일은 전혀 적혀 있지 않다는 것이다.

그는 이에 대한 해답을 정겸(丁謙)의 언급에서 찾아냈다. 정겸은 『위서(魏書)』 「외국전」 지리 고증에서 고구려는 모용씨가 강성할 때 그 나라에 칭신(稱臣)하고 조공을 바쳤지만 후연이 혼란해지자 그 굴레에서 벗어났다고 했다. 그러면서 고구려가 선비로부터 요동군과 현도군 등의 땅을 거두어들일 때에 선비로부터 빼앗았다고 말하지 않은 것은 선조(先祖) 때에 일찍이 신하로서 복속되어 있었기 때문에 이를 기피한 것이라고 했다. 김육불은 정겸의 이 견해에 동의를 표했다.[53] 그는 나아가 "아마도 광개토왕은 이미 연나라에 신하로서 복속되어서 연으로부터 봉작을 받았을 것이다. 그래서 후세에 전공을 기록할 때에 그가 요동을 공략하여 빼앗은 사건에 대해 한 글자도 제시하지 않았던 것이다"라고 결론을 내렸다.

이것은 연과 고구려 사이에 조공책봉관계가 줄곧 이어졌다고 보는 시각에서 나온 결론이다. 그러나 고구려와 연의 정식적인 조공책봉관계는 고국원왕대에 한 차례 보일 뿐이다. 그럼에도 불구하고 그러한 관계가 마치 선조 때부터 광개토왕에 이르기까지 지속된 듯 서술을 한 것은 그가 대부분의 사안에서 여러 사서와 금석문을 비교 검토하여 합리적인 결론을 내리는 방식을 취했던 것과 매우 다른 점이다. 중원 중심의 역사인식을 갖고 있었기 때문에 상세한 고증 없이 이런 결론을 내린 것으로 보인다.[54]

---

53 김육불 저·동북아역사재단 번역(2007), 위의 책, 340~341쪽.

54 약간 다른 얘기이지만 김육불은 광개토왕비 외에 관구검기공비와 고구려 관련 인장에 대해서도 깊은 관심을 보였다. 그가 고구려 관련 자료 가운데 가장 먼저 연구한 것이 관구검기공비였다. 그런데 이 비와 인장들에 대한 연구들에서도 그가 고구려사를 중원왕조 중심

요컨대 김육불은 광개토왕비에 대(對)후연전 기사가 전혀 수록되지 않은 것으로 보았다.[55] 그는 아직까지 학계에서 논란이 되고 있는 영락 17년조의 전쟁 대상을 흔히 논의되는 백제나 후연으로 보지 않고 왜로 보았는데, 이것은 매우 특이한 이해라고 할 수 있다. 그런데 이 기사에는 전쟁의 결과로 사구성, 누성 등 7~8개 성을 깨뜨렸다고 나온다. 따라서 그가 보기(步騎) 5만을 파견하여 모조리 살상하고 분쇄한 대상을 왜로 보기는 힘들다. 그의 견해가 성립하려면 이 성들이 왜의 성인지, 백제의 성인지, 그 위치가 어디인지에 대해서도 당연히 검토할 필요가 있었다.

지금까지 살펴보았듯이 1930년대 이후 김육불의 고구려사 인식이나 광개토왕비 관련 서술에는 1920년대와 다른 차이점이 발견된다. 그런 면을 가장 특징적으로 보여주는 것이 『봉천통지』의 「진고구려호대왕비일명영락대왕비, 의희 10년」이라는 제목이다. 『요동문헌징략』에서는 「고구려호대왕비(일명 영락대왕비)」라 제목을 붙인 것과 달리 여기에서는 앞에 '晉'을 덧붙였다. 이것은 1930년대 김육불의 고구려 관련 서술에 나타나는 새로운 변화이자 특징이라고 할 수 있다. 즉 그는 고구려 광개토왕비에 대해 검토하면서도 비 건립 당시 중원왕조에 해당하는 진을 제목 앞에 붙이고, 금석문의 시대 분류에서도 진대의 유적유물이라고 표시를 했다. 이것은 고구려사를 중국사의 과정에 넣어 서술하고자 하는 오늘날 중국학자들의 본이 되었다고 할 수 있다. 2013년에 개관한 지안박물관의 전시실 명칭을 '한당고국(漢唐古國)'으로 붙인 것이나 랴오닝성박물관, 지안박물관을 비롯한 동북3성 지역 박물관에서 고구려 유

적 인식을 갖고 연구했다는 것이 드러난다.

55 그는 영락 17년 정미년의 전쟁을 보기 5만을 보내 왜를 소탕한 것으로 보았다(『奉天通志』 卷254 金石2 石刻1 晉, 27쪽; 『東北史志』(2004) 第2部 12권(中國邊疆史志集成, 全國圖書館文獻縮微復制中心 再收), 5621쪽.

물 전시 패널 등을 제작할 때 고구려 왕의 재위연대를 중심으로 표시하지 않고 해당 시기 중원왕조의 연표를 기준으로 표시하는 것 등이 바로 이 「진고구려호대왕비」란 제목과 맥락을 같이한다고 볼 수 있다. 김육불은 『동북통사』 서술 시 이러한 방식을 전체적으로 확대, 적용시켜 동북지역사의 시기구분을 모두 중원왕조의 연표를 기준으로 설정했던 것이다.

광개토왕비와 고구려사에 대한 김육불의 이러한 역사인식의 변화는 그가 살았던 당시 상황에서 비롯되었다. 김육불은 자타공인 국가와 자신의 고향을 사랑하여 그에 관한 역사서술을 주된 과업으로 생각했다. 그런데 일제가 동북 지역을 침략해 만주국을 세우고 압박을 가해옴에 따라 옥살이까지 하게 되었고, 이후 어쩔 수없이 만주국 치하에서 복무를 하게 되었다. 이런 상황이 었으므로 동북 지역에 대한 김육불의 인식은 당시 일본이 만주에 대해 만선사관(滿鮮史觀)이란 인식으로 바라보는 것과 대척점에 설 수밖에 없었다.

그렇지만 고구려사에 대한 김육불의 인식이 오늘날 이른바 동북공정식 역사관과 완전히 일치하는 것도 아니었다. 고구려의 요동 장악에 대한 서술에서 그는 요동의 원주인은 중국인인데 손님인 고구려가 이를 오랫동안 차지하였다고 했다.[56] 이는 결국 김육불도 역시 고구려와 중원왕조를 별개의 국가로 인식했다는 것을 명확하게 보여준다. 그러나 만주를 중국 본토와 분리시키고 한반도와 합쳐서 봄으로써 만주국의 성립을 당연시하는 것이 그가 살았던 시대의 상황이었다. 그는 이에 대한 학문적 차원의 대응으로 동북 지역이 원래 중원과 연결되어 있었다고 강조했던 것이다. 즉 일제의 중국 동북 지역 침략과 만주국 성립으로 인해 겪은 중국의 고통과 자기 자신이 직접 겪었던 고초가 함께 반영되어 일어난 인식의 변화라고 할 수 있다. 하지만 그가 실제 한

56 김육불 저·동북아역사재단 번역(2007), 앞의 책, 340쪽.

국사와 고구려사를 완전히 별개의 것으로 보았던 것은 아니었다. 『삼국사기』, 『삼국유사』, 『동국사략』 등의 사서와 광개토왕비를 비교 연구하는 것에서도 알 수 있듯이 그 역시 고구려와 백제, 신라를 상호 연결된 역사로 파악해야지 분리시켜 볼 수 없다는 것을 인식하고 있었던 것이다.

고구려사나 동북 지역의 역사를 서술할 때 그가 늘 의식하고 있었던 것도 일본제국주의였다. 이것은 그의 지안 지역 답사기를 통해서도 알 수 있다. 그는 지안 답사가 만주국 교육부의 출장 명령에 의해 이루어졌다는 것을 일기 속에 한마디도 비치지 않았다. 사실 그가 이 답사를 통해 제일 처음으로 통구 사신총을 조사하는 성과를 올렸음에도 불구하고 『동북통사』에 그런 사실을 전혀 밝히지 않았던 것도 자신의 고구려 유적 조사가 일본의 명령에 의한 것이고, 1935년과 1936년에 이루어졌던 이케우치 등의 조사와 상호 밀접하게 연결이 되어 있었기 때문인지도 모른다.

김육불의 저작물에 흐르고 있는 역사의식과 연구 내용을 검토할 때에는 반드시 그가 생존했던 당시의 시대상과 그가 처해 있던 상황을 염두에 두고 살펴야 한다. 오늘날 중국학자들이 김육불의 고구려사, 발해사 인식을 따르면서 논리적 모순을 일으키는 경우가 있는 것은, 김육불이 그러한 역사인식을 표명하게 된 시대적 배경을 고려하지 않고 피상적인 내용만 수용한 데에서도 원인을 찾을 수 있다.

IV. 맺음말

김육불은 1925년에 처음으로 광개토왕비 관련 글을 쓴 후 지속적으로 관심을 가지면서 몇 차례에 걸쳐 자신이 새롭게 고찰한 내용을 저서에 수록했다. 그의 광개토왕비 연구에는 지금까지 학계에서 논란이 지속되고 있는 부분에 대해 설을 제시한 것도 있고, 당시까지 다른 사람이 착목하지 못했던 부분을 짚어내어 합리적으로 해석해낸 부분도 있다.

그의 첫 번째 광개토왕비 연구 내용은 『요동문헌징략』에 실렸다. 이때는 깊이 있는 연구가 이루어지지 않아, 영희의 자의적인 석문을 무비판적으로 받아들이는 오류도 범했다. 하지만 광개토왕이 중국 사서의 구려 왕 안(安)임을 밝혔고, 17세손을 대무신왕(大武神王)으로부터 왕대 수(王代數)로 보는 설을 제시했다. 고국원왕의 서거 때문에 백제를 원수로 여겨 백잔(百殘)이라 칭한 것으로 보았고, 병신(丙申) 6년에 공취한 성 58개 이름을 모두 비석에 적었다고 보았으며, 수묘인연호의 국연(國烟)과 간연(看烟)의 업무가 제사를 섬기는 것이라 지적했다.

김육불은 이후 『삼국사기』를 읽고 광개토왕비를 새롭게 고증한 「고구려호대왕비고증」을 일기에 실었다. 이 글은 『봉천통지』에 「진고구려호대왕비」라는 제목으로 실렸다. 이 글의 새로운 내용은 고구려에서 유년칭원법이 아닌 즉위년칭원법을 썼음을 밝힌 것, 고구려의 일을 살필 때는 신라와 백제 일을 함께 보아 상호 증명해야 한다고 지적한 것, 병신 6년 기사에서 '이잔'이라는 글자를 읽어내고 백잔과 마찬가지로 백제를 가리키는 것이라고 지적한 것, 17년 정미의 보기(步騎) 5만을 보내 상살(蕩殺)한 대상을 왜(倭)로 본 것, 독산성이 백제성이었다가 신라로 넘어갔고 다시 고구려 소속이 되었음을 증명한 것 등이다. 이 외에 태왕릉과 천추총에서 수집한 명문전(銘文塼)을 소개하고 탁본을 수록했으며, 태왕릉을 광개토왕릉에 비정하기도 했다.

김육불은 1935년 10월에 지안의 고구려 유적을 조사했다. 이때 사신총을 처음으로 발굴했으며, 모두루묘를 조사하고 묘지명을 검토한 후 염모묘라고 이름 짓고 검토 내용을 일기에 적었다. 광개토왕비에 대해서는 비의 재질과 각 면의 방향, 규모, 균열상태 등을 점검했는데, 비석의 훼손 이유 가운데 하나로 상인들이 탁본 값을 올리기 위해 글자를 훼손했을 가능성을 지적하기도 했다. 그리고 비의 방향과 장군총, 태왕릉의 위치, 태왕릉에서 출토된 전돌 등을 기준으로 광개토왕릉이 태왕릉임을 재차 강조했다.

김육불의 동북지역사 연구를 집대성한 『동북통사』(상권)에도 고구려사 연구 내용을 실었다. 역시 이전의 내용을 전제한 뒤 새롭게 검토한 내용을 보충해 넣는 방식을 취했다. 이 글에서 고구려가 요동을 차지한 시기가 광개토왕 14년(404)임을 밝혔으며, 그럼에도 영락 14년조에 왜를 격파한 내용만 나오고 비문 어디에도 요동 점령 내용이 나오지 않는 것은 고구려가 선조 대부터 연(燕)에 신하로 복속되어 있었으므로 그것을 기피하기 위해 적지 않았기 때문이라고 서술했다.

현 중국학계의 고구려사 인식과 연구 계통 및 근간은 김육불이 형성했다고 볼 수 있다. 고구려사를 중국사의 흐름 위에 두고 보려는 인식이 가장 대표적이다. 고구려사를 포함한 동북 지역 역사에 대한 김육불의 인식은 일본의 만주 침략 이후 크게 변화되었다. 이런 면은 그의 광개토왕비 연구에서도 나타난다. 1920년대 작성한 글에는 제목을 「고구려호대왕비고증」이라고 붙였는데, 1930년대 글에는 「진고구려호대왕비」라고 한 것에서 변화상을 확인할 수 있다.

1930년대 이후 그는 1920년대와 달리 중국 왕조와 고구려의 관련성을 의도적으로 부각시켰다. 여기에는 일본의 만선사관에 대응하여 동북 지역을 중원에 예속된 곳으로 규정하려는 목적의식이 강하게 반영되어 있다. 따라서 김육불의 고구려사 인식을 파악하려 할 때에는 이런 시대적 배경을 반드시 염두에 두고 살필 필요가 있다.

참고문헌

단행본

藏式毅·王樹楠·金毓黻(1934),『奉天通志』卷254;『東北史志』第2部 12권(2004), 中國邊疆史志集成, 全國圖書館文獻縮微復制中心.

耿鐵華(1994),『好太王碑新考』, 吉林人民出版社.

耿鐵華(2003),『好太王碑一千五百八十年祭』, 中國社會科學出版社.

耿鐵華·李東營 主編(2012),『高句麗研究史』, 吉林大學出版社.

高句麗研究會(1996),『廣開土好太王碑 研究 100年』, 학연문화사.

金毓黻(1927),『遼東文獻徵略』;『中國少數民族古籍集成』第31冊(2002), 四川民族出版社.

金毓黻(1927),『靜晤室日記』;『靜晤室日記』(1993), 遼沈書社.

金毓黻(1941),『東北通史』(上篇), 三台東北大學 石印出版.

김육불 저·동북아역사재단 번역(2007),『김육불의 동북통사』(상), 동북아역사재단.

동북아역사재단 편(2009),『일본 소재 고구려유물 II – 일제강점기 고구려 유적조사 재검토와 關西地域 소재 고구려 유물 1』, 동북아역사재단.

박시형(1966),『광개토왕릉비』, 사회과학출판사.

박진석(1993),『호태왕비와 고대조일관계연구』, 연변대학출판사.

박진석(1996),『高句麗 好太王碑 研究』, 아세아문화사.

연민수·서영수 외 지음(2013),『광개토왕비의 재조명』, 동북아역사재단.

王健群(1984),『好太王碑研究』, 吉林人民出版社.

이순자(2009),『일제강점기 고적조사사업 연구』, 경인문화사.

池内宏外(1938),『通溝 巻上–高句麗国通化省輯安縣高句麗遺蹟』, 日満文化協会.

佐伯有清(1974),『研究史 廣開土王碑』, 吉川弘文館.

논문

『金毓黻文集』編輯整理小組(1992),「金毓黻與『靜晤室日記』」『社會科學戰線』1992년 2기.

耿鐵華(2006),「潘祖蔭藏好太王碑早期拓本芻議」『東北史地』2006년 제4기.

耿鐵華(2008),「李雲從與好太王碑捶拓」『東北史地』2008년 제4기.

고광의(2005),「중국의 廣開土王碑 釋文 연구의 현황과 검토」,『중국의 한국고대문화 연구분석』, 고구려연구재단.

關野貞(1913),「滿洲輯安縣及び平壤附近に於ける高句麗時代の遺跡」,『考古學雜誌』5－3.
馬大正(2000),「中國學者高句驪歷史研究的百年歷程」,『中國邊疆史地研究』2000년 제1기.
范壽琨(1987),「金毓黻先生治學道路初探」,『社會科學戰線』1987년 3기·東北人物志.
梁啓政·黃偉宏(2011),「金毓黻先生與高句麗史研究」,『東北史地 』2011－2.
榮文庫(1999),「詩評金毓黻的東北地方史研究」,『遼寧大學學報』1994년 제5기.
藏式毅·王樹楠·金毓黻(1934),「晉高句麗好太王碑釋文」,『奉天通志』.
정인성(2009),「일제강점기 고구려유적조사·연구재검토 II」,『일본 소재 고구려유물 II－일제강점기 고구려 유적조사 재검토와 關西地域 소재 고구려 유물 1』, 동북아역사재단.
韓圭哲(2009),「『東北通史』에 나타난 金毓黻의 '東北'史觀」,『백산학보』83.

찾아보기

〈ㅁ〉

〈ㅂ〉

〈ㅈ〉

〈ㅋ〉

〈ㅌ〉

동북아역사재단 기획연구 65

광개토왕비의 탐색

초판 1쇄 인쇄 2015년 12월 2일
초판 1쇄 발행 2015년 12월 9일

지은이 박진석·쉬젠신·경톄화·이노우에 나오키·정호섭·여호규·조법종·김현숙
펴낸이 김호섭
펴낸곳 동북아역사재단

등록 제312-2004-050호(2004년 10월 18일)
주소 서울시 서대문구 통일로 81 임광빌딩
전화 02-2012-6065
팩스 02-2012-6189
e-mail book@nahf.or.kr

ISBN 978-89-6187-371-0 93910